国家ブランディング

―― その概念・論点・実践 ――

キース・ディニー　編著

林田博光
平澤　敦　監訳

中央大学企業研究所
翻訳叢書 14

中央大学出版部

NATION BRANDING: CONCEPTS, ISSUES, PRACTICE

by

Keith Dinnie

Copyright © 2008. All Rights Reserved.

No part of this publication may be reproduced, stored in a retrieval system

or transmitted in any form or by any means electronic, mechanical, photocopying,

recording or otherwise without the prior written permission of the publisher

Authorised translation from English language edition originally published by Elsevier

but now published by Routledge, a member of the Taylor & Francis Group

Japanese translation rights arranged with Taylor & Francis Group, Abingdon, OX 14 4RN

through Tuttle-Mori Agency, Inc., Tokyo

日本語版への序文

日本語版『国家ブランディング』の発刊を大変ありがたく思っている．

国家のブランドづけというテーマは現在主流となっており，世界のほぼすべての国がそのレピュテーションの管理に対し，時間，エネルギー，そして資金を充てている．本書では，多くの国々のケース・スタディを取り入れることで，現在実施されている国家ブランディングの技法や戦略について数多くの例が示されている．こうした戦略の目指すところは広範囲にわたり，国家の全般的なレピュテーションの管理，貿易および観光の促進であり，一国のアイデンティティとイメージ間のあらゆるネガティヴ・ギャップを埋めるための解決策をつきとめることである．

この日本語版は実に時を得ている．グローバル競争が高まるなかで，日本が遅れをとらないことが大事である．幸い，これから実施される2つの大きなスポーツの行事（2019年のラグビーワールドカップと2020年の夏のオリンピック）の開催国である日本は国際的に注目されることになるだろう．この2つの行事は日本を世界に示す絶好の機会である．

最後に，この日本語版の出版にあたって多大なご尽力をいただいた企業研究所と中央大学出版部に対し，感謝申し上げる．

2013年12月

Keith Dinnie, Ph.D
Brand Horizons の創立者
www.brandhorizons.com

はしがき

　この本は，まだ比較的少ないとはいえ，急速に広がり始めている国家ブランディング学に一石を投じるために書かれたものである．本書は，慣習的なブランド・マネジメント技術が国家に適用されうる方法論のみならず，国家ブランディングのコンテキストおよび性質についての注目すべき深い背景的知識を与えている．したがって，この本は，ブランド・アイデンティティ，ブランド・イメージ，ブランド・ポジショニング，ブランド・エクイティなどの幅広く知られているブランドのテーマに加えて，国家アイデンティティ，持続的発展および政治的意識に関する広範におよぶ問題を含む内容となっている．このような考察は，国家ブランディングの理論と実践が実に多様かつ多次元的な方法で扱われることを意図している．

　本書は，各々独自の視点から国家ブランディングという分野に関心をもつ人々を対象に書かれたものである．

- マーケティング，ブランディング，国際ビジネス，パブリック・ディプロマシーおよびツーリズムを学ぶMBA，修士課程および学部の上級生
- 政府および，世界中の政策立案者，特に地域経済開発機関，輸出促進機関およびツーリズム関連組織
- 自国がどのように認知されているのか，およびその国のレピュテーションを向上させることを試みているか（またはいないか）に関心を抱いている人々

　本書の特徴は，さまざまな分野の学者および実務家による20編を超える寄

稿を通じて国家ブランディングの多彩な視点を提供していることにある．これらの寄稿は，この本の基礎をなす理論，概念および枠組みを鮮明にしている．国別ケース分析は，フランス，日本，南アフリカ，エジプト，ブラジルをはじめてとする多くの国々の国家ブランディングに関する活動や取り組みを明らかにしている．本書の主な論点は，国家ブランディングの原理が，小国と大国，富裕国と貧困国，先進国と新興国であるとを問わず，あらゆる国々に成功裡に適用可能であるということにある．国別ケース分析はこの点を例示している．

多くの人々が，さまざまな方法でこの本に関わっている．本書を読むことで刺激をうけ，色々な考えが見いだされることを望んでいる．本書は国家ブランディングという題材の最終的な著作ではなく，まさにこれからの議論および活動のための出発点となることを意図している．

ぜひとも本書を楽しんでください．

2013 年 12 月

Keith Dinnie
Edinburgh
www.brandhorizons.com

謝　辞

　まず初めに Elsevier Butterworth-Heinemannd 社のコミッショニング・エディターである Anna Fabrizio に感謝する．まさに彼の熱意によって本書が刊行された．さらに，本書の刊行の多大な労をとって頂いた Tim Goodfellow と Liz Burton をはじめ，Elsevier Butterworth-Heinemann 社のその他すべての方々に対して御礼申し上げる．

　国別ケース分析，学術的視点および専門家の分析という形で，寄稿くださったすべての人々および機関に対して感謝の意を表す．これらの寄稿は本書を計り知れないほど内容の濃いものにしてある．

　さらに，国家ブランディングの理論および実践に関する興味深い議論や考察を行って頂いた Edinburgh 大学，Glasgow Caledonian 大学ならびに Strathclyde 大学の同僚および学生に対しても感謝申し上げる．

　最後に，本書の執筆中に絶えず支えてくれた私の両親と妻に感謝する．

目　　次

日本語版への序文
はしがき
謝　辞

第Ⅰ部　国家ブランディングの範囲および規模

第1章　国家ブランディングの妥当性と範囲，発展 …………… 3
Yvonne Johnston
Leslie de Chernatony
Simon Anholt

第2章　国家ブランドのアイデンティティ，イメージとポジショニング …………… 41
ZAD Group
Dipak R. Pant

第3章　国家ブランド・エクイティ …………… 69
Christian Felzensztein
Francis Buttle

第Ⅱ部　国家ブランディングの概念的ルーツ

第4章　国家ブランディングと原産国効果 …………… 95
Martial Pasquier
João R. Freire
Elsa Wilkin-Armbrister

第5章　国家ブランディングと国家アイデンティティ …………… 129
Vladimir Lebedenko
Daniel M. Jackson

第6章　原産国とナショナル・アイデンティティから
　　　　国家ブランディングまで ……………………………………… 167
　　　　　　　　　Renata Sanches and Flavia Sekles
　　　　　　　　　　　　　Anthony Gortzis
　　　　　Gianfranco Walsh and Klaus-Peter Wiedmann

第Ⅲ部　国家ブランディングにおける倫理的および実践的問題

　第7章　国家ブランディングにおける倫理的責任 ………………… 205
　　　　　Ximena Alvarez Aguirre and Ximena Siles Renjel
　　　　　　　　　　　　　　Jack Yan
　第8章　国家ブランディングの概念をめぐる実際的問題点 ……… 225
　　　　　　　　　　　　Inga Hlín Pálsdóttir
　　　　　　Olutayo B. Otubanjo and T.C. Melewar
　　　　　　　　　　　　　Gyorgy Szondi

第Ⅳ部　国家ブランディングの現況ならびに将来的展望

　第9章　国家ブランディング戦略の要素 …………………………… 257
　　　　　　　　　　　　　Satoshi Akutsu
　第10章　国家のブランディングの将来的展望 ……………………… 289
　　　　　　　　　　　　　Philippe Favre
　　　　　　　　　　　　　Chris Macrae
　　　　　　　　　　　　　Stephen Brown

略　　語

第Ⅰ部
国家ブランディングの範囲および規模

第1章　国家ブランディングの妥当性と範囲，発展

国別ケース分析―南アフリカ
発展するブランド　南アフリカ

Yvonne Johnston
CEO, international Marketing Council of South Africa

1. 背　　景

　南アフリカの国際マーケティング委員会（IMC）は，2000年8月，南アフリカのポジティブかつ強力なブランド・イメージを生み出すために設立された．当時の国際市場の観点からみると，南アフリカに対する認識と現実の間には大きな隔たりが存在した．国際舞台で流れている多くの言葉や噂は，南アフリカの市場状況を悪化させ，さまざまなところから流れている言葉や噂は南アフリカに対する既存の認識を変えるのに何の役にも立たなかった．南アフリカの周辺のこうした状況は，南アフリカに混乱を増すばかりであった．社会的不公平に根づいた歴史の浅い民主主義国家，南アフリカは，貿易，観光，投資が切実に必要な状況であった．したがって，南アフリカは自国に対して世界の人々が正しく理解するよう促すために何かが必要とされた．南アフリカの国際マーケティング委員会の設立は，このような背景があった．こうして誕生した南アフリカの国際マーケティング委員会は，南アフリカの強力なブランド・イメージの確立に加え，投資の潜在力と信用度，輸出機会，観光の潜在力を高めると同時に，国際関係と関連づけ南アフリカを正しく位置づけられるよう設立されたのである．

2. 第1段階

当時，南アフリカには強力なマーケティング力をもつ国家ブランドが存在しなかった．このような理由から，南アフリカの国際マーケティング委員会は，南アフリカというブランドを確立するための強固な基盤を確実にするプロセスをまとめるアプローチにおいて革新的な取組みを行わなければならなかった．

このプロセスは，次のような順序で行われた．

第1段階：南アフリカのための強力なブランド提案（母ブランド[mother-brand]）の開発
第2段階：母ブランドと多様なサブ・ブランド（観光とビジネス）間の関係を規定するブランド体系の定義
第3段階：南アフリカの国際マーケティング委員会がその目標を実現するにあたって追求しなければならない戦略の定義
第4段階：進行プロセスのモニタリングとレビュー

こうして南アフリカの国際マーケティング委員会は，国家ブランドを管理監督する管理人となり，他のステークホルダーはサブ・ブランドを表している．

第1段階：南アフリカのための強力なブランド提案の開発

想像がつくように，第1段階は，基本を正すことが重要であるように，もっとも重要な研究の段階であった．また，その結果がどうであれ，それが確実で信頼するに値するもので，差別的であると信じることが重要であった．

ステップ1―南アフリカに関するすべての既存研究の調査

本研究の一環として，南アフリカと全世界2万5,000人以上の人々をインタ

ビューした．一方，南アフリカでは，すべての階層を網羅し11の言語を用いてインタビューと相互作用が行われた．

ステップ2—国内外のステークホルダーとの相談

専門家フォーカスグループとジェネレータ・ワークショップが，社会，政治，経済，メディア分野でターゲットされたステークホルダーとビジネス分野にわたり行われた．

ステップ3—テスト段階

このテスト・プロセスの間に，影響力のある人々と南アフリカ人，ステークホルダー，観光客を対象にポジショニングを行うために設けられた多様な提案が実験された．

この段階の最終結果は，基本的に南アフリカというブランド（「可能性のある地，南アフリカ」）の開発であった．これを裏づける多様な要素は，ブランド・キーに示されている（図CS1-1参照）．

すべての人々にこのスローガンが受け入れられた時に，社会のすべての分野の南アフリカ人は，「可能性のある地」というブランド・プロミスに応じて生活をするようになった．これによって，南アフリカの国際マーケティング委員会は，南アフリカの持続的な発展のために政府機関と公共機関，民間分野非政府機関，メディアとの協調を探し求めている．

第2段階：母ブランドと多様なサブ・ブランド（観光とビジネス）間の関係を規定するブランド体系の定義

南アフリカの国際マーケティング委員会は，南アフリカと関連づけたすべてのメッセージが全世界的に一貫性を確保する必要があった．したがって，南アフリカの国際マーケティング委員会は，南アフリカと関連づけたメッセージを絶えず調整し確かめることがより重要になっている．

6 第Ⅰ部 国家ブランディングの範囲および規模

図 CS1-1 南アフリカ，望ましい国家建設のキー

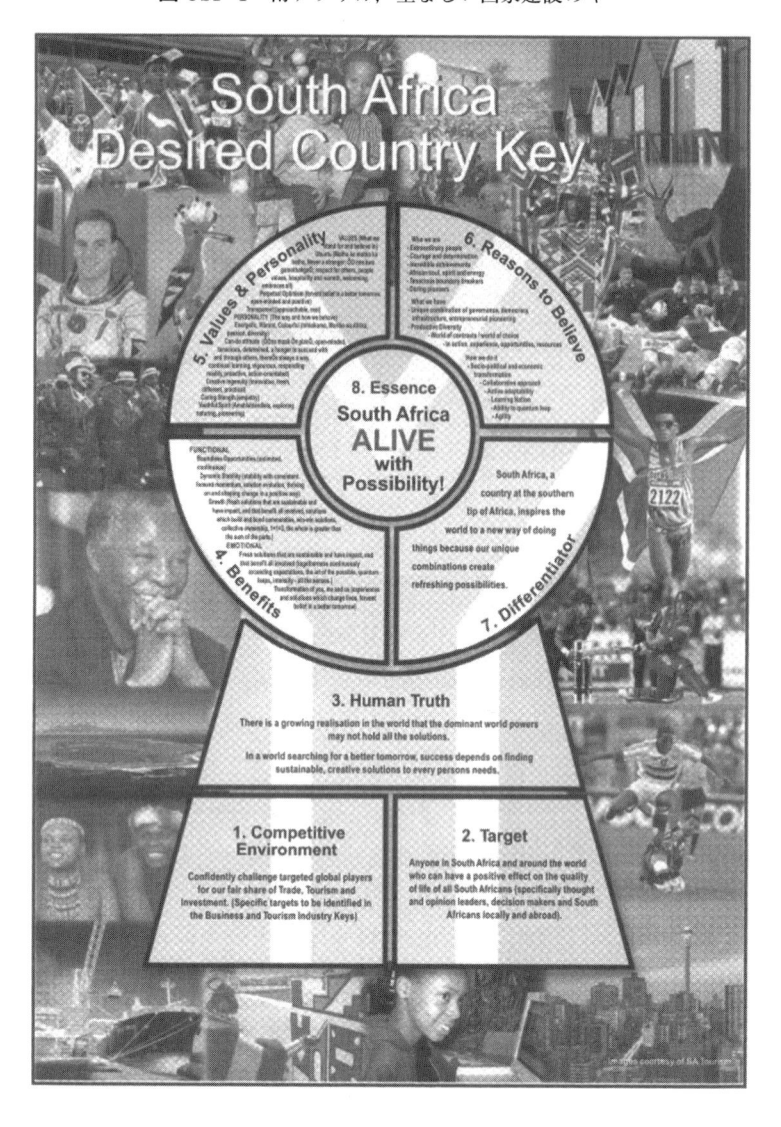

事実，1つのブランドが自分のブランド・プラットフォームを既に確立したなら，既存のメッセージを調整するのは非常に困難なことである．しかし，南アフリカには，これに関わったすべての人々がこのことに対する協調の必

要性をよく理解していたため,可能な限り効率的にこのことを遂行できるよう協力した.

ステップ1―母ブランドとその成立過程の理解

この段階は,母ブランドの価値と可能性を理解する多様な分野のステークホルダーに関するものである.彼らは,多様なブランド・キーの要素を購入し自分たちのレベルに合わせそれらを使用するようになった.先行投資により進められた広範囲にわたる研究の影響を受け,株を買い戻すス忠実なステークホルダーが増えた.

ステップ2―サブ・ブランドの権限に対する理解

南アフリカの国際マーケティング委員会のブランド・チームは,他のステークホルダーの事業を理解する必要があった.なぜなら,彼らがどのように母ブランドに影響を与えるのか,また潜在的分野のシナジーをどのように開発するのかを把握することができるためである.

ステップ3―サブ・ブランドが母ブランドから取り入れられることに対する理解

その後,すべての情報を考察したブランド・チームは,母ブランドが非常に豊かだが,すべてを伝達することができないため,すべてのステークホルダーに利益が与えられる特定の分野に集中しなければならないと結論づけた.また,ステークホルダーもサブ・ブランドから一定の責任を取らなければならないため,自分たちのコア・コンピタンスに焦点をあてることができるようになった.

ステップ4―サブ・ブランドの母ブランドの支援方法に対する理解

この段階でも同様な状況が生じた.コア・ブランドと関連した特定の要素は,サブ・ブランドのレベルからも発展することができると明らかになった.このプロセスの最終段階において次のようなことが発生した.

- すべてのステークホルダーは，自分たちの関心分野を理解した．
- 互いの責任領域にクロスオーバーするたびに，一貫したメッセージを維持した．
- すべてのステークホルダーは，より大きな利益を生み出すために協力した．

この段階は，南アフリカの国際マーケティング委員会にとって重要であった．なぜなら，そのすべてが1人の力だけでは成し遂げることができないと悟ったためである．

とりわけ，一国としてFIFAサッカーを準備するブランドとしての南アフリカがもつ複雑性が高いため，このプロセスはまだ進行中であるといえる．「2010年南アフリカ共和国ワールドカップ」にすべての人々の関心が寄せられるよう，このメッセージは絶えずモニターしながら伝える必要があった．

第3段階：南アフリカの国際マーケティング委員会がその目標を実現するにあたって追求すべき戦略の定義

したがって，南アフリカの国際マーケティング委員会は，母ブランドに対する責任を規定するにあたって，2つの基本的な構成要素を定めた．

1. 国際ポートフォリオ

国際舞台での認識を変えるためのキャンペーンと活動の開発

a. 影響力のある人々を対象とするニッチメディア広告
b. 実践的先駆者（thought leader）とジャーナリストを対象とする広報活動
c. 海外使節団派遣
d. eマーケティング
e. 材料支援
f. 調査報告書とドキュメンタリー
g. ウェブポータル

2. 国内ポートフォリオ

　南アフリカ人がブランド・プロミスを守りながら生活していることを確信させるキャンペーンを開発しなければならない．広範なキャンペーンは，南アフリカ人が単純に南アフリカ人であることを誇らしく思うだけではなく，ブランド・プロミスに合わせて生活していることを確信させるために実施された．

a. 大衆媒体広告
b. 実践的かつ社会的な先駆者を対象とする広報活動
c. ブランド・アンバサダー

第4段階：南アフリカ・ブランドの進行プロセスのモニタリングとレビュー

　私たちは母ブランドに対して責任をもっているため，国内外両方の最前線から仕事をどのように効率よく進めていくのかをモニターしている．この作業は，単に南アフリカの国際マーケティング委員会の活動の進行状況を排他的に評価するだけではなく，国家の総合的な取組みによる発展を評価することである．私たちは，主に2つの側面から研究を行っている．

1. 国内の認識評価

　この研究は，ブランドの重要な属性と，南アフリカ人がこれらをどのように遂行しているのかを評価している．また，「可能性のある地，南アフリカ」というスローガンが南アフリカ人の間でどのように定着しているのかを調査している（図CS1-2参照）．

2. 国際ブランド・エクイティに関する研究

　国家ブランディングに関する比較研究と南アフリカ市場が他の市場とどのように異なるのかに対する研究が少ないため，私たちはブランドの健康状態を評価するために私たちの調査を活用している（図CS1-3参照）．

10　第Ⅰ部　国家ブランディングの範囲および規模

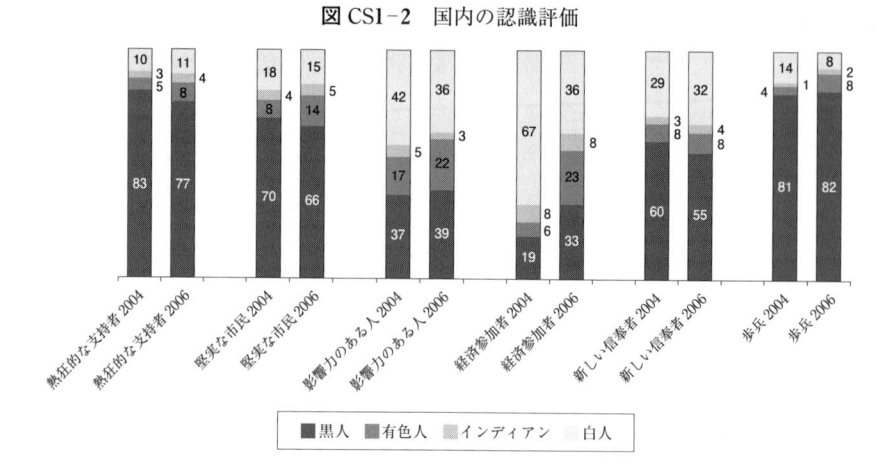

図 CS1-2　国内の認識評価

［棒グラフ：熱狂的な支持者2004／熱狂的な支持者2006／堅実な市民2004／堅実な市民2006／影響力のある人2004／影響力のある人2006／経済参加者2004／経済参加者2006／新しい信奉者2004／新しい信奉者2006／歩兵2004／歩兵2006］

区分	黒人	有色人	インディアン	白人
熱狂的な支持者2004	83	5	3	10
熱狂的な支持者2006	77	8	4	11
堅実な市民2004	70	8	4	18
堅実な市民2006	66	14	5	15
影響力のある人2004	37	17	5	42
影響力のある人2006	39	22	3	36
経済参加者2004	19	6	8	67
経済参加者2006	33	23	8	36
新しい信奉者2004	60	8	3	29
新しい信奉者2006	55	8	4	32
歩兵2004	81	4	1	14
歩兵2006	82	8	2	8

図 CS1-3　国際ブランド・エクイティに関する研究

競争相手と比較した南アフリカ・ブランドの健康状態—価値スコア

・価値スコアは，各国の投資家がもつ関心度を示している．
・すべての潜在的な投資国の価値スコアの合計は100である．
・CM を利用し算出した各国のブランドの健康状態を単数として示している．

n=448

	米国	イギリス	ドイツ	オランダ	フランス
ブラジル	7.2	5.5	6.9	4.4	6.6
チリ	5.1	3.7	3.5	3.0	3.5
中国	14.7	10.7	11.1	8.8	10.1
チェコ	3.5	9.2	11.2	8.6	11.2
インド	6.0	7.8	5.2	4.8	6.2
ポーランド	4.1	10.7	12.8	11.5	12.2
南アフリカ	4.8	9.6	6.1	4.9	5.9
南アフリカ順位	5位	3位	5位	4位	6位
最高点数	中国	中国, ポーランド	ポーランド	ポーランド	ポーランド

出所：CM[TM]．

最上位の3か国の投資家は，どんな国と取引をしているのか？

	米国 (n=150)%	イギリス (n=61)%	ドイツ (n=38)%	オランダ (n=100)%	フランス (n=97)%
ドイツ	16	23	—	49	44
イギリス	24	7	24	38	26
中国	38	16	16	14	13
アメリカ	—	43	45	19	18
カナダ	39	7	3	3	2
フランス	7	23	45	19	—
スペイン	1	11	5	14	26
イタリア	3	3	16	9	27
ベルギー	1	7	8	31	10
日本	15	7	24	—	9
メキシコ	26	5	—	—	1

出所：リサーチ・サーベイ 2006.

南アフリカのポジティブな属性のスコア・カード―合計

Jaccard 重要度の順位にしたがう

n=448

	連携性	差別性	勝者
経済成長		×	中国
製品／サービス市場		×	中国
有能な労働力			中国／ポーランド／チェコ
高生産性		×	中国
低生産費用		×	中国
地域ハブ			中国
事業容易さ	*		チェコ
通貨安定			中国
革新			中国
インフラ	*	*	チェコ
コーポレート・ガバナンス			チェコ
国家運営			チェコ
豊富な原材料	*	*	中国
エネルギー供給	*		ポーランド
時間帯適合性	*		チェコ π

	連携性	差別性	勝者
金融システム		＊	中国
投資のための税金・インセンティブ	＊		中国

出所：リサーチ・サーベイ 2006.

南アフリカのネガティブな属性のスコア・カード―合計

Jaccard 重要度の順位にしたがう

n＝448

	連想度	差別性	敗者
政治不安	＊	＊	ブラジル
高い犯罪率	＊	＊	ブラジル
硬直した労働市場			中国
高いインフレ			ブラジル
高い腐敗率	＊		中国
劣悪な人権状況	＊	＊	中国
知的財産，保護困難			中国

注：連想度は，南アフリカの平均的属性にしたがって，1.3 以上のみ表示される．
注：差別性は，南アフリカが特定の属性と差別化する時に表示される．
注：勝者は，もっともポジティブな属性をもつ国家である．
注：敗者は，もっともネガティブな属性をもつ国家である．
出所：リサーチ・サーベイ 2006.

3. まとめ

　まだ道のりが遠いが，これまでのケースに基づく証拠と綿密な研究は，私たちの活動が１つの突破口を見出し前進したことを示している．

　たとえ，私たちの活動が南アフリカの知覚ポジションを変えるのに貢献したとしても，南アフリカというブランドは依然として低い認知度と貧弱な結合力に悩まされている．

　私たちは，南アフリカを南アフリカ人に売り込もうとする努力を続けていかなければならない．一方，2010 年の南アフリカ共和国ワールドカップ・イベントは，国家ブランドに対する国家的支援が総動員できるよう支援する必要がある．

さまざまな活動とメッセージが2010年のワールドカップ・イベントをうまく成功させるための主要要因であるため，多様な行政府の部門を含んだ公共団体，民間団体の積極的な参画は今後も続けていかなければならないであろう．

＊＊＊＊＊

はじめに

　国家ブランディングは興味深いテーマでありながらも，複雑で論争の余地がある現象（問題）でもある．すなわち，理論はほぼ皆無で，おびただしい量の実世界活動のみが存在するため興味深いテーマではあるが，従来のブランド戦略の領域を越え，多様な規律を含んでいるためきわめて複雑である．また，対立する観点と意見により発生する高度な政治的行為を包含しているため，論争の余地がある．その上，国家ブランディングは，自分たちの国家ブランドを発展させるため，多くの国々が取り組んでいるため，その重要性がますます大きくなってきている．本章では，最近目立つ国家ブランディングの発展と概観を明らかにするだけではなく，国家ブランド戦略が一国にもたらす価値と関連づけ，国家ブランディングの妥当性を考察することにする．

　本章で取り上げる国家のケース分析は，南アフリカが南アフリカの国際マーケティング委員会の活動を通じて，どのように国家ブランドを発展させ始めたのかを示している．南アフリカの国際マーケティング委員会の戦略的目標は，強力な国家ブランド・イメージを確立すると同時に，貿易と観光，投資を誘致するための好ましいポジションを確保することである．Leslie de Chernatony教授は，学術的観点から，ブランド理論は国家ブランディングの文脈に合わせて適用されなければならないと論じている．その一方，国家ブランディングの特徴と本質を研究する専門家であるAnholtは，この分野における現在の多くの活動を説明するために，「国家ブランディング」という用語よりは「競争力のあるアイデンティティ（competitive identity）」という用語がより適切であると主張している．

ブランドと国家ブランドの定義

　ブランドとしての国家という概念を扱う前に，ブランドが何を意味するか，それに対するいくつかの定義を考察する必要がある．このような定義は，2つに分類される傾向がある．

　1つは，ブランドのビジュアル的な側面に焦点をあてている．もう1つは，ブランドのビジュアル的な側面を越えブランドの本質を捉えようとする，より深みのある定義である．

　Doyle (1992)[1]は，次のような肯定的または成功的なブランドに対する簡潔な定義を述べている．すなわち，成功的なブランドは，持続的かつ差別的な利点をもつ特定の企業の製品を表す1つの名前であり，象徴であり，デザインまたはそれらの組み合わせである．米国マーケティング協会は，ブランドを1つの名前，用語，記号，象徴，デザインまたはその組み合わせとして，販売者または販売者グループの製品とサービスを一体化し（結びつけて），競合他社の製品と差別化を図るためということで，Doyleと類似した定義を提供している．その一方，MacraeとParkinson, Sheerman (1995)[2]は，より有用なブランドの定義を具体化している．この定義によれば，ブランドは生産者の視点よりは消費者の視点を強調している．また，彼らは，ブランドが機能的な面と非機能的な面から，ブランドと関連した特徴と付加価値のユニークな組み合わせであると定義している．Lyncｈとde Chernatony (2004)[3]も類似した視点を示している．すなわち，ブランドを買い手と売り手の間でユニークかつ満足感を与える経験を約束する機能的かつ情緒的な価値のクラスターであると定義している．

　もちろん，ブランドは孤立状態で存在することはできない．ブランドが成功するためには，支配的な時代精神と効率的に共存しなければならない．なぜなら，社会における大衆文化とトレンドが強いブランドを動かし，影響を与えるからである[4]．この主題は，Holt (2004)[5]によって説明され理論化されている．彼は，「文化ブランディング」というプロセスの中に環境との創造的な相互作用を通じて，ブランドがどのように時代のアイコンになるかを分析

している.また,彼は,このプロセスは国に適用できるとみなしている.ブランディングに関してもっとも創造的かつ革新的な考え方をもつ研究者もブランドについて類似した文化的視点を提示している[6].彼は,ブランドが「戦略的かつ文化的思想の集合体」であると提唱している.彼の主張によれば,国家ブランドは彼らの国家のアイデンティティという基盤を通して,製品,サービス,企業やブランド化できるイメージなど,他の種類のブランドより豊富で深みのある文化的資源を有することになる.この文化的資源と関連した内容は第5章で扱うことにする.

ブランディングの実行は,企業が自社の製品を競合他社と差別化するプロセスであると定義されている[7].グローバル化の進展による世界経済の中で,自社の製品を競合他社の製品と差別化できる問題は,国内外の消費者の間で競争する国にとってきわめて重要である.Keller (2003)[8] は,戦略的ブランド・マネジメント・プロセスは,デザイン,マーケティング・プログラムの実行,ブランド・エクイティを構築・評価・管理する活動を必要とすると述べている.ブランド・エクイティに対する概念は,第3章で詳細に述べることにする.

de Chernatony と McDonald (2003)[9] は,ブランディングの役割について説明し,マーケターたちがブランディング・プロセス(インプットとしてのブランディング)を行っている間,ブランドの精神的ビジョン(アウトプットとしてのブランディング)を形成する側は購入者と使用者であり,これは(企業側が)意図したマーケティング目的とは異なりうるという点を警告している.とりわけこの点は,国家がもつ既存の固定観念が消費者の心の中にしっかり定着されており,変えることが困難である国家ブランディングに関連づけられている.ブランドが消費者のマインドに存在するブランドの概念は,ブランディング論の主な研究者によって論じられている(Kotler&Keller (2006), Temporal (2002))[10],[11].ブランド構築プロセスは,数年間の機関を要する長期的なコミットメントを必要とする[12].短期的視点に立ったコミットメントでは,小さな成果しか得られない(Aaker, 2000).したがって,多くの国が国家ブランドを構築する時に,効果がすぐに消えてしまう短期広告キャンペーンを目指

すより，このような現実を認識し，長期的戦略を採用する必要がある．

　ブランドの概念を単なる製品ではなく国に適用する時に，そこには純粋な心と尊重の姿勢でその仕事を遂行する倫理的義務があることを悟り，国家をブランドとして扱うにあたってある程度限界があることを認識しなければならない．国は，ブランド・マネジャーや企業に属するものではない．もしそれが何かに属するなら，それはその国の全国民に属するといえる．国家ブランディングと関連した倫理的問題は，第7章で詳細に扱うことにする．

　用語の混乱を回避するために，地域ブランドまたはテスト販売ブランド[13]と異なり，全国的に入手できるブランドとして定義されるナショナル・ブランド（a national brand）と，国をブランドとして捉える国家ブランドを区別しなければならない．本書でいう国家ブランドは，国に文化的差別性とすべてのターゲット・オーディエンスに妥当性を与え，独特で多面的な要素の組み合わせとして定義される．この定義は，第5章で論じられているように，国家アイデンティティを統合する必要性と共に，国家ブランドがもつ多面的な特徴を示している．さらに，提示された国家ブランドに対する定義は，ブランドがマーケティング機能を総体的にコントロールできる存在というよりは消費者の心の中に存在するものとして認識している．したがって，この定義は，抽象的な属性とターゲット市場に対する関係を具現化している．

　本章の学術的視点から，Leslie de Chernatony 教授は，ブランド理論の採択を国家ブランディングの文脈で捉えている．Leslie de Chernatony 教授が言及した問題は，第8章でもっと論じられるが，ここで彼は多様なステークホルダーが国家ブランド開発に参加する必要があると主張している．

学術的視点

ブランド理論を国家ブランディングへ適用

Leslie de Chernatony

Professor of Brand Marketing Birmingham University Business School

　国家ブランディングの難しさを考えると，既存のブランド・フレームワー

クでも有用であるが，一部は新たに採択し実施する必要がある．そこには多様な理由が存在する．たとえば，1つではなく多数の強力なステークホルダーは，多様なステークホルダーにアピールするよう国家ブランドの本質に影響を与えようと努めている．

ブランドという概念は，次のようにその本質は変わらない．すなわち，国が独特かつ喜ばしい経験に関する約束を可能にさせる価値のクラスターなのである．成功したブランドは，ブランドを伝える人々が約束した価値を表すやり方で実行しているため，成長している．同様に，国家ブランディングにおいても人々の行動特性を規定する支配的な価値がある．国を支配する憲法の類型，宗教と社会的慣行は，人々がその価値のクラスターを明確に規定する境界点を正しく理解することを可能にさせる．このような社会的かつ経済的な相互作用を通じて個人は国のコア価値をより良く理解するようになる．

明白なのは，国家ブランドの価値と約束した経験を実現させるためには，重要なステークホルダーたちの大々的な参加が伴わなければならないのである．これはまず，重要なステークホルダーたちが国家ブランドに対する彼らのビジョンを表現することで始めることができる．多様なビジョンが表れうるが，デルパイ・ブランド・ビジョニング技術を使用することで，プロセスは1つの一致したビジョンに到達することができる．

このプロセスでは，国家ブランドの形作りに関心のある主要なステークホルダーたちをみつけ出さなければならない．彼らは，政府，貿易，非営利団体，観光，メディアを代表する人々を含んでいる．彼らは，国家ブランド・ビジョンが望ましい未来，目的，価値という3つの要素から構成されていることを個別に説明している．また，彼らは，国家ブランドに対する彼らのビジョンを要求することができる．このようなことは，最終ビジョンの3つの要素内にもっとも共通の主題をみ分けられる公平かつ客観的なコーディネーターに送られる．各自は，もっとも共通の主題を念頭に置き，自分たちのビジョンを再び提示する．それぞれは，統合された意見を反映し自分たちのビジョンを再び提示し，本来の見解を修正することが要求される．このような手順は，合意が行われるまで繰り返される．

次の段階は，主要なステークホルダーが自分たちの組織が国家ブランド・ビジョンを目指して努力するよう目標を設定することである．このことが進行すると，それぞれのステークホルダー・グループは，国家ブランドをどのようなやり方で理解しているかを明確に語り始める．多様なステークホルダーは，それぞれのステークホルダーのブランド目的に関する情報を交換し，必要な経験と価値に関する目標と前提を達成するために必要な業務を行うために，絶えず会合を行う．

この会合を通じて，もっと強化した目標が提示される場合もあれば，まったく異なった目標が提示される場合もある．公平かつ評判の高い議長を中心に，ステークホルダーの間には国家ブランドの目的をどのように支援するのか，意見を統一するための対話が続く．主要なステークホルダーが追求する価値と約束された未来に関して自分たちの考えを語れるよう働きかけ，より一貫性のある国家ブランドを構築するための協力を促す．

* * * * *

なぜ国家ブランディングを始めるのか

ブランディング技術を国に適用するのは，比較的新たな現象であるが，今，国が国内外の市場に直面しているグローバル競争という視点でみると，この現象はしばらく注目されるであろう．世界の多くの国々は，観光客の誘致，内部投資の活性化，輸出の増大という重要な3つの目標を実現するため，自分たちの国をブランド化するのに最大限の努力を注いでいる．多くの国々のさらなる目標は，人材の誘致である．したがって，世界の多くの国々は，高度な教育を受けた研究者と熟練労働者を誘致するために絶えず競争をしている．国家ブランディングを通して得られる潜在的な価値は，Temporal[14]によって提案されている．彼は，観光客の誘致，内部投資の活性化，輸出の増大という主要目的に加えて，国家ブランディングは（自信，自尊心，調和，夢，内部結束を向上させることで），通貨安定，国際信用の回復，投資の確信，国際等級の上向き調整，政治影響力の向上，国際パートナーシップの強化，国力伸張をもたらすと主張している．中部ヨーロッパと東部ヨーロッパの国々の

ように,過渡期の国々が考慮できる目標は,過渡期以前に存在した古い政治,経済システムを捨てることになりうる[15].本章の国の国別ケース分析で,南アフリカの国際マーケティング委員会の議長Yvonne Johnstonは,投資の潜在力と信用度,輸出機会,観光の潜在力,国際関係と関連づけ,自分たちの国の位置を定めるため,南アフリカ・ブランドがどのように開発されたかを説明している.

このような目標達成には,世界舞台での効率的な競争のため,国の細心のブランディング計画が要求される[16].Olins[17]も,同様の見解を示したが,ここで彼は数年内にアイデンティティ・マネジメントが国家ブランドに寄与する重要なツールであると主張している.また,ブランド化されていない国は,経済的かつ政治的な関心を寄せにくいし,イメージとレピュテーション(評判)が国の戦略的価値の中心となると提案している[18].強力かつポジティブな国家ブランドは,現在グローバル化した経済において持続的競争優位をもたらすことができる(第2章,国別ケース分析—エジプトを参照).Michael Porterの著書,*The Competitive Advantage of Nations*[19]で,彼は国と国が有する特徴が依然としてグローバル化時代においてももっとも重要であると強調している.

"私の理論は,国の特徴の違いと国の差別化の重要性を強調している.国際競争力に関する現在の多くの議論は,全世界的同質化と縮小した国の役割を強調している.しかし,実際国の差別化は,成功するために必要不可欠な要素である."

競争力の範囲には,観光客の誘致,投資家,起業家,国の製品とサービスを使用する外国消費者を含んだ多くの分野にわたっている(第8章,国別ケース分析—アイスランドを参照).また,国家ブランディングは,一国に対する誤解を正し,多くのターゲット・オーディエンスに好ましい国のイメージを再認識させることができる(第10章,国別ケース分析—フランスを参照).一方,エストニアは,強い国家ブランドを開発することで,FDI(外国人直接投資)を誘

致し，スウェーデンとフィンランドを越え，国の観光基盤を拡張する一方，輸出のためのヨーロッパ市場の拡大などを含んだ重要な目標を達成している（第9章，国別ケース分析—エストニアを参照）．顧客関係管理（CRM）の国家ブランディングへの適用に関する学術論文において，Francis Buttle 教授は，明確な関係管理対象と適切な顧客洞察力（customer insight）に基づき，ITを支援することで，互いに異なる要求を効率的に処理する方式を国の「顧客ポートフォリオ」のすべての領域に適用しなければならないと述べている（第3章，学術的視点を参照）．

国家をブランドとして論じるにあたって，一部の中心主題と問題は，表1-1に要約されている．

また，慎重なブランド・ポジショニングは他国に対する競争優位をもたら

表1-1 国をブランドとして論じる際に生じる重要な問題点

著　者	主題と問題点
Aldersey-Williams [20]	国のブランディングまたリ・ブランディングは，論争の的となり，高度な政治的行為である．
Wolff-Olins [21]	伝統的にブランドは，企業と製品に関わっているが，ブランディング手法はマス・コミュニケーションのあらゆる領域に適用される．たとえば，政治指導者たちは所属政党という小さな井戸から抜け出し，国家ブランドの管理者でなければならない．
O'Shaughnessy and Jackson [22]	国家イメージは，ブランド・イメージのように，一言で表すことが難しいため，非常に複雑で流動的なのである．すなわち，国のアイデンティティの他の要素は，多様な場合において国際舞台で関心の的となる．これは，現在の政治イベントや最近の映画，ニュース放送によって影響を受ける．
Gilmore [23]	国家ブランドを構築する時，正直さが何より重要である．すなわち，このとき必要なのは，嘘の約束より既存の国家文化の価値を確立することである．
Mihailovich [24]	非常に単純な題目で国家ブランディングに接近するのは，逆効果をもたらしうる．すなわち，持続可能な長期雇用と成長・繁栄のような利他的目標は，すべての形態の集団や親族集団などを強調することで達成することができる．
Anholt [25]	ブランディングという用語は，多少冷たいニュアンスを感じさせ，傲慢にみえる．したがって，ある程度は，政治家たちがこの用語を前面に出し使わない方がよいだろう．

すこと[26), 27)]，そしてとりわけ一国に対する固定観念が現実な合致していない場合には，当該国家に対するブランディングを通じた積極的リ・ポジショニングは成就し，国家の大きな可能性を維持するということが論じられている．このような場合，国家ブランディングの余地がきわめて広く存在する．

　ブランディングを通じて国が享受できるより大きなインセンティブは，差別化を生み出すためのブランディング技術力を所有することができるようになる点である．たとえば，観光分野において観光地のほとんどは，美しい景観，綺麗な海辺，心温まる絆をもつ地域住民など，ほぼ類似したスローガンを掲げている．したがって，観光地は，その地域ならではの独自のアイデンティティを生み出し，他の競合他社との差別化を確立していくことがかつてよりも重要である[28)]．これに伴う良い結果を絶えずもたらすために必要なのは，短期ではなく，長期的戦略なのである．Lodge[29)]は，これと関連づけ，1つの注意点を提示している．彼は，通常「ダラス実験」といわれるケースを引用している．当時，ニュージーランド市場開発委員会と呼ばれたある団体は，ダラス市をニュージーランド行事とプロモーション，貿易博覧会でもって熱狂の渦に巻き込んだ．このような集中的なマーケティング活動は，販売が急速に上昇する6か月の間続いた．しかし，その実験的イベントが終わった1年後，認知度と販売量は，イベントが始まる前のレベルに戻った．このようなやり方の活動は，単純な販促活動としてみなされ，長期的な戦略を要求するブランディングには適切ではない．

　しかし，国家ブランディングは，観光マーケティングのような親しみのある分野を越えて拡大し，より広範な目標を包含している．Vanossi[30)]は，今日のグローバル化した世界において，国家や地域そして年は観光や対内投資そして支援をめぐり，またヨーロッパ連合のような超国家的集団の一員となることをめぐり，さらに自分たちの製品やサービスの購入者や人材の確保をめぐって思いがけず互いに競争しなければならないということがより鮮明になったことはかつてないと述べている．Vanossiによれば，ほとんどの場所は自らの良さを伝達し，プロモーションを行うために明確で現実的な戦略が必要であり，これは何れのコンサルタントまたは代理人がこれらの複雑かつ時

として矛盾したメガ・ブランドの管理およびプロモーション活動を最終的にリードするのかという問いかけにつながっている．Vanossi は，一国のプロモーション活動を行うことは政策，マネジメント，コンサルタント業，広報，顧客関係管理（CRM），広告やブランドに関することよりも大きなものであるのか，または過去 50 年間，企業に携わりながら私たちが学んだすべての組み合わせなのかを問うている．この興味深い主題は，第 8 章と第 9 章で取り上げることにする．

国家ブランディングの発展

国家ブランディングの発展は，図 1-1 のように示すことができる．ここで国家のアイデンティティと原産国を学術的な観点からみると，市場の同質化と国家アイデンティティに対する自覚が，現在のグローバル化した世界経済

図 1-1 国家ブランディングの発展

```
   ┌──────────────┐              ┌──────────┐
   │  国家        │              │  原産国   │
   │ アイデンティティ │              │          │
   └──────┬───────┘              └─────┬────┘
          ▼                            ▼
┌──────────────────────┐   ┌────────────────────────────┐
│ 学問分野              │   │ 学問分野：マーケティング      │
│ 政治的地形，国際関係，政治学， │   │ 下位理論：                  │
│ 文化人類学，社会心理学，政治 │   │ 消費者行動，広告と販促管理，  │
│ 哲学，国際法，社会学，歴史   │   │ ブランド・マネジメント，輸出  │
│                      │   │ マーケティング              │
└──────────┬───────────┘   └─────────┬──────────────────┘
            └────────────┬────────────┘
                         ▼
        ┌──────────────────────────────────┐
        │ 矛盾した結果をもたらす経済のグローバル化 │
        │ (a) 市場の同質化                  │
        │ (b) 国家アイデンティティに対する認識の増加 │
        └──────────────┬───────────────────┘
                       ▼
        ┌──────────────────────────────────┐
        │    国家間の貿易障壁の解消           │
        └──────────────┬───────────────────┘
                       ▼
        ┌──────────────────────────────────┐
        │ 世界舞台で効率的に競争するために，国が │
        │ ブランド・マネジメント手法に関心をもつにつ │
        │ れ，国家ブランディングが出現するようになる │
        └──────────────────────────────────┘
```

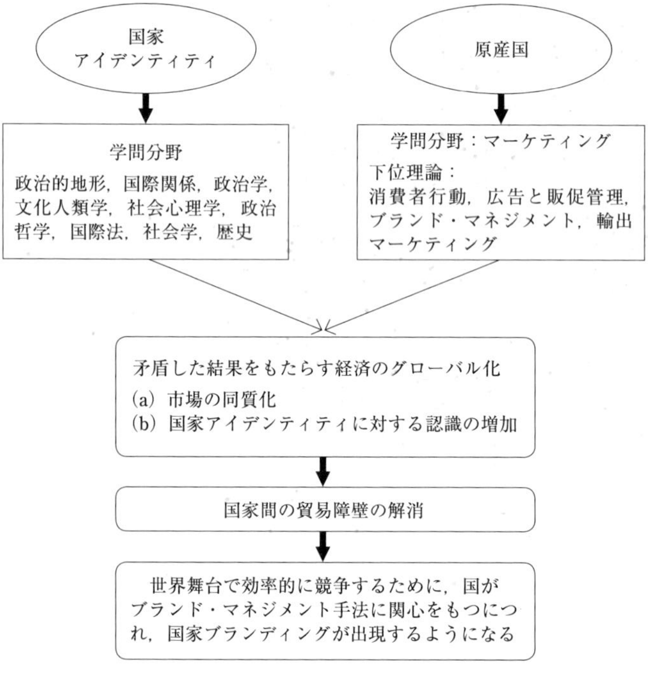

の中で，これらは互いに影響を与え合うとみられる．国家アイデンティティと原産国という枠組みの中で生じた論理は，最近になり統合された．この統合された枠組みを最初に示したのは，2002 年 Journal of brand management [31] が発行した国家ブランディングの特別版であった．以前他の出版物が散発的に国家ブランディングに対する記事を扱うが，Journal of brand management の特別版が最初にその主題に焦点をあてて取り上げ，Kotler と Gertner [16]，Papadopoulos と Heslop [32] のような世界的学者たちの論文と，Olins [33]，Gilmore [27]，Lodge [29] のような著名なコンサルタントたちの記事を掲載した．しかし，それは，2004 年 11 月，国家，都市，地域ブランディングを扱った場のブランディング（Place Branding）という題目の新たな雑誌を発売した出版社の特別版でしかなかった．

　現在，新興分野といえる国家ブランディングを取りあげたもっとも重要な初期書籍は，1993 年発行された Marketing Place : Attracting Investment, Industry, and Tourism to Cities, States and Nations [34] である．同書は，明確なブランド観点に基づいて多くの問題を扱っているよりは，広義の観点から経済，マーケティングを論じているが，この分野の多くの文献研究の先駆けになっているのが事実である．国家ブランディングの発展をより幅広い歴史的観点からみると，国家は象徴と通貨，国歌，名称などを通じて，常に国をブランド化してきたため，これは実践というよりは単に国家ブランディングという新たな用語にすぎないという主張もありうるであろう [33]．

　よかれあしかれ，ブランディング手法の使用は，現代社会において非常に広く浸透している．ブランディングは，最も基本的な物質的製品から多様な国に至るまで，その適用範囲を絶えず拡大している．企業ブランディングが国家ブランディングにもっとも接近した形態のブランディングであるというのは議論する余地がある．企業ブランディングと国家ブランディングと国家ブランディング間の類似点は，企業・国家という実体の複雑性や多面的な特徴と，企業と国家が認めなければならない多様なステークホルダー・グループで見出すことができる．Balmer と Gray [35] は，企業ブランドは雇用，投資そしてもっとも重要なことには消費者行動を含んださまざまな目的を有して

おり，多様なステークホルダーには意思決定を手助けする強力な道具として貢献していることを組織レベルでますます認識するようになっていると指摘している．したがって，ブランディングの範囲は，単なる製品への初期段階の適用から，サービス，企業，組織，国に至るまでますます拡大されつつある．製品—国家のブランド連続体は，図1-2に示されている．

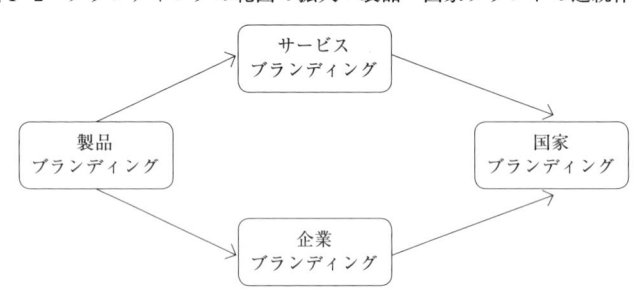

図1-2 ブランディングの範囲の拡大：製品—国家ブランドの連続体

```
            サービス
           ブランディング
          ↗           ↘
   製品                     国家
ブランディング              ブランディング
          ↘           ↗
            企業
           ブランディング
```

企業ブランディングと国家ブランディング間の差異は，第8章で学問的視点からより深く論じることにする．

専門家の分析

国家ブランディングから競争力のあるアイデンティティへ
——**国家政策としてのブランド・マネジメント**——

Simon Anholt

Consultant and Author, Founding Editor of the quarterly journal,
Place Branding

私は，1996年最初に「国家ブランディング」と関連した概念について書き始めた．私が最初に考えたのは，きわめて単純なものであった．すなわち，国のレピュテーションは，企業のブランド・イメージのような役割を果たしており，それは国の発展と繁栄においても重要なのである．

ブランド価値に対する概念は依然として，私の研究の重要な部分を占めて

いる．しかし，現在，私はそれを「競争力のあるアイデンティティ」アプローチと呼ぶ．なぜなら，商業と関連して一般的に理解されるブランディングよりは競争力を備えた国家アイデンティティ，政治，経済とより深い関係があるからである．

今日，国々のほとんどは，自分たちのレピュテーションを管理したがる．しかし，私たちは依然として，これが本当に何を意味するのか，または商業的なアプローチが政府にどれくらいまで適用できるのかに対する幅広い理解が乏しい実情である．実際，多くの政府とコンサルタント，学者たちは，'プレイス・ブランディング'についてランニングシューズという製品の代わりに，国という製品をプロモーションするレベルで，単純かつ表面的な解釈を主張している実情である．

しかし，国家イメージに対する差別化は，新しいアイデア，政策，法律，製品，サービス，企業，建物，芸術，科学の発展のため努力などを通じて成し遂げることができる．このように，国のイメージ刷新は，上記の新しいアイデア，政策，芸術などの原産地が明らかになることで実現される．こうなることで，その国のレピュテーションは良くなり，その場所は有名になり人々はそこに注目するようになる．また，自分たちが既存の考え方までも変えることになるのである．

このイノベーションの動きは，国のレピュテーションを効果的に向上させるだけではなく，お金をより賢明なやり方で消費するようにする．このイノベーションの動きは，それを遂行する組織にも役に立つ．したがって，投資したお金は単にデザインやマーケティングに消費するのではなく，経済へ流されていくのである．

政府は，単にブランドと関連した理由だけで仕事をしてはいけない．すなわち，イメージ・マネジメントのみに専念してはいけないのである．しかし，これらのイノベーションにおいて必ずやるべきことがある．すなわち，それはコンセプト作りと伝達方式，相互調整であり，このようなイノベーションは，今まで受け継がれているイメージから抜け出し望ましい方向へ国家を運営していくことができるようになる．

競争力のあるアイデンティティを備えようとする努力とイノベーションに対する一般的な要求の違いは，国のレピュテーションを強化するための戦略に焦点をあてているかどうかという点である．競争力のあるアイデンティティを備えようとするイノベーションの動きは，国が何を必要とするかに関心を注ぐようにする．そして，これによって国家イメージの改善は，追加投資を促し新たな市場を作り，現在起こっている変化に対する人々の関心を増加させる．

　ブランド・マネジメントは，政策立案，ガバナンス，経済発展とかけ離れた1つのキャンペーンとしてではなく，「国家政策の1つの構成要素」として扱われなければならない．このような理由で，現在の私の研究では，競争力のあるアイデンティティという行動方針において国と政府の首長，閣僚，主要企業のCEOから構成されたチームを作り訓練させて，戦略開発と実行のプロセスを通じて彼らを指導することが含まれている．

　ブランド・マネジメントが，コミュニケーションや行政という貯蔵庫の中に置いてあるなら，そこにはできることがほとんどない．しかし，ブランド・マネジメントが政策立案を促し，国家運営に絶対必要なこととして位置づけられているなら，これは目覚ましい変化を導くことができる．

＊＊＊＊＊

国家ブランディングの問題と主導権

　多くの国が直面する各々の問題を解決するため，多様な戦略を採用している．地球上の多くの国々が世界舞台で自分たちを差別化させ，輸出，対内投資，観光と関連づけ，自分たちの経済活動を強化させるため，国家ブランディングを採用している．ドイツ，韓国，ニュージーランド，スコットランド，エジプト，イギリス，スペインのように，文化的，地理的に多様な国々が国家ブランディング戦略を開発するに値すると判断しているのである．ここで私たちは，このような国々に影響を与える問題の概観と各々の国々のブランディング問題に直面する時に，彼らが取り組んできた幾つかのイニシアチブを提供することにする．

ドイツ

　JaffeとNebenzahl[36]は，ドイツ放送社ZDFが1999年，国家ブランドを構築するため，アイデンティティ・コンサルタントであるOlinsをみつけた過程を詳しく説明している．たとえこれが公の活動ではなくても，ドイツのため提案されたブランド戦略は，ドイツ内で多くの人々の関心と論争をもたらした．この活動の主な目的は，ドイツに対する消費者の認識を，創造力が乏しい，機械的な完璧さの国という固定観念から脱却しダイナミックでワクワクさせる国へ転換させようとするものであった．一方，ドイツが冷淡で感情表現が乏しいという認識は，アウディのようなドイツ企業の影響が多少あったかもしれない．アウディの有名なスローガン「技術を通した進歩」は，ドイツの優れた工業技術力を褒めたたえているが，思いやりと感性的な面での乏しさが表れている．

　アイデンティティ・コンサルタントであるOlins[37]のウェブサイトは，ドイツというブランドを作り出すために行われたアプローチを詳細に述べている．そのアプローチの基盤は，ドイツがヨーロッパ経済の心臓部であるが，歴史的な理由でネガティブかつ非友好的な方式として認識されているという根拠から出発した．Olinsは，ドイツ政府とドイツ・ブランディングの問題に関心をもつ機関に6段階の施行案を提示した．第1段階は，首相と大統領の統率の下で国家ブランド運営委員会の設立である．第2段階は，運営委員会に対する報告責任をとる研究開発チームの構成である．第3段階は，産業，貿易，教育，メディア，文化，芸術分野の代表的な人物とすべてのLander代表を巻き込む国家諮問過程の開始である．第4段階は，他の国の認識資料に対する研究をベンチマーキングし，ドイツの認識に対する広範な調査を海外に委託することである．第5段階は，国家ブランドがどこで，どのように，適切に使用できるのかに対する徹底した調査の実行である．第6段階は，国家運営委員会により採択されたブランド選択権に対する履行プログラムを作り，連邦議会に提出し承認をもらうことである．

スコットランド

現在，世界の多くの国々が国家ブランディング戦略を慎重に採用している．スコットランドでは，1994年スコットランドの観光と文化，貿易を増進させるために，スコットランド・ブランド組織が設立された．この組織がもつ最初のクレド（credo）は次のとおりである．

"もっと多くの国々が国力伸張のために努力を重ねるにつれ，我がスコットランドも適切かつ説得的なメッセージを通じて私たちがもつ優れた長所を結集させ，統合させなければならない．ヨーロッパ連合創設と世界市場のグローバル化が可視化した今，スコットランドが自分のアイデンティティを正しく構築し，スコットランドに対する認知度を高める重要な時期であり，スコットランドの貿易の商業的な利点を活性化させるマーケティング・ツールとして歴史と遺産，現在の価値を活用しなければならない．"[38]

スコットランド・ブランド管理組織の創設を促したのは，スコットランドが世界的に認められる明確なブランド価値を有するという実証研究に基づいている．しかし，その研究には，スコットランドが一定の商業的な成果を生み出すためのマーケティングへの取組みにおいてそれらの価値を効率的に活用したことがないという懸念もあった．だが，スコットランド・ブランド管理組織は，スコットランドの明確なブランドを促進するため，1994年に設立された．

この管理組織は，スコットランド・ビジネスのマーケティングへの取組みを結合させることで，国内外の市場でスコットランドの優秀性を知らせるのに貢献するのが狙いである．スコットランド・ブランド管理組織の議長，Nick Kuenssberg[39] は，スコットランドを訪問するための場所，研究するための場所，投資するための場所，知識を得るための場所として，全世界に知らせることを含めて，この管理組織の目標を設定した．これは，スコットランドの行政部[40] が文書を通じて述べた「賢明で，成功したスコットランド」というスローガンを反映したのである．このスローガンは，国内外の企業の

グローバル化プログラムのため，スコットランドを世界レベルのビジネス場所として知ってもらう必要性を強調している．

このような目標を達成するために，スコットランド・ブランドは，「スコットランドらしさ」というブランド・エクイティに対する大規模の世界的研究を遂行した．この研究は，スコットランドを含めて，イギリス，フランス，ドイツ，スペイン，日本，米国のような主要輸出市場での世論調査と既存資料に対する包括的な見直しから構成されている．その研究結果は，スコットランドの競争上のポジションを構築するための取組みとスコットランドの製品とサービス，施設を売り込むための説得力のある提案，長期的かつ持続的な競争力を獲得するための戦略を基に用いられた．2002年～2004年にかけて行われたイベント・販売促進の計画は設けられたが，これらを計画した人々はこれが創造的で効率的で，目標対象が明確なキャンペーンの連続イベントを通じて，野心的かつ広範囲な領域を含んでいると説明している．このイベントと販売促進は，すべて上述したスコットランド・ブランド・エクイティに関する研究を通して引き出された精神，粘り強さ，誠実さ，創造性に富んだ想像力のようなコア価値を統一化し促進するという共通のテーマをもっていた．

スコットランド・ブランドの2002年～2004年のイベント・販売促進は，内部・外部において注目されるようになった．スコットランド内でこの管理組織は，既存の主要イベントと聖人Andrewの祝日，Burnsの記念日，地域イベントのような慶祝日だけではなく，ゴルフ，ラグビー，サッカーのようなスポーツ・イベントを活用する方案に焦点をあてている．また，情報交換のための月例ネットワーキング・イベントだけではなく，例年のスコットランド・ブランド協議会と授賞晩餐会を設けた．スコットランド・ブランドが計画したイベントの中で対外的に一番目を見張るようなイベントは，米国シカゴ市で開かれたTartan Week祝賀会であった．このシカゴ祝賀会には，観光イベントと国際ファッション競演のフィナーレ，政府側のイベント，Tartan舞踏会などが含まれた．シカゴでのイベントに加え，Smithsonnian協会と研究所の参加により，スコットランドに関する3か月連続の講演とスコットラ

ンドの民族祭日がワシントン DC で設けられた．このイベントのほとんどが，tartan，kilts，bagpipes のような古いイメージに依存しているという批判にもかかわらず，このイベントが世界でもっとも儲かる消費市場である米国内でスコットランドのポジションを高めることができたという点では疑問の余地がない．

　スコットランド・ブランド管理組織が開発したスコットランドのブランド・アイデンティティのビジュアルな側面は，「スコットランド・マーク」として知られたロゴから構成されている．このロゴは，スコットランドの製品を独特のやり方で同一化し証明するだけではなく，製品の品質も保証するというスコットランドの確固たる象徴として開発された．たとえ，このようなビジュアル・アイデンティティの創造が単に表面的なものとして捉えられても，このような活動に伴う研究プロセスとデザイン・ソリューションは，企業ブランディングとコミュニケーションに関する戦略の確立に寄与することができる[41]．スコットランド・マークには，食品，飲料，繊維，ホテルのような伝統的なことから，電子，ソフトウェア，金融サービス，輸送のような現代の製品・サービスに至るまで，広範な分野にわたるスコットランドの製品を見出すことができる．イギリスのソフトウェア分野の研究報告書によれば，品質保証書は，ソフトウェア製品に対する信頼と価値を与えることで，使用者のためになると明示している[42]．また，スコットランド・ブランドにより定められたロゴも，スコットランド製の製品・サービスを購入する時に，消費者にも同様な信頼と価値を提供するよう意図されている．

　しかし，皮肉にも，最近の金融サービスのブランディングにおいて，スコットランドらしさを明白に利用することが減少する傾向がある．2003 年，リ・ブランディング作業の一環として，Abbey National は，その名前を 'abbey' に縮めると同時に，新たな事業のために Scottish Mutual と Scottish Provident という2つの有名なスコットランドの会社を閉鎖した．その後，この2つの会社の製品は，abbey ブランドで提供されている．また，Scottish Amicable と Scottish Equitable という会社も，過去数年間姿を消した主要なスコットランド・ブランドなのである[43]．したがって，合併と買収により避けられない

戦略では，スコットランドの金融サービス分野においてマーケティングの足掛かりとして原産地の使用を排除する方針を立てたのである．

　スコットランド・ブランドの目的は，全世界においてスコットランドの製品・サービスに真の価値を与えるため，強力かつポジティブなスコットランドの価値とイメージを伝えることで，スコットランドのマークが直ちに認識できるシンボルになるようにすることであった．2003年，スコットランド・ブランド管理組織は，公共分野から民間分野へと移転された．このような取組みを通じて，この管理組織は存在し続けなければならなかった．公的な補助金が途切れ仕方なく会員の寄付金で耐える状況から，どのようにこの管理組織がスコットランド・マークを継続的に利用したいと考える企業のため，これまでの品質レベルを維持できたのかを観察するのは非常に興味深い．もし，品質の基準を短期間の寄付金を増やすために下げると，平均以下の製品・サービス，ブランドが自分たちの製品と入り混じって連想されてほしくない現在の会員たちが脱退することで，スコットランド・マークの価値の低下をもたらすことになるだろう．

　2003年，2004年に発生した事件は，スコットランド・ブランド管理組織の消滅をもたらした．2004年3月28日金曜日，スコットランド・ブランド管理組織の議長，Nick Kuenssbergは，特別総会で管理組織の運営を縮小するよう決めたと述べた[44]．Kuenssbergは，このステップがスコットランドのプロモーションのための部署を作り上げるために，スコットランド行政当局の決定から行われたと説明した．スコットランド・ブランド委員会は，国の良さを知らせるにあたってこのような重複した努力がまさにスコットランド・ブランド管理組織の存立を危うくすると感じ，組織の運営を縮小するために投票を実施した．その後，国家ブランドを構築するためのより一貫性のあるアプローチの登場は，過去2，3年の間に顕著に現れるようになった．

ニュージーランド

　ニュージーランドとスコットランドは，互いに多くの類似した面をもっている．この両国はすべて，オーストラリアとイギリスという大きく強い隣国

の陰に隠れた比較的小さな国々である．19世紀の間，スコットランドからニュージーランドへの大規模な移住が行われたが，1861年頃にはニュージーランド人口の3分の2をスコットランド人が占めるほどになった[45]．このようなニュージーランド内のスコットランドの優勢は，いつも幸運とは限らない．Lodge[29]は，ニュージーランドの国家ブランディング戦略に関する彼女の論文で，もっとも大きな問題はニュージーランド人の自己弁解的な性格であったと説明している．Lodgeは，このような性格を彼らが人前に出たがらないスコットランド人の血がたくさん流れているためであると分析している．ニュージーランドとスコットランド両国は，自分たちの国家アイデンティティに対する確信が不足しているようにみえたが，両国すべて重要な市場になれる隠れた潜在力を相当もっていた．

コンサルティング企業Corporate Edgeの議長であるLodgeは，ニュージーランドのためのブランドの明確化と戦略実習に参加した．彼女は，この作業を内部投資と文化，教育，観光，製品輸出を含んだ経済全般にわたり，購入する理由を集約し競争力のあるポジションを確保することであると定義している．ブランドの明確化と戦略遂行するために採用されたプロセスは，次のような段階を経て行われた．第1段階は，資料と意見を収集し，この国がいかにして世界に向けて自分たちの製品を購入するよう説得できるのかに対する仮説を作ることである．この段階によって作られた資料を通じて，競争力のある世論と政府団体，輸出産業団体が実施した市場調査の研究で確認されたブランド・エクイティ，実際と潜在的な利点を示す多くのケース，輸出，観光，内部投資，教育に対する遂行資料と目標，戦略を連続的に立てて，採択し破棄する内部問題において影響を与える人々に対する情報を把握することができた．

イギリスの消費者がニュージーランドに対してもつ認識はネガティブであるが，フランスとドイツの消費者はニュージーランドに対してポジティブな認識をもっていた．イギリスの消費者は，ニュージーランドを本来イギリスの郊外のバンガローくらいと思う傾向があった．一方，フランス人とドイツ人は，ニュージーランドの優れたワインと素晴らしい自然景観，魅力的なマ

オリ文化をよく知っていた．ニュージーランドをバンガロー地域くらいとして知るイギリス人の認識を変えるためには，徹底した計画を立ててニュージーランドが荘厳な景観をもつ南部アルプスとして珍しい鳥と植物，活火山，異国的果物をもつ生産の源泉，異国的旅行地であるというイメージでドラマティックに変貌するよう努力しなければならなかった．また，Lodge は，ニュージーランドの国家ブランド戦略を成功させた主要な要素は，見込みのある購入者を引き付けるほど，ニュージーランド人にも強力に伝わるものであったと強調している．すなわち，この成功要素は，まさにニュージーランドで国家ブランディング・プロジェクトが始まり関心が寄せられ推進されたことと，権限と責任のある人々によって仕事が進行されたこと，このプロジェクトを進めて評価するのに使用される明確な経済的目標をもっている人々と目標と目的において団結した人々，プロジェクトが始まる前に，実行のための資金を託した人々がいたことなどである．

韓　　国

韓国は，2002 年 FIFA ワールドカップ共同開催地として大きな注目を集めるようになった．Anholt [46] は，韓国がワールドカップ開催地で生じた評判や知名度を効率よく活用したと述べている．彼は，韓国の貿易，産業，エネルギー部署が韓国製ブランドの製品を全世界に知らせるために（それによって輸出増大を図る），どのように野心的な計画を準備してきたかを説明している．次のような5つの戦略は，韓国の政府によって機能した．それらは，韓国ブランド・ネームの国際化，企業ブランド・マネジメントの強化，電子ブランド・マーケティングの強化，ブランド・マーケティングのためのインフラの拡張，海外における国家イメージの向上である．このような戦略的目標を達成するために，一貫性のあるアプローチが採択された．韓国の政府は，1,000 億ウォンを集め，多くの輸出業者が製品のデザインを向上させるよう支援し，全国 10 の都市に「産業デザイン開発センター」を開き，多くの中小企業が韓国ブランドの価値と認知度を高めるための統合的な取組みの一環として，製品のデザインを向上させると発表した．

Anholtによれば，長期的な観点からのもっとも大きなビジョンは，ブランド・マネジメント，キャラクター・デザイン，包装産業分野で毎年500人の専門家たちを訓練させる「ブランド・アカデミー」を開き，国のブランド・インフラを構築するための韓国政府の計画であった．したがって，国家ブランディングと関連したこのようなやり方の国内教育は，他の国々の取組みと比較されるため，例外的なケースであるといえる．

エジプト

　エジプトは，エジプト綿という高品質の単一製品に注力し，国をブランド化しようと試みた興味深いケースである．Mucha[47]は，大変な時期にエジプト政府がどのように国をブランド化しようとしたかを述べている．米国人に中東をマーケティングするのは，きわめて難しい課題である．エジプト政府は，エジプト綿の輪郭のポジションを高めるために，グローバル広告，広報活動，対政府関係，市場調査，イベント計画を含んだ大々的なキャンペーンを開発している．ニューヨーク広報代理店であるWeber Shandwickは，単一製品である綿が国を知らせるにあたってどのように役に立つことができるかをエジプト政府に助言するために雇われた．

　しかし，この戦略の弱点は明白である．一国の状況を規定するやり方として単一製品を強調するのは，その国の全体的な姿をみせるのではなく，非常に小さな一部だけに焦点をあてることで，リスクが伴う戦略なのである．また，綿に対する市場状況が悪化する場合，国家ブランドもそれとともに低下するおそれもある．エジプト政府は，このようなリスクを認識し，国家ブランドを発展させるためにより良いプログラムに着手した．まさに今こそエジプトをビジネスの活動拠点として位置づけられるよう取り組むべき時期なのである（第2章，国別ケース分析―エジプトを参照）．

スペイン

　スペインは，国家ブランディングに成功した例として挙げられる．Preston[48]は，スペインが実際存在することを基にブランドを構築し続けており，スペ

インのブランディング努力は多様な活動を通じて統合し吸収し，対応しているため，現代的な姿で成功した国家ブランディングのもっとも良い例であると主張している．スペインのブランディング努力は多様であるが，首尾一貫して互いに結合し，相互補完的な体制を構成し計画する1つの道標のようなグラフィック・アイデンティティ目標の下で行われている．過去のネガティブな姿を取り除き活気に満ちた現代的な民主国家としてのスペインをリポジショニングすることは，Gilmore [49] によって国家ブランディングの良い例として取り上げられている．Gilmore は，一国のブランドの中心は，国民の精神を勝ち取ることであると述べており，それが4つの重要な要素である主要トレンド，ターゲット・グループ，競争相手，コア・コンピタンスを考慮した後，ブランド・ポジショニングで発展できたのかを説明している．Gilmore によれば，このような熟考から得られたブランドは，多様なグループを対象にしたサブ・ブランドのポジションを確保できるほど豊かで，国が実際提供できることと関連づけ実現させなければならない．

また，Gilmore は，特別な人々と彼らの例外的なケースが国家ブランドを再活性化させ，人と人は社会的関係を結んでいるため，このようなケースが全世界の大衆にもっと現実感のあるものとして伝わるという．ケニアの長距離の走者とルーマニアの体育専門家たち，キューバの音楽家たち，または過去のスコットランドの探検家たちは，国家ブランド戦略に貢献できる特別な部類の人々である．この問題は，国家ブランド・アンバサダーの文脈から深く考察されている（第9章を参照）．

イギリス

1990年末に始まり，イギリスのブランディングやリ・ブランディング（rebranding）は，おそらくこれまで考察したケースの中でもっとも議論の余地がある国家ブランディング活動であろう．Demos 公共政策研究所が発表したレポート「Britain：我々のアイデンティティ改革」[50] がイギリスのリ・ブランディングの根幹を形成したが，これは Tony Blair 新総理の下での次期労働党政府によって実施された．創造的な産業と安定した経済成長を基盤に成功

していたが，世界からみたイギリスは依然として時代に取り残された国として映る大きな問題点を抱えているため，国家アイデンティティに対する改革が急務であると考えた．イギリス委員会[51]によれば，イギリスの事業家たちは，イギリスと関連したネガティブな印象を恐れ，彼らの国家アイデンティティを明白にマーケティングすることを警戒した．すなわち，イギリスの事業家たちは，狭量かつ時代遅れで，変化を拒む人々としてみられたくなかったのである．

この問題の解決策は，イギリスのイメージの現代化が新労働党の政府によって構成された．'Cool Britannia' が 'Rule Britannia' に取って代わった．しかし，1990年代末に行われたイギリスのリ・ブランディングに 'Cool Britannia' というラベルを貼ったのは，政府ではなくメディアであったのは特記に値する．McLaughlin[52]は，新たなミレニアムの始まりと大イギリス帝国の最後の残った前進基地に配置した最後の太陽，多民族化，憲法改革案，進行中のヨーロッパ統合がどのように国家アイデンティティとしてダイナミックかつ生き生きとした色感のイメージを要求したかを述べている．しかし，イギリス・キャンペーンのブランディングは，最初から大反対された．国はスーパーマーケットに置かれた1つの製品ではないため，国家アイデンティティのような複雑なものをリ・ブランディングするかどうかを憂慮する声が高かった．また，これを批判する彼らは，イギリスという「想像の共同体」を支えている神話，評判，儀式などを切り捨てることが容易ではないと主張した．「想像の共同体」としての国の概念は，国家アイデンティティに関する文献でよく取り上げられている（第5章を参照）．

イギリス・キャンペーンのリ・ブランディングは，イギリスと他の地域の国家ブランディング・キャンペーンに参加した人々に有益な教訓として挙げられる．メディアでさえほとんど非友好的な反応をみせたため，このキャンペーンは推進力を備える前に死滅した．なぜなら，国家ブランディング戦略がもつ潜在的利点が，ターゲット・オーディエンスに効果的に伝わってこなかったためである．これは，国家ブランディングを行うにあたって，すべてのステークホルダーを十分に統合することができなかった点と，伝統と歴史

を犠牲にして,現代的かつ最先端なものを追求する面があまりにも強調され
たためである.

要　約

本章では,国家ブランディングの妥当性と範囲,発展に関する概観を探っ
てみた.また,私たちは,ブランドの本質と国をブランド化する方法を考察
した.しかし,ブランドとしての国という概念は,限定的で不十分であると
いえる.国家ブランディングを通じて得られる主要な目標は,内部投資促進
と国家ブランド化した輸出品の増進,観光客の誘致に集中している.南アフ
リカに関する国別ケース分析は,実際,国家ブランディングを行うにあたっ
てこのような側面を示している.次章では,国家ブランドのアイデンティティ
とイメージ,ポジショニングに関する概念に焦点をあてて,ブランド理論に
対してもより深く考察することにする.

(訳・徐　誠　敏)

注

1) Doyle, P. (1992) Branding, in *The Marketing Book*, Second Edition (M.J. Baker, ed.). Butterworth-Heinemann, UK.
2) Macrae, c., Parkinson, S. and Sheerman, J. (1995) Managing marketing's DNA: The role of branding. *Irish Marketing Review,* 18, 13-20.
3) Lynch, J. and de Chernatony, L. (2004) The power of emotion: Brand communication in business-to-business markets. *Journal of Brand Management,* 11, 5, 403-19.
4) Roll, M. (2006) *Asian Brand Strategy: How Asia Builds Strong Brands,* Palgrave Macmillan, USA.
5) Holt, D.B.(2004) *How Brands Become Icons: The Principles of Cultural Branding,* Harvard Business School Press, USA.
6) Grant, J. (2006) *The Brand Innovation Manifesto,* John Wiley & Sons, Ltd, UK.
7) Jobber, D. and Fahy, J. (2003) *Foundations of Marketing,* McGraw-Hill Education, UK.
8) Keller, K.L.(2003) *Strategic Brand Management: Building, Measuring, and Managing Brand Equity,* Second Edition. Prentice Hall, USA.
9) de Chernatony, L. and McDonald, M. (2003) *Creating Powerful Brands,* Third

Edition. Elsevier Butterworth-Heinemann, UK.
10) Kotler, P. and Keller, K.L. (2006) *Marketing Management*, Twelfth Edition. Prentice Hall, USA, p. 275.
11) Temporal, P.(2002) *Advanced Brand Management: From Vision to Valuation*, John Wiley & Sons (Asia), Singapore.
12) Aaker, D.A. and J oachimsthaler, E. (2000) *Brand Leadership*. The Free Press, USA.
13) Bureau, J.R. (1998) in *The Westburn Dictionary of Marketing* (M.J. Baker, ed.). Westburn Publishers Ltd 2002, http://www.themarketingdictionary.com (accessed 05/02/03).
14) Temporal, P., http://www.asia-inc.com/index.php?articleID=2083 (accessed 23/06/06).
15) Szondi, G. (2007) The role and challenges of country branding in transition countries: The Central European and Eastern European experience. *Place Branding and Public Diplomacy*, 3, 1, 8-20.
16) Kotler, P. and Gertner, D. (2002) Country as brand, product, and beyond: A place marketing and brand management perspective. *Journal of Brand Management*, 9, 4-5, 249-61.
17) Olins, W. (1999) *Trading Identities: Why countries and companies are taking each others' roles*. The Foreign Policy Centre, London.
18) Van Ham, P. (2001) The rise of the brand state: The postmodern politics of image and reputation. *Foreign Affairs*, 80, 5, 2-6.
19) Porter, M. (1998; first published 1990) *The Competitive Advantage of Nations*. Palgrave, UK.
20) Aldersey-Williams, H. (1998) Cool Britannia's big chill. *New Statesman*, 10 April, pp. 12-3.
21) Wolff Olins, *Branding Germany*, http://www.wolff-olins.com/germany (accessed 16/05/03).
22) O'Shaughnessy, J. and Jackson, N. (2000) Treating the nation as a brand: Some neglected issues. *Journal of Macromarketing*, 20, 1, 56-64.
23) Gilmore, F. (2002) Branding for success, in *Destination Branding: Creating the unique destination proposition* (N. Morgan, A. Pritchard, and R. Price, eds.) Butterworth Heinemann, UK.
24) Mihailovich, P. (2006) Kinship branding: A concept of holism and evolution for the nation brand. *Place Branding*, 2, 3, 229-47.
25) Anholt, S. (2007) *Competitive Identity: The New Brand Management for Nations, Cities and Regions*. Palgrave Macmillan, UK.
26) Anholt, S. (1998) Nation-brands of the twenty-first century. *Journal of Brand*

Management, **5**, 6, 395-406.
27) Gilmore, F. (2002) A country-Can it be repositioned? Spain-the success story of country branding. *Journal of Brand Management,* **9**, 4-5, 281-93.
28) Morgan, N., Pritchard, A. and Piggott, R. (2002) New Zealand, 100% pure. The creation of a powerful niche destination brand. *Journal of Brand Management,* **9**, 4-5, 335-54.
29) Lodge, C. (2002) Success and failure: The brand stories of two countries. *Journal of Brand Management,* **9**, 4-5, 372-84.
30) Vanossi, P., *Country as Brand: Nation Branding,* http://www.affisch.org/weblog/archives/00000187.html (accessed 14/01/06).
31) *Journal of Brand Management,* Special Issue: Nation Branding, **9**, 4-5, April 2002.
32) Papadopoulos, N. and Heslop, L. (2002) Country equity and country branding: Problems and prospects. *Journal of Brand Management,* **9**, 4-5, 294-314.
33) Olins, W. (2002) Branding the nation - the historical context. *Journal of Brand Management,* **9**, 4-5, 241-8.
34) Kotler, P., Haider, D.H. and Rein, I. (1993) *Marketing Places: Attracting Investment, Industry, and Tourism to Cities, States And Nations,* Free Press, USA.
35) Balmer, J.M.T. and Gray, E.R. (2003) Corporate brands: What are they? What of them? *European Journal of Marketing,* **37**, 7/8, 972-97.
36) Jaffe, E.D. and Nebenzahl, I.D. (2001) *National Image & Competitive Advantage: The Theory and Practice of Country-of-Origin Effect.* Copenhagen Business School Press.
37) Wolff Olins, *Branding Germany,* http://www.wolff-olins.com/germany (accessed 02/07/05).
38) http://www.scotbrand.com/about-branding.asp (accessed 26/03/02).
39) Ian Fraser (2003) Scotland the Brand ready to go private. *Sunday Herald,* 9 March, p. 8.
40) Scottish Executive (2001) *A Smart Successful Scotland,* 30 January, http://www.scotland.gov.uk/publications (accessed 08/01/02).
41) Baker, M.J. and Balmer, J.M.T. (1997) Visual identity: trappings or substance? *European Journal of Marketing,* **31**, 5/6, 366-75.
42) Jobber, D., Saunders, J., Gilding, B., *et al.* (1989) Assessing the value of a quality assurance certificate for software: An exploratory investigation. *MIS Quarterly,* **13**, 1, 19-31.
43) Flanagan, M. (2003) Abbey rebrand sees Scottish names consigned to history. *The Scotsman,* 25 September, 27.
44) *Sunday Herald* (2004) Scotland the Brand votes to wind up, 30 May, 1.

45) Herman, A. (2001) *The Scottish Enlightenment: The Scots' Invention of the Modern World.* Fourth Estate, London.
46) Anholt, S. (2003) *Brand New Justice: The Upside of Global Branding.* Butterworth-Heinemann, UK.
47) Mucha, T. No Terrorism Here–Just Fine Cotton: Egypt weaves a softer, gentler image, http://www.business2.com/articles (accessed 10/09/05).
48) Preston, P. (1999) Branding is cool. *The Guardian,* 15 November, 22.
49) Gilmore, F. (2002) A country–Can it be repositioned? Spain–the success story of country branding. *Journal of Brand Management,* **9**, 4–5, 281–93.
50) Leonard, M. (1997) *Britain™: Renewing Our Identity,* Demos, London.
51) British Council, The evolution of the traditional British brand, http://www.britcoun.org/arts/design/posh.htm, accessed 2003.
52) McLaughlin, E. (2003) Rebranding Britain: The life and times of cool britannia, http://www.open2.net/newbrit/pages/features/coolbritannia.doc (accessed 18/12/03).

第2章　国家ブランドのアイデンティティ，イメージとポジショニング

国別ケース分析─エジプト
向上し続ける国家

ZAD Group

　国家ブランディングは今日の世界では重要なコンセプトである．グローバリゼーションとは，他国の投資家，観光客，消費者，贈与者，移民，メディアそして政府から注目，敬意，信頼を得るために互いに競争することである．こうした状況では，強力で明確な国家ブランドが決定的な競争優位をもたらすことになる．国が，他国の人々からどのようにみられているのか，自国の成功や失敗，遺産や負の遺産，国民自身や製品が，ブランド・イメージにどのように反映されているかを理解することが重要である．

1. エジプトのイメージ

　国家としてのエジプトは，関係するステークホルダーによるアイデンティ（どのように認められたいか）を向上させ，維持するという一貫した，統一性のあるメッセージを通して，国家としての企業イメージ（どうみられているか）を改善するという重要な目的をもっている．アイデンティやイメージを認識することは，新たなイメージ作りへの第1歩である．次のステップは，広報活動，会議，セミナー，ワークショップ，それにテレビ，ラジオ，パンフレット，折広告，製品仕様書，カタログ，ニューズレター，CD-ROM，ウェブサイトなどのコミュニケーション・メディアの役割について知ることである．効果的なプロモーションとは，長期的に同じアイデンティとメッセージを繰り返し認識させていくことである．エジプトはそのアイデンティを再構築し

ており，そのアイデンティが外界に適切に伝わればおのずと将来のイメージが湧いてくるだろう．

　国の明確なイメージ作りの努力は，外の世界と取引する際に，キャンペーン，貿易促進，産業界と国家の政策そして地元企業の行動などの要因によって左右される．エジプトの明確なイメージはその経済に反映されるだろう．そのイメージは直接，間接投資だけではなく直接，間接の販売によって経済の役に立つであろう．エジプトの明確なイメージがあれば，「目的地はエジプト」といわせるであろう．

2. ビジョン，ミッション，バリュー，主要戦略

　エジプトのビジョンは，ビジネスの目的地として認められることと世界のビジネスのマップに載ることである．

　継続性のある国際的挑戦に反応することのできる，融通性のある行政，生産，経済団体をベースにした近代的なエジプトを築きたいという強い希望を強調しながら，エジプト政府は，高品質で，競争力があり，市場性のある製品を作り出すため国際的な現代の技術と専門知識によって，エジプトの海外でのイメージを変え，輸出を増やし，そして国家の産業のレベルを上げることを狙った国家政策の中での調和の取れた枠組みを形成するために，生産と輸出の間に強力な関係を確立した．

　エジプトをビジネスの目的地としてブランドづける目的はきわめて重要である．エジプトは何世代にもわたって観光客にとって必見の目的地であり，観光は主要な産業であり，年間のGDPの20％を占めている．エジプトは現在，活気あふれる新興国であるが，そのイメージは開かれた近代国家のもつ他の主要な要素があるというほど観光を超えての発展はしていない．特に，投資と貿易に対して開放されていることが伝わっていないし，また，その製品についてよく知ってもらいたいと願っていることも伝わっていない．その結果，世界のビジネス界では，新たな市場へと拡大する際に，真っ先にエジプトを考えてみることはない．そして，消費者は買い物の際にエジプト製品

を探す出すことはしない．しかしながら，予算不足でブランドキャンペーンもできない．広報キャンペーンは，求められている目標達成を狙ったブランドキャンペーンに代わるものである．

この奨励されている計画の実施は，エジプトがビジネスの目的地として認められるための新たなイメージ作りを意図したものである．これは古いマイナスのイメージを払拭し，新しいイメージと置き換えることを含めた使命によって達成できるものである．エジプトは古いイメージを消し，改革と透明性を強調した新しいイメージに置き換えるために，エジプトのビジネス環境の新しいイメージを作り，築き上げなければならない．この決意は，国際投資家，ビジネス団体，輸入業者，その他すべての将来のステークホルダーに知ってもらうことであり，そうすることでエジプトが貿易または投資に向いた国であると考えてもらえることになる．このことはエジプトが世界経済に仲間入りすることにつながり，政府の新しい政策とも首尾一貫している．

イメージ・キャンペーンの主要な成功要因は

・オーナーシップ
・情報の入手可能性
・価値感の習得
・総合的な効率のいいコミュニケーション・キャンペーン

エジプトのビジネス・イメージの構成要素とそれが影響を与えている要因は図 CS2-1 に示してある．

3. 価 値 感

国際市場と基準によれば，ビジネスの意思決定者の決定とビジネス界に影響を与える価値基準がある．国際マーケティング戦略の専門家やアドバイザーによる研究と提言にしたがい，Win-Win 状況での価値基準を高めることが望ましい．すべての人が合意する価値基準は，誠実さ，責任，組織の一員であ

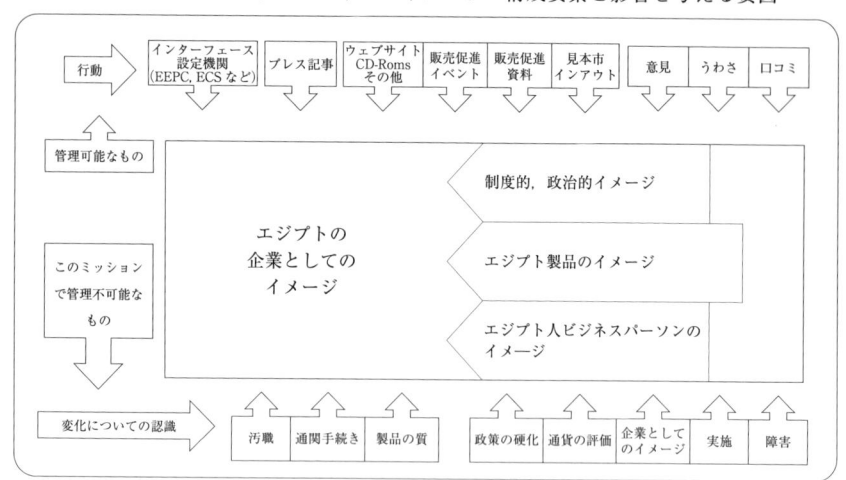

図CS2-1　エジプトのビジネス・イメージ—構成要素と影響を与える要因

るること，イニシァティヴ，チームワーク，説明責任である．これらの価値基準は以下に記述したようなエジプトのビジネス・イメージ・ユニットにより考案されたアクションプランの要素を支持するものである．

4. エジプトのビジネス・ユニットのためのアクションプラン

　製品であろうと，サービスであろうと，はたまた国家であろうとブランディングには部門を越えた変容に関する信用，一貫性，そして長期にわたる事業を含めたいくつかの基本的要素の実行が必要である．ビジネスエジプトのブランディングには製品，サービス，人，契約，意思決定その他において信頼の構築が必要である．それは，海外のコミュニケーションレベルに基づきメッセージ送るにあたり，一貫性と国内での広報およびビジネスレベルでのメッセージの完全所有，支援と認識を求める現在進行中の長期の事業である．

　「ビジネスエジプト」という強力なイメージは，それが政府内の他の省，すなわち，観光省と投資省との連携ができれば成功するであろう．というのは，それらの省はエジプトのイメージ改善とそれに関連する活動の実施にすでに関心をもっているからである．アクションプランは，競争力を維持するのに

重要である．戦略を前もって練ることでビジネスがスムーズに進み，努力の成果が上がることもより多くなる．所有権，効率のよいビジネス・イメージ・キャンペーン，適切な情報，エジプト国内及び海外にいる企業と政府の役人のコミュニケーションとトレーニング，モニタリングと評価をともなったこのキャンペーンを維持する予算は，エジプトの信頼性のある明確なビジネス・イメージ構築の重要な成功要因である．

明確なイメージをもつことは，エジプトにいるパートナーとステークホルダーとの関係にきわめて重要であるばかりでなく，海外にいるパートナーやステークホルダーにはことさら重要である．したがって，エジプトのビジネス・イメージのブランディングの目的は次のようになる．

・エジプト製品を購入するように輸入者を引きつける
・エジプトが外国とのビジネスに開かれていると思われるように外国の指導者やビジネスマンを引きつける
・エジプトに投資（直接，間接，ポートフォーリオ投資）するように外国投資と国際的な民間投資家を引きつける

表 CS2-1　エジプトのビジネス・イメージに関する SWOT 分析

強み	弱み
1. 魅力的な製品	1. バイヤーのニーズについての知識なし
2. 豊富な原材料	2. 納期が守れない
3. 低廉な労働	3. トレーニング不足
4. 大陸を繋ぐ抜群の立地	4. バイヤーのための情報不足
5. ビジネスの容易さ	
6. 透明性	
7. 政治改革	

脅威	機会
1. 資金不足	1. 自由市場
2. 輸出業者または輸出のためのサービスに利用できるデータなし	2. 自由貿易協定の実施

この戦略プランは現在および予測できる将来のエジプトのビジネス・イメージにあてはまる，確認済みの主要な強み，弱み，機会そして脅威に取り組むものである（表 CS2-1 を参照）．

前述の SWOT 分析から，エジプトのビジネス・イメージ・ユニットの戦略は以下の内容を含むものである．

1. このユニットを支援するためのチームの形成
2. ロゴによる独自性の創出
3. コミュニケーションとプロモーションのためのデジタルメディアの創設
4. デジタル・プロモーション・ツールの創造
5. 海外のステークホルダーにまで範囲を広げる機会を最大にする双方向のメディアとしてのインターネットの使用
6. 幅広く専門的な広告媒体をカバーするために広告会社との協働で海外でのイベントの手配
7. 何を書くかについて実際にみてもらうためにプレス関係者にエジプトへのツアーを用意
8. 企業と企業とのコミュニケーションを国際標準にまでレベルを向上

幅広い研究と精力的な取組みによって，エジプトのビジネス・イメージ・ユニットは，エジプトをグローバル経済において十分な役割を果たす用意ができており，向上する近代国家として位置づけるという重要な目的達成に努めている．

＊＊＊＊＊

はじめに

この章ではブランディングの理論の主要な要素のうち3つ，すなわち，ブランド・アイデンティティ，ブランド・イメージそれにブランド・ポジショニングについて詳しく検討し，これらの概念が国家ブランディングというコ

ンテクストにあてはまる状況をみていくことにする．この章でのケース分析は，ビジネスと投資の国としてブランド・イメージを高めようとするエジプトの戦略に焦点をあてたものであり，一方，学術的な視点では，グローバルな世論や市場にネパールが場所を移す活動をみることになる．

アイデンティティ対イメージ

アイデンティティとは魅惑的なコンセプトである．それは，個人であろうと，グループであろうと，また，国家であろうと，最高に洞察に満ちた議論と交渉の触媒になりうる，永続性のある魅惑を有している．しかしながら，アイデンティティに対する論争は，無益な瞑想に陥る可能性もあり，このような内省はアイデンティティの外部考察を知ることで軽減される必要があり，特に国家ブランディングのコンテクストにおいて，そこでは国家ブランドの対象者は国内の人間に限らず，国家がどの国際舞台にいることを望むかにまで広がるからである．アイデンティティという考えについて議論すると，しばしば，イメージに関連はあるが，明確なコンセプトについて混乱が生じる．それゆえ，これらの用語を明確にし，国家ブランディングとの関連性を評価することに少し時間をかける価値はある．

アイデンティティはコンサイス・オックスフォード辞典[1]では「人が誰であるとか物が何であるかという事実」と定義しており，その補足的定義として「これを決定する特性」としている．一方，イメージは「人や組織，または製品が社会に示す一般的な印象と表象」を含むさまざまな意味で，同じ辞典に定義されている．もちろん，これらに代わる定義を調べることができる数多くの辞典がほかにもあり，この言葉の正確な意味に対して万人の合意をみることは決してないであろう．私たちとしては，次の簡単だが確固とした見方をしたい．アイデンティティは，何が何であるのか，つまり，その本質についていっているのに対し，イメージは何がどううけとめられているかに言及する．明らかに，この2つの状態にはたびたびギャップが存在する．アイデンティティとイメージのギャップはマイナスの要因になる傾向があり，多くの国が，世界の他の国から本当の姿が認められていないというフラスト

レーションと闘っている．ステレオタイプ，陳腐な表現，そして明白な人種差別は，ある国の認識に著しく影響する可能性がある．このような偏見を確認し，別な方法で国の経済発展や世界での立場を妨げるかもしれないマイナスの力を国が取り除き，対抗するように手助けすることが国家ブランディングの主たる目的である．

　ブランド・アイデンティティとブランド・イメージの本質と重要性は，ブランド・マネジメントと戦略に関する多くの一流の著者によって強調されてきた．通常，これは国家というコンテクストではなく，製品やサービスまたは企業というコンテクストで行われきた．しかしながら，ブランド・アイデンティティとブランド・イメージの中心的なコンセプトは国家ブランディングのコンテクストに移すことがきわめて可能である．したがって，ブランド・アイデンティティとブランド・イメージの構成要素を分析することは，国家ブランドのアイデンティティとイメージの理解をもつための有益な出発点である．Martin Role は，その優れた著書 *Asian Branding Strategy* [2] の中で，ブランド・アイデンティティを広める際に企業が考慮すべき次の5つの重要な要素を提案している．まず第1に，ブランド・ビジョンである．これはブランドの将来の目標とブランドを決められた時間内に達成すること期待する，求められた役割と状態を明確に記述した内部文書である．第2はブランド・スコープである．ブランドが入り込める市場セグメントと製品カテゴリの概要を示すブランド・ビジョン文書の下位セットである．第3はブランド・ポジショニングである．これはブランドが消費者マインドに占めたいとする場所である．第4はブランド・パーソナリティである．ブランドは，消費者をブランドと心情的に結びつけるのに役立つパーソナリティをもちうる．第5はブランド・エッセンスである．これはブランドの核心部分であり，何を表し，何がユニークなものにしているかということである．ブランド・アイデンティティをもつことを支持する主要な要素の Role による分析は，国家ブランド・アイデンティティの進展に効果的に応用するにはほんのわずかな修正が必要である．ブランド・ビジョン，ブランド・スコープ，ブランド・ポジショニングそしてブランド・パーソナリティは明らかに製品ブランドと同様

に国家ブランドにも適用可能である．しかしながら，ブランド・エッセンスになると，Role は，これは数語で述べることができると主張している．これは多くの製品やサービス・ブランドには有効かもしれないが，国家ブランドにミニマリスト的アプローチを適用することは軽率であろう．つまり，国家ブランドの多次元的性質はこうしたきっちりとした分類化を許さないからである．これは国家ブランドにおける主要な難題，すなわち，簡約化のジレンマである．国家の無限の文化的豊かさを，動きの早い消費財のマーケターに好まれる，簡略化されたに衝撃的なブランド用語に縮約することができるだろうか．答えは，もちろん，国家はこのような努力をカプセル化で乗り越えることができるということである．これは，後の章で再考するテーマである．というのは，それが，国家ブランディングに携わる者が取り組まなければならない根本的な問題の1つだからである．

　Role はブランド・アイデンティティを展開するにあたって5つの要素を薦めているが，フランス人の Jean-Marc Lehu 教授[3]は，ブランド・アイデンティティは12の要素から構成されており，そのすべてがブランディング活動を計画する際に考慮しなければならないと提案している．Lehu によって確認された12の構成要素は以下である．ブランド名―これがなければ明確で，明白で，疑う余地のない確認ができない．伝統―どのブランドも過去，つまり出来事を語るものをもっている．表現のための符号―ロゴ，フォントのサイズや種類，色などのグラフィックな特徴．ポジショニング―目標市場のマインドの中での製品が占めるスペース．ステータス―ステータス（たとえば，マーケット・リーダー，チャレンジャー・ブランド）についてはっきり述べることの必要性．パーソナリティ―ブランドの性格，創造性，活力，独立性など．日々の行動―ブランドは今や以前にもまして人目にさらされている．信念―個人がブランドと結びつける，感情に訴え，説明的で質的な要素．価値感―社会的信用を保証するものの必要性の向上．予定したイメージ―ブランドが望み，消費者に提示するイメージ．ブランドに対する消費者の態度―ブランドと消費者間の関係は今や双方向的である．そして最後に，消費者に向けてのブランドの姿勢―ブランドが消費者を学び，囲い込み，敬意を払うことの必要性．

Lehu の詳細で洞察に満ちたディコンストラクションは，ブランド・アイデンティティの分析に多数の機会を与えている．イメージは消費者の心に宿り，したがって，ブランドの所有者の支配がおよばないということから，「予定されたイメージ」がアイデンティティの一構成要素として現われないだろうということは議論になるであろう．Nandan [4] が指摘したように，ブランド・アイデンティティは企業から発生するが，ブランド・イメージは消費者の認識に関係するものであり，したがって，アイデンティティとイメージは異なっているが関連性のある概念である．しかしながら，残りの11の要素は，ブランド・マネージャーによって操作可能であり，国家ブランドにも適用可能である．現在のブランド・アイデンティティの概念が国家ブランディングのコンテクストに移し替えせる可能な方法については表2-1に例示している．

コーポレート・コミュニケーションの一流の著者が次のように主張してきている．アイデンティティという考え方は，ステークホルダーのマネジメン

表 2-1 ブランド・アイデンティティの構成要素と国家ブランドの表明

ブランド・ビジョン	国家ブランド普及チームのいろいろなメンバーによって合意された戦略の文書．このチームは政府，公共および民間部門そして市民の代表者によって構成されていなければならない．
ブランド・スコープ	国家ブランドが効果的に競争できる産業部門と目標市場の概略．観光事業，国内投資，教育などの部門のセグメンテーション戦略を含むものになる．
ブランド名	国によっては，2つ以上の名前で知られている場合がある．たとえば，オランダがホランド／ネーデルラント，ギリシャがグリース／ヘラスなどである．国家はこのような二重性が将来役に立つかそうでないかを検討すべきである．
表現方法	国旗，言葉，アイドル
日々の行動	政治的／軍事的行動，外交上のイニシアティブ，国際関係上の行状
他のブランドとの違い	文化，歴史，国民にみる国家のユニークさ
物語アイデンティティ	国に伝わる神話や国民的ヒーロー，政治独立の物語
イデオロギーの擁護	人権，持続可能な普及，幸福の追求など

Roll [2]，Lehu [3]，Kapferer [6]，Elliott と Percy [7] そして Buchholz と Wordemann [8]

トにとって重要である．それは，アイデンティティという感覚とそれを支える核となる価値感は，すべての活動とコミュニケーションが組み立てられ，実行される拠りどころを提供し，加えて，組織内では，強いアイデンティティ感は，人を組織と結びつけて考えさせることで，従業員間のモチベーションや勤労意欲を高めるからである[5]．後者は，内部ブランディングの領域に関係し，それは，国家ブランディングのもう1つの重要なチャレンジ，すなわち自国民から国家ブランドへの買戻しをどのように起こすかということを意味する．ブランド・コミュニケーションが上記のように，計画されうる拠りどころとしているアイデンティティの考え方は，Madhavaramら[9]によっても取り組まれている．彼らは，ブランド・アイデンティティが，企業のIMC（統合マーケティング・コミュニケーション）戦略の開発，促進，実施のために情報提供し，指導し，手助けする点で，重要な役割をどのように果たしているかについて述べている．国が世界の他の国々の人々からどのようにうけとめられているかを理解し，国が成しえたことや国民，製品などがブランド・イメージにどのように反映されているかを確かめるために調整をしたアプローチが必要である（本章，国別ケース分析—エジプトを参照）．

　戦略的ブランド・マネジメントの世界的権威者であるJean-Noel Kapfererは，ブランド・アイデンティティを明確に定義するために次の疑問が解明されなければならないと述べている[6]．すなわち，何がブランド特有のビジョンと目的であるのか．何が違いを生むのか．ブランドを実現するには何が必要か．不変の本質とは何か．その価値基準は何か．適性領域はどこか．正当性はあるのか．ブランドが確認できる兆候は何か．ブランド・アイデンティティに対するこの考え方はブランドの内的要素（不変の本質，価値基準など）とブランドの外的要素（ブランドの目にみえる標示）を含んでいる．内的および外的ブランドの構成要素の融合はAakerによっても進歩している．Aaker[10]は，ブランドの中核となるアイデンティティ，すなわち，ブランドの中心的，不変の本質を，ブランドが新しい市場に参入する際にさまざまなブランド・アイデンティティの結合がありうる派生的なアイデンティティと対比させている．ある意味で，国家ブランドの推進チームは，国家ブランドの目にみえる標示

に関して，現存の国の象徴的表現形式によって束縛されている．故人であるフランスの大統領 Francois Mitterand が警告したように 'On ne touché pas aux symbols'（シンボルに触れることはできない）である．一方，国家の内的，永続する本質は，国家ブランディング・キャンペーン構築にとって非常に豊富な可能性を与えている．

　ブランドのためのアイデンティティを構築する活動はアイデンティティの基準リストの項目に単にチェックをするだけに制限される必要はない．ブランド・アイデンティティの進展における想像的で創造的な意見の範囲はかなり大きい．たとえば，物語風のアイデンティティ理論では，時間を人間的および社会的にシェアされたものにするために，私たちは自分自身のための物語風のアイデンティティが必要であることを薦めており，これは，私たちが，語れたり，語れなかったりする物語で行われてきた[7]．国家はそれが築かれた歴史的，文化的基盤があれば，このようなアイデンティティ構築の物語を見事に構成できる．ブランディングやマーケティングのプロは一般的には語る技術で有名ではない．それゆえ，国が「本物の」書き手を招き，国家の物語を作ることに関わってもらうことは意味があるだろう．書き手として，詩人，劇作家，小説家，その他の創作家は潜在的に，国家の評判を高揚させる上で重要な役割を果たすことが可能であろう．これはすでに計画がない中で起こっているが，国家ブランドのキャンペーンには，国の創造的な人々をまとめることに向けて計画的なアプローチが得だろう．この問題は第5章でさらに述べてある．

　アイデンティティ構築へのさらなる創造的アプローチは，消費者が信じているものに味方し，目にみえるように確信を共有することで，ブランドが1つのイデオロギーを主張する可能性の中にある[8]．人権，持続可能な進歩，そして，環境に対する敬意は，国家ブランドが主張できるかもしれないいくつかのイデオロギーを潜在的に示している．しかし，そのようなイデオロギーの政治的性格は，こうした戦術が一国内の政治的体制の変革に耐えうるかどうかという疑念に陥る．たとえば，新政府は旧政府より，持続性のある開発政策にあまり好意的ではないかもしれないし，したがって，同じイデオロギー

を取り入れたり，主張しないであろう．このように，政治的リーダーシップの変化は，新しい CEO やマーケティング責任者の着任が製品，サービス，または，企業ブランド（以後 PSC）の方向性に影響を与えることができるのと同様に，国家ブランドの方向性にも影響を与えることが可能である．

国家ブランド・アイデンティティの諸相

　国家ブランドのアイデンティティは多くの側面をもつ概念である．前節で検討したブランド・アイデンティティの原則は国家ブランド・アイデンティティの複雑な性格を理解する上で有益な基礎となる．国家ブランド・アイデンティティのより管理可能な概念に向けて国民のアイデンティティの無限で，単純化できない概念から舵取りをするには国家ブランド・アイデンティティが国民のアイデンティティのすべての構成要素のうちで限られた範囲で成り立っていることを確認することが必要である．1つの国の国民のアイデンティティのすべての要素を使った国家ブランド・アイデンティティを効果的に展開することは不可能であろう．外部のオーディエンス──将来の観光客，投資家，学生，労働者など──はある国の歴史，文化，国民についておびただしい量の情報を受け取りたくはないであろう．したがって，国家ブランドのアイデンティティ構築に携わる人々の主要な仕事は，国民のアイデンティティのどの要素が国家ブランディング・キャンペーンの表明された目的によく役立つことができるかを入念に確認することである．第5章では国民のアイデンティティの貴重で，魅了するような領域についてより詳しく分析する．本節では，国家ブランド・アイデンティティが構成される方法をみてみる．

　ポーランドという国のブランド創出に関する論文で，Florek [11] は，ブランドポーランドのための潜在的なコアブランド・アイデンティティの開発とブランドが広まる可能性について述べている．ポーランドのブランドのためにFlorek によって提案されたコアバリューは「自然」であり，これはポーランドの相対的に低いレベルの産業化に基づいている．このコアバリューは，自然保護地域，アグロツーリズム，自然歩道，自然食品，保養地と温泉，過激なスポーツなどの関連領域にまで広がっている．この考えはモジュールとし

てのブランドというグラントの見方とまさに一致する[31]．しかしながら，このような自然をベースにしたポジショニングは総合的な国家ブランドにとってはあまりにも制限があり，国内に向けた投資を誘致したり，あるいは，非自然ブランドの輸出品を増やすことには有益でなさそうなことは議論されうるだろう．自然をベースにした提案は総合的な国家ブランドそれ自体としてではなく国家ブランドのサブ・ブランドとしてより効果的であろう．

多くの国にとって明らかに国家ブランドの主要な要素である自然環境に加えて，国家ブランドのアイデンティティにはその他多くの側面がある．たとえば，国によって生産される商業ブランドは，国家ブランド・アイデンティティの重要な一面を表しうる．Damjanは，スロベニアブランドはグローバル市場でのニッチを征服し，よって，スロベニア経済[12]の強さの象徴として存在することが可能であるとの希望を表明することで，この点を強調した．JaworskiとFosher[13]は同様な点を主張している．彼らは，ドイツの国家ブランド・アイデンティティが，BMW，MercedesそしてDaimlerなどのブランドのグローバルな成功にいかに大きく依存してきたかを述べている．国家ブランド・アイデンティティ展開のインプリケーションは，その国の輸出業者は，その国の国家ブランド・アイデンティティの輸出ブランドの内部に入るか，あるいは，少なくとも，助言を求められる必要がある．

国家ブランドイメージの解体

ここまでは，主に，ブランド・アイデンティティと，拡大して，国家ブランド・アイデンティティをみてきた．そこで今度は国家ブランド・イメージの問題に話を変え，この複雑な概念がどのように解体されうるかを検討したい．人々が異なる国々についてもちうる心理的な思いは，さまざまな影響をおよぼす要因から引き出しうる．仕事または休暇である国を人が直接体験することは国について個人が抱くイメージに重要な役割を果たしうる．人がある国について直接体験しない時は，その他の数多くの情報がイメージ形成に影響を与えるように，口コミが国のイメージに影響を与えうる．その他のこうした情報には，国に対して以前から存在するステレオタイプ，スポーツチー

ムのパフォーマンス，政治的イベント，映画でみる国の描写，テレビまたはその他のメディア，その国から出てくるブランドの質，ある国を連想させる人の行動などが含まれる．これらの情報はすべて，人が，国家ブランドの広告，プロモーションそして展開の潜在的効果を考える前でも，国の国家ブランド・イメージに多少なりとも影響を与えうる．

　国のイメージの今日までのもっとも徹底した検討はJaffeとNebenzahl[14)]によるものであるが，彼らはその著書で，国のイメージとは，「インパクトであって，そのインパクトは，その国に対する一般化や認識により，人はその国の製品やブランドを評価する」と定義づけている．UsunierとLee[15)]は，国のイメージに関する混乱が，どのように生じるかを示している．特に製品のブランド名と原産国を一緒にした影響力に関連し，そのようなイメージが引き起こすさまざまなレベルがあり，考慮すべき要因には，ノーブランド製品に関する国のイメージ，製造業差に関する国のイメージ，ノーブランド商品に関する国のイメージ，ブランド名で描き出される国，そして「メイドイン」何処何処というラベルによって広まる国のイメージが含まれている．ノーブランド製品に関する国のイメージにおける重要性の一例は，ジェネリック製品としてスコッチウイスキーの厳格な基準に合わない製品を「スコッチ」ウイスキーとして通そうとするどのような会社も追跡し，起訴しようとするスコッチウイスキー協会の多大で弛まぬ努力にみることができる[16)]．

　ブランド・イメージと国家ブランド・イメージという概念を検証する際には，共通点のない消費者グループのもつイメージをチェックし，感化するためには，対象者を区分する必要があることが明白になる．Riezebos[17)]が説明しているように，ブランド・イメージは「消費者グループに共有されている主観的，心的イメージ」である．製品ブランドが，どのようなセグメンテーション変数が特定の状況に適切かで消費者層を区分するように国家ブランドもまた，既存の国家ブランド・イメージを理解し，ネガティブな見解を阻止し，ポジティヴな見解を強化するため，的を絞ったコミュニケーションを展開するためにさまざまな対象者を区分しなければならない．エジプトの企業ブランド分析は，この国の企業イメージの3つの構成要素を明らかにする．

第1に,制度的,政治的イメージ,第2に,エジプト製品のイメージ,そして第3に,エジプトのビジネス相手のイメージである.(本章,国別ケース分析―エジプトを参照)

　ブランド・イメージの評価を望むブランド・マーケターの共通の手法は,ブランドの人格化である.ブランドの人格化とは,ブランドの消費者(そして非消費者)にブランドをあたかも人であるように扱うようにする定性的分析手法である.一番簡単なのは,「ブランドXが人だったら,どのようなタイプの人でしょうか」というような質問を消費者にする手法である.製品ブランドは長年にわたってこの手法を使ってきており,この手法が国家ブランドに適用できないであろうという理由はない.ブランドの人格化は自由解答の定性的手法であるから,その結果は意外であったり,啓発的であったり,さらには,時々,当惑するものでありうる.どの定性的手法とも同じように,その目的は,数字的に有効なデータを提供することではなく,消費者がブランドに関してもつ心的な結びつきに対する洞察と理解を生むことである.国家ブランディングのコンテクストでは,ブランドの人格化という研究仕法は,国家のイメージがその国の政治のリーダー,または,国家のトップと結びついている程度を洞察するために使用できる.たとえば,ロシアのイメージはロシアの大統領 Vladimir Putin のイメージと密接に結びついているかもしれない(第5章,国別ケース分析―ロシアを参照).

　ブランドの人格化という研究からの発見は,ブランド・パーソナリティが,弱い,強い,望ましい,または,望ましくない領域での有益な指標になりうる.ブランドが明確な人格をもっている場合,消費者はその人格と互いに影響しあい,人が人生の中で行うのと非常に似たやり方で関係を築くことが示唆されてきた[18].インターネットの利用が一段と高まるにつれ,消費者とブランドの関係は今やしばしばオフラインばかりでなくオンラインでも発生している.しかしながら,岡崎[19]が指摘しているように,ブランド・パーソナリティ一般に関する文献は沢山あるが,企業がインターネット上にどのようにブランドを組み立てようとしているかということにはほとんど注目されてこなかった.国家とブランディングの関係では,オンラインは,特に,プロ

第 2 章　国家ブランドのアイデンティティ，イメージとポジショニング　57

モーションの予算が限られている小さい国，または発展途上の国にとっては，国家ブランドの明確な人格を確立する試みに比較的手ごろな手段である．

　どの PSC ブランドとも同じように，国家ブランドのイメージは時が経つにつれて衰退するかもしれない．たとえば，アメリカブランドの最近の悪化がまさに立証されている[20]．もし国家ブランドがこのような状況にあるのならば，ブランドの活性化プログラムが実施される必要があるだろう．衰退した製品ブランドは，ブランド活性化プログラムを成功させるには，一定の特性をあらわにする必要がある．この特性には長く維持された伝統，明確な差別化，それに少な目の広告とプロモーションが含まれる[21]．すべての国家ブランドは最初の 2 つの基準を満たすことができ，世界の国々の政府による比較的最近の国家ブランディングの受け入れがあれば，大多数の国は，また少な目の広告とプロモーションになり，したがって，活性化プログラムをうまく行うことができることが主張されうる．Sjodin と Torn [22] は 1 つのブランド・コミュニケーションが，確立されたブランドで思い浮かべるものと一致しない時，消費者はどのように反応するかについて述べ，さらに続けて，ブランドが適切で，勢いがあるならば，消費者の認識を喚起する必要が時々あるかもしないと主張している．

　しかしながら，現在の消費者が，ブランドに対して思い浮かべるものと一致しないブランド・コミュニケーションによって疎外されたり，あるいは不安にさせられたりするかもしれないならば，消費者の認識を喚起することはリスクの大きい戦略かもしれない．加えて，ポジショニングの権威者である Ries と Trout [23] が述べているように「平均的な人は，間違っているといわれることに耐えられない．考えを変えるということは，広告を災難へ導く．」からである．広告は考えを変える力という点で，限界があるかもしれないが，このことは国家ブランドが敗北主義者のポーズを取らなければならないことを意味するものではない．第 9 章と第 10 章でみるように，従来の広告の方法以上に国家ブランドに利用できる幅広く効果的なツールが存在する．

国家ブランド・アイデンティティとイメージの概念モデル

図2-1で示されている国家ブランドのアイデンティティとイメージの概念モデルは，国家ブランドのコンテクストでの，アイデンティティとイメージの構成する多次元的な性質を示している．国家ブランドの構成において，異なる国々は，特定の国家ブランドの目的達成のためにもっとも適切であるアイデンティティの構成要素とコミュニケーターを入念に選びながら集中させる．たとえば，ある国では，うまくブランドのついた輸出品で得をし，したがって，国家ブランド・アイデンティティのコミュニケーターとしてブランドものの輸出品の統合を求めるかもしれない．また，ある国では，有名なスポーツの功績，観光事業，その国の伝播したものの活性化などにより集中させるかもしれない．どのような方法が選ばれようと，今日のグローバル化した経済において，国のイメージのおよぶ範囲は大きな重要性をもっていることに国々がだんだんと気付いてきている（第5章，国別ケース分析—ロシアを参照）．

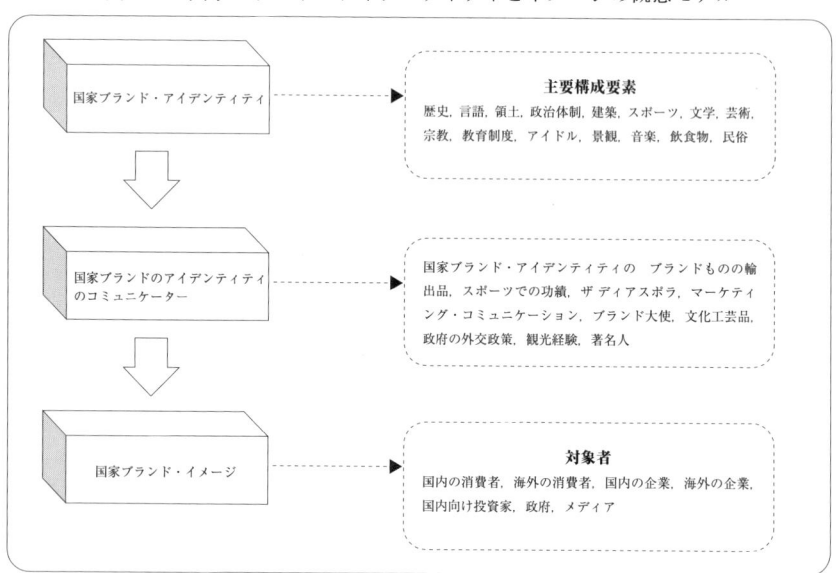

図2-1 国家ブランド・アイデンティティとイメージの概念モデル

```
┌─────────────────────┐        ┌──────────────────────────────┐
│ 国家ブランド・         │┄┄┄┄→ │         主要構成要素            │
│ アイデンティティ       │        │ 歴史，言語，領土，政治体制，建築，│
└─────────────────────┘        │ スポーツ，文学，芸術，宗教，教育制度，│
          ↓                     │ アイドル，景観，音楽，飲食物，民俗 │
                                └──────────────────────────────┘

┌─────────────────────┐        ┌──────────────────────────────┐
│ 国家ブランドのアイデン  │┄┄┄┄→ │ 国家ブランド・アイデンティティの   │
│ ティティのコミュニケー  │        │ ブランドものの輸出品，スポーツでの │
│ ター                 │        │ 功績，ザディアスポラ，マーケティ  │
└─────────────────────┘        │ ング・コミュニケーション，ブランド │
          ↓                     │ 大使，文化工芸品，政府の外交政策， │
                                │ 観光経験，著名人                │
                                └──────────────────────────────┘

┌─────────────────────┐        ┌──────────────────────────────┐
│ 国家ブランド・イメージ  │┄┄┄┄→ │         対象者                 │
└─────────────────────┘        │ 国内の消費者，海外の消費者，国内の │
                                │ 企業，海外の企業，国内向け投資家， │
                                │ 政府，メディア                  │
                                └──────────────────────────────┘
```

国家ブランドの概念モデルは国家ブランド構成の多面的性格を示し，確認するものである．国家ブランドのアイデンティティの主要な構成要素，たとえば，歴史，領土，スポーツ，崇拝の的，民間伝承などは，国家の永続的な本質を示すものである．これらの特徴から国家ブランドのアイデンティティのコミュニケーターが得られるが，有形のものかもしれないし，無形なものかもしれない．このモデルは，国家ブランドのイメージが，文化工芸品，移住者集団，ブランド大使，マーケティング・コミュニケーションなどの手段によって伝えられる国家ブランドのアイデンティティとしてどのように導き出されるかを示している．たとえば，ブランドものの輸出品は外国の消費者によってもたれている国家ブランドのイメージにおいて重要な役割を果たすかもしれない．しかし，外国の消費者の市場での反応は，商売上持続可能であるブランドものの輸出品の種類を部分的に決定することになる．これは国家ブランド構成の重要な面である．というのは，これは，国家ブランドは，あるブランド・イメージを求めるかもしれないが，外国の代理店を管理できないことは国家ブランドのイメージが管理されうる精度を制限することを示している．この概念モデルは，国家ブランドが扱わなければならないさまざまな対象者も例証している．

学術的視点

グローバルな世論と市場におけるネパールのリポジショニング
持続可能な経済発展のためのプレイス・ブランディング
Dipak R. Pant
Professor of Anthropology and Economics,
founder and head of the Interdisciplinary Unit for Sustainable Economy,
Universita Carlo Cattaneo, Italy

世界でもっとも貧しい，農業と牧畜の国の中で，しかも人口の半分以上が貧困ライン以下であるネパールは，10年にもわたる共産党の反乱と不安定さの後，痛ましい過度期にある．元の政府は，貿易と外国投資を促進する経済

改革で前進してきていたが，今までのところ，その結果は非常に貧弱である．ネパールでの主要な電力源である水力は，ネパール峡谷を勢いよく流れるヒマラヤの多くの渓流や川があれば，安くて，きれいなエネルギー源として大きな潜在能力をもっている．しかし，今までのところ，多くの水力発電計画は，政府の棚で埃をためてきただけである．ネパールは投資家を引き付けることにおいても大きな失敗をしてきている．

　ネパールは，その山岳的な地形により，陸地で囲まれ，世界の輸送ルートから孤立し，陸上輸送は厳しく制約されている．難しい地形，辺鄙さ，発達の遅れ，それに景色の美しさは，世界でもっともエキサイティングなところの1つとして，ネパールのイメージに一体となる効果を生み出している．外貨の主要な源（移住者の送金と国際援助に加えて）である観光事業は，対立とお粗末な治安強化の状況で損害を被っている．観光事業のほかに，高品質の農産品と，ヒマラヤの丘陵地帯で栽培される大量の薬草が利用できる．しかし，経済的潜在力を十分に開発することは妨げられている．というのは，ネパール製品が価格で競争力（規模の経済，輸送費用）がなく，しかも生産過程，インフラ，設備と市場でのサービスにおける投資不足で世界市場へのアクセスが容易でないからである．世界市場に手を伸ばすことは，不可能ではなくても難しい．そこで，バイヤーを引き込むことのほうが，ネパールがすでによく知られている観光地ならば，成功する可能性がある．ネパールは，来てすぐ帰る短期間の訪問者ではなく，長期の旅行者，行楽客，静養を求める人達を引き付けることを狙った質のいい観光戦略必要としている．したがって，ネパールの計画者の最優先は「コンテクストの質」（場のシステム）であろう．ネパールの場合，「コンテクストの質」は安全と，自然の生態系と歴史的（産業革命前/現代以前）な景観との組み合わせである．それは，治安，適切な下水設備と衛生，最低限度で拡張しないインフラそして高い社会環境基準を意味する．場のブランドの創出のために，国の内外ですべてがよく伝わり宣伝されていることである．

　「コンテクストの質」に基づく場のブランド戦略は，ネパールのように，固有の不利な点（起伏の多い地形，陸地で囲まれているなど）に苦しみ，後進性と不

安定さという遺産をもつ場のシステムにとっては，ビジネス上意味がある．ネパールはこのような場のブランド戦略でいいチャンスをつかむかもしれない．強制的で，実証可能な環境的，社会的な質の高い基準は，訪問者，バイヤーそして投資家を引き付けるために重要なことになるかもしれない．たとえ外部の世界との商品やサービスの取引に大きな成長がなくても，この戦略は，少なくても場のシステム改善と，それによる全体の福祉改善という基本的な目的に役立つかもしれない．その結果として，より幸せな場のシステムにおける質の高い人的資本が築かれる．場のブランド戦略は，おそらくネパールにとってWin-Win戦略であるだろう．

＊＊＊＊＊

国家ブランドのポジショニング

　ポジショニングという概念はブランド・マネジメントと戦略において重要な問題である．この論題での文献は豊富である．ポジショニングが何を意味するかをよく理解することが国家ブランドの発展に関わる者には基本的に必要である．このことは，広告代理店またはブランディングのコンサルタントと取引する場合特にそうである．彼らの仕事は，効果的なポジショニングのプラットフォームを作り，そして，求められているポジショニングを首尾よく実施するために，適切で独創的な実行を計画することに主に注がれている．

　ポジショニングの明確で簡潔な定義について，KotlerとKeller[24]は「ポジショニングとは目標市場の心の中に，明確に区別できる場を占めるための会社の売り物とイメージをデザインする行為である．」と述べている．Jobber[25]は，この定義をさらに拡大し，好結果を生むポジショニングへの鍵は，明快さ，一貫性，競争性そして信頼性であると提案している．明快さ，競争性それに信頼性は確かに好結果を生むポジショニングに役立つ基準であるが，一貫性という考え方は微妙である．もし一貫性がブランド・ポジショニングにおいて高位置にまで上がるならば，実に簡単に予想でき，退屈なブランド・コミュニケーションになることだろう．

　差異点を確立することは，ブランド・ポジショニングの主要な仕事である．

消費者の視点からみれば，ブランドの差異点は関連性があり，明確で，信頼性がなければならない[26]．国の観光事業の広告キャンペーンは，効果的な差異点に関する「明確な」基準という点できわめてひどい成績だということで，時々，非難を受ける可能性がある．多くの観光キャンペーンは，砂浜，晴れわたった天候，くつろいだライフスタイルなどを一般的で画一的に主張するだけである．この想像性のないやり方で競争することは，商品化に向けて滑りやすい斜面に足をとられることを象徴している．したがって，より正確なセグメンテーション戦略に再び焦点を合わせようとする多くの国の最近の取組みは，高級な文化的観光を促進することであるが，そうした観光は，まさに，国にとって，徹底的に明確でユニークな差異点に対する所有権の主張が可能である．

　しかしながら，明確さの基準に合致することは１つの注目すべき欠点またはチャレンジをもたらす．どの１つの特定の消費者セグメントにとっても，強力で説得力のあるアピールをするために，ブランドは，ほかの消費者セグメントを遠ざけようとする．しかしながら，このような犠牲は，非常に明確なブランドの１つの特徴である[27]．この種の犠牲は，PSCブランドにとってかなり受け入れられやすいことかもしれない．たとえば，Bacardi Breezersの親会社は，65歳以上の男性人口からブランドをあまり受け入れられないということによって，大きく困ることはないだろうということである．しかし，国家ブランドにとっては異なる問題である．国家ブランドにとっては，もしその任務が国家の経済生活のすべての領域にまでおよぶならば，潜在的消費者のセグメントまたは対象者を遠ざけようと積極的に考えることは，より一層厄介なことである．したがって，国家ブランドのありうる落とし穴は，誰も傷つけず，しかし，同時にあまり意味がなく，よって誰にも影響を与えない，あたりさわりがなく，害にならないポジショニングのプラットフォームを選択することである．表2-2は，最近，世界の国々で使われたいくつかのポジショニングを説明するものである．

　国家ブランディング一般と，特に国家ブランドのポジショニングに常に存在する複雑な要因は，配慮すべきさまざまなステークホルダーの政治的感

表2-2 国家ブランドのポジショニング宣言

国家ブランド	ポジショニング宣言
南アフリカ	可能性と共に生きる
ボリビア	本物がまだそこにある
スコットランド	世界で最高の小さい国
インド	輝くインド
タイ	驚きのタイ
マレーシア	本物のアジア

情に存在する．たとえば，多様性が高いイギリスは，どのようにまとまりがあるように位置づけられるだろうか[28]．これは，単なる抽象的な質問ではない，というのは，イギリスを構成しているいくつかの地域では，すでに独自の明確な国家ブランドを設けているからである．たとえば，スコットランドは，誠実，創意，質，そして独立心という主要な価値観に基づく国家ブランドのポジショニングを開発した[29]．このポジショニングのプラットフォームは，どのイギリスの統一ブランディングよりも非常に明確である．一方，明瞭な政治的声明が，コスタリカのケースでみられるように，明確で積極的なポジショニングのプラットフォームの基礎として使用されるかもしれない．コスタリカでは民主主義への参加と常備軍の拒絶で，国が平和なエコ観光の目的地としての位置づけが可能になった[30]．他の国家ブランドによるポジショニング戦略は，ネパール（第2章）と北アイルランド（第10章）を重点的に取り上げた学術的な見解だけではなく，エストニア（第9章），エジプト（本章），ブラジル（第6章），チリ（第3章），スイス（第4章）といった国別ケース分析でもみられる．

モジュール方式による解放

ブランド・ポジショニングとブランド・コミュニケーションとなると，一貫性は過大評価された価値かもしれないことをこれまで議論してきた．明らかに，ブランド・ポジショニングの激しく，また，行き当たりばったりの変動は，消費者の混乱につながり，ブランド・エクイティを減じさせ，薦めら

れるものではない．しかしながら，一貫性のジレンマに対する創意に富んだアプローチがJohn Grant [31]により提唱されており，その見解を次のように述べている．

"ブランドを管理する方法は一貫性（coherence）であって整合性（consistency）ではない．整合性はあなたの行うマーケティングをすべて同じようにみせる必要があるという考えである．しかし，もっとも興味深いブランドは，人がそのようでなければならないように，本物であることであり（自分に偽りがない），活動の範囲ではより自由でありうる．"

この点に関して，イノベーションと新製品開発の分野で実施されているモジュール方式から学ぶべき教訓があるかもしれない．モジュール方式は，独立してデザインされるが全体としては一緒に機能しうる，より小さなサブシステムから複雑な製品を組み立てることとして述べられている [32]．この概念を国家ブランディングの領域に移すならば，全体として統一された国家ブランドは「複雑な」製品としてみられるかもしれない．ただ一方では，国内向けの投資機関，観光事業委員会，輸出促進機関などの組織は「独立してデザインされるが全体として一緒に機能しうる，より小さなサブシステム」としてみられるかもしれない．モジュール方式という技術を利用する際には，異なる企業が，全体としての努力が消費者とって価値を創出するということを承知した上でモジュールのそれぞれに対して責任を取ることになる [33]．モジュール方式を取り入れることで，国家ブランドは，一貫性はあるが個性がなく，不明瞭なポジショニングとコミュニケーションの束縛から自らを解放しうるかもしれない．国家ブランドの開発チームは，建築会社のように行動し，ブランド・デザインのルールが異なる国家機関に明確に与えられ，その各機関が全体として国家ブランドに統合される各自の「モジュール」またはサブシステムを創造するという仕事が課せられるように保証する必要があるだろう．

要　約

本章では，ブランド・アイデンティティ，ブランド・イメージそしてブランド・ポジショニングという主要なブランディングの概念について議論してきた．しばしば混乱するアイデンティティとイメージという2つの概念の区別を行った．国家ブランド・アイデンティティと国家ブランド・イメージの構成要素を分析し，そして，Dipak Pant 教授の学術的な視点の中で扱われているネパールのリポジショニングとともに国家ブランドのポジショニングに関わる問題を検討してきた．PSC ブランドと比べると国家ブランドに内在する複雑さは増してはいるが，すべての国に適用するためのブランディングの基本原理を示してきた．

(訳・林田博光)

注

1) *Concise Oxford Dictionary* (1999), Tenth Edition. Oxford University Press, UK.
2) Roll, M. (2006) *Asian Brand Strategy: How Asia Builds Strong Brands*. Palgrave Macmillan, UK.
3) Lehu, J.-M. (2006) *Brand Rejuvenation: How to Protect, Strengthen and Add Value to your Brand to Prevent it from Ageing*. Kogan Page, UK.
4) Nandan, S. (2005) An exploration of the brand identity-brand image linkage: A communications perspective. *Journal of Brand Management,* **12**, 4, 264–78.
5) Cornelissen, J. (2004) *Corporate Communications: Theory and Practice*. Sage Publications, UK.
6) Kapferer, J.-K. (2004) *The New Strategic Brand Management: Creating and Sustaining Brand Equity Long Term*. Kogan Page, UK.
7) Elliott, R. and Percy, L. (2007) *Strategic Brand Management*. Oxford University Press, UK.
8) Buchholz, A. and Wordemann, W. (2000) *What Makes Winning Brands Different: The Hidden Method Behind The World's Most Successful Brands*. Wiley, UK.
9) Madhavaram, S., Badrinarayanan, V., and McDonald, R.E. (2005) Integrated marketing communication (IMC) and brand identity as critical components of brand equity strategy: A conceptual framework and research propositions. *Journal of Advertising,* **34**, 69–80.
10) Aaker, D.A. (1996) *Building Strong Brands*. Free Press, USA.

11) Florek, M. (2005) The country brand as a new challenge for Poland. *Place Branding,* 1, 2, 205-14.
12) Damjan, J. (2005) Development of Slovenian brands: Oldest are the best. *Place Branding,* 1, 4, 363-72.
13) Jaworski, S.P. and Fosher, D. (2003) National brand identity & its effect on corporate brands: The nation brand effect (NBE). *Multinational Business Review,* 11, 2, 99-113.
14) Jaffe, E.D. and Nebenzahl, I.D. (2001) *National Image & Competitive Advantage: The Theory and Practice of Country-of-Origin Effect.* Copenhagen Business School Press, Denmark.
15) Usunier, J.-C and Lee, J.A (2005) *Marketing Across Cultures,* Fourth Edition. FT Prentice Hall, UK, 287.
16) Scotch Whisky Association website: http://www.scotch-whisky.org.uk
17) Riezebos, R. (2003) *Brand Management: A Theoretical and Practical Approach.* FT Prentice Hall, UK.
18) De Chernatony, L. and McDonald, M. (2003) *Creating Powerful Brands in Consumer, Service and Industrial Markets,* Third Edition. Elsevier Butterworth-Heinemann, UK. 19.
19) Okazaki, S. (2006) Excitement or sophistication? A preliminary exploration of online brand personality. *International Marketing Review,* 23, 3, 279-303.
20) Anholt, S. and Hildreth, J. (2004) *Brand America: The Mother of All Brands.* Cyan Books, UK.
21) Wansink, B. and Huffman, C. (2001) Revitalizing mature packaged goods. *Journal of Product & Brand Management,* 10, 4, 228-42.
22) Sjodin, H. and Torn, F. (2006) When communication challenges brand associations: A framework for understanding consumer responses to brand image incongruity. *Journal of Consumer Behaviour,* 5, 1, 32-42.
23) Ries, A and Trout, J. (2001) *Positioning: How to be Seen and Heard in the Overcrowded Marketplace.* McGraw-Hill, USA.
24) Kotler, P. and Keller, K.L. (2006) *Marketing Management,* Twelfth Edition. Pearson Prentice Hall, USA.
25) Jobber, D. (2004) *Principles and Practice of Marketing,* Fourth Edition. McGraw-Hill, UK.
26) Keller, K.L. (2003) *Strategic Brand Management: Building, Measuring, and Managing Brand Equity, Second Edition.* Prentice Hall, USA.
27) Bauer, A, Bloching, B., Howaldt, K., et al. (2006) *Moment of Truth: Redefining the CEO's Brand Management Agenda.* Pal grave Macmillan, UK.
28) Hall, J. (2004) Branding Britain. *Journal of Vacation Marketing,* 10, 2, 171-85.

29) Lodge, C (2002) Branding countries: A new field for branding or an ancient truth? *Journal of the Chartered Institute of Marketing*, Feb, 21-25.
30) Quelch, J. and Jocz, K. (2005) Positioning the nation-state. *Place Branding*, 1, 3, 229-37.
31) Grant, J. (2006) *The Brand Innovation Manifesto: How to Build Brands, Redefine Markets & Defy Conventions.* Wiley, UK.
32) Baldwin, C.Y. and Clark, K.B. (1997) Managing in an Age of Modularity. *Harvard Business Review*, Sept-Oct, 84-93.
33) Mohr, J., Sengupta, S., and Slater, S. (2005) *Marketing of High-Technology Products and Innovations*, Second Edition. Pearson Prentice Hall, USA.

第3章 国家ブランド・エクイティ

国別ケース分析―チリ
すべての道で驚きを発見するところ

Christian Felzensztein
Professor of International Marketing
Faculty of Management and Economics, Universidad Austral de Chile,
Valdivia, Chile

「すべての道で驚きを発見するところ」または「いつも驚きを与えてくれるところ」チリ．チリは，チリという新たな国家ブランドを作るために用いられるスローガンである．チリは，全世界に自国文化の独自性を知らせようとしている．新たなロゴマークとスローガンは，チリの輸出増進委員会の「プロチリ（Prochile：チリ輸出促進局）」によって作られた．この委員会は，チリの貿易政策を強化し，世界市場にチリを知らせる主要な役割を担っている．

ラテンアメリカ南部に位置するチリは，安定したビジネス環境を提供する草の根民主主義のおかげで，ラテンアメリカで中心的な役割を担う国となった．チリの国土は，全長約 4,000km 以上，平均幅 180km の南アメリカ最大の国土を有する国である．チリは，低いインフレ率や安定した国際収支，豊富な鉱物資源の埋蔵量を伴い高収益の生産構造を基盤として国内経済の発展を遂げてきた．また，チリはアメリカやヨーロッパ連合（EU），韓国などを含む多数の国と自由貿易協定を締結している．これによってチリは，世界貿易の中心地となり，南アメリカの戦略的ビジネス拠点として浮上した．しかし，主な輸出品目は依然として銅と果物といった伝統的物品に限られている．

チリは，「プロチリ」の活動を通して「チリ，すべてをもっている国」と広報している．チリは，地理的位置のおかげで多種多様な製品を生産して販売できるようになった．チリの目標は，美味しいサケをはじめ，世界レベルの

ワインと新鮮な果物，世界的な賞を受賞したエキストラヴァージンオリーブオイルに至るまで，さまざまな輸出品を生産しているのである．

たとえば，「私たちにはすべてがあります」というスローガンは，チリの航空社 LAN の機内雑誌に載っている最近の広告テーマである．ロンドンとニューヨーク，そして世界全域の主な都市にある世界的フォーカスグループは，チリに関する独自の研究結果を発表した．「プロチリ」が 2005 年チリの国家ブランド戦略を実行するするように委嘱した専門ブランド代理店，「インターブランド」は新ブランド戦略の策定にのり出した．

そして，チリが世界市場で確実な位置を取れるようにした 2 つの産業がある．それはワイン産業とサケ産業である．ここでは，この 2 つの産業のうち，ワイン産業に焦点をあてるつもりである．または，現在チリの経済で重要な部分を占めているワイン産業と関連する国家ブランディングと原産国効果についても検討する．

チリのワイン産業

チリのワイン産業は，競争が激しい世界のワイン市場でワイン生産量の 50％以上を輸出し，活発に動いている．1990 年，チリのワインは世界ワイン市場で 1％の市場シェアもなかった．ところが，2005 年に入ってから，この数値がかなり変化し，約 10％にもおよんでいる．ヨーロッパとアメリカ，アジアへの輸出がもっとも目立つ成長をみせており，2002 年チリのワイン輸出額は総額 6 億ドルにもおよぶ．現在，チリのワイン生産者は，全世界 90 か国に生産量の 50％以上を輸出している．

上述した統計をみると，伝統的なヨーロッパのワイン生産者は過去 10 年間例をみないほど競争にさらされていることがわかる．これは，いわゆる「新たな世界」（たとえば，アメリカ，オーストラリア，チリ，南アフリカ，ニュージーランド）のワインの市場シェアがもっと大きくなったことを意味する．これまでの状況では，ワイン生産国とワイン生産地の有名税は特別な優遇に大きく依存してきたといえる．多くの研究者によるワイン産業においての原産地効果

は，とても大きいことが明らかになった．したがって，ワイン生産者たちは共に力を合わせて広告活動を行うことで，1つの国または1つの地域の生産品として認識されようと努める．これは，ワイン業界が原産地効果に大きく依存し，このような方法を通じてのみ業界発展に貢献できるということを意味する．このように，競争が激しい新たな環境の中でチリは，他のワイン生産国が相対的に成功を成し遂げたように，チリの文化と伝統，そして独特な地理的位置と観光を結びつけることで，チリをワイン生産国として発展させようとしている．このような文化と地理的特性の調和は，チリの国家ブランド・エクイティ（NBEQ）を構築する上で重要な側面である．

このようなポジショニング戦略の第1段階として「チリワイナリー協会（Vinas de Chile）」と「チリ高級輸出ワイン協会（ChileVid）」は，活動が鈍った2年後の2002年に「チリ・ワイン」ブランドを改めて世界市場に出すための計画を発表した．大掛かりな広告のターゲットになった市場は，ドイツ，アメリカ，日本，イギリスであった．これは，発展計画をはじめとして「チリ・ワイン」のイメージを諸外国に知らせることであった．これは，「チリ・ワイン」が成功するためにワイン産業の世界戦略をそのまま実行しなければならないことを意味する．また，この計画は海外に一貫したビジョンを与え，消費者から信頼されるモデルを構築する上で役立つものであった．これを通じてチリは，自慢できる最高の特性である友情，情緒，ライフスタイル・自然主義，マジックのような現実，そして官能をみせてくれる特別な国として認識されるようになった．

「チリ・ワイン」が世界市場で成功を収めてきたものの，フランス，オーストラリア，イタリア，スペインなどの世界の主なワイン生産国と比べると，チリは依然として小さなワイン生産国として認識されている．今日までチリのワイン産業がもつ世界的な競争力は，低価格と高品質によるものであった．一方，アメリカ・カリフォルニア，オーストラリアといったワイン生産地のもつ世界的な競争力は，高価格ではあるが，品質も高い製品を供給しているからである．

世界のワイン専門家と多くの研究者によれば，チリ・ワインがワイン生産

を担う農業や気候条件において確かに有利な条件にあるが，オーストラリア，フランス，アメリカのような競合する国と比べる時，国際マーケティングを計画し実行する上で非常に大きな差があるという．

　たとえ，「チリ・ワイン」がワインの専門メディアによく知られているとしても，一般消費者はワイン生産国としてのチリの重要性を十分に理解していないようだ．こうした状況は，チリが去る10年間，世界のワイン市場である程度は市場シェアを確保したものの，それはただその名を知らせる程度の能力にすぎなかったという事実をもって説明できる．チリの輸出増進委員会「プロチリ」によると，オーストラリアや南アメリカのような国はイギリス市場で自国のワインが消費者にとって容易に認識することができるように多大な広告費を費やしたという．しかし，チリの場合においては多くの消費者が南アメリカにある国で地理的位置は概ね知っているが，どのような国であるかはあまり知られていなかった．

　さらに，2002年に他のワイン製造業者も「スペイン・ワイン：体と魂」のようなスローガンを掲げて，ポスターと雑誌に「スペイン産ワイン」または「ボルードワイン」といった原産地を前面に出す広告を大々的に展開した．したがって，チリの場合は効果的な国家ブランディングを通じて原産地効果を強化し，ワインに特化して広告を展開することが重要であろう．

　このように，競争が激化している環境の中で，チリのワイン産業が新たなチリ・スローガンとブランド戦略を用いてチリの名を世界に知らせるというブランディング作業を行う上で次なる課題は何か．これは，チリのワイン製造業者やワイン輸出協会，チリ輸出増進委員会が解答を模索し続けているのである．チリのワイン産業は，海外でチリのワイン製造業者の利益を代弁し，チリの政府が「すべての道で驚きを発見するところ」というキャンペーンに積極的に参加してくれることを望む他の主要産業と共に強固な協力を模索しなければならない．

　「すべての道で驚きを発見するところ」というスローガンがチリにふさわしいものかについて調べるのは，今後の課題として残っている．ある人は，1つの特定産業に基盤を置く独特なポジショニングがその解決策になるという．

一方，他の人はチリの国家ブランドが1つの特定産業に依存してはいけないと反論している．そうであれば，チリのもつ重要なメリットは何か．チリのワイン，サケ，アンデス山脈，太平洋，砂漠，氷河…？それとも，これらの中でどれがひとつとして消費者の頭の中には明確に浮かび上がってこないだろうか．

＊＊＊＊＊

はじめに

第3章は，ブランド・エクイティに焦点をあてる．私たちはまず，消費者の観点と財務的観点というブランド・エクイティに関する2つの主要な観点を検討する．次に，ブランド・エクイティの概念を国家ブランドに適用し，国家ブランド・エクイティの潜在的な源泉と重要性について検討する．特に，本章ではチリの国家ブランド・エクイティがどのように彼らの文化的・地理的特性から数多く派生したものかを把握する．一方，Francis Buttle 教授の学術的観点は，顧客関係管理（CRM）の経営手法が国家ブランディング（Nation Branding）にも適用できることを示している．

ブランド・エクイティについてのもう1つの観点

「ブランド・エクイティ」という用語は，ブランディング理論と実践を論じる時，もっとも多く使われる言葉である．本来のブランド・エクイティは，1つのブランドがもっている価値を指すものである．なお，エクイティの概念は金融分野から借用したものである．この用語をブランディング分野に適用すると，人々の間に一般的に知られている意味は消えてしまう．ここでは，ブランド・エクイティの概念を検討することにあたり，確かな2つのアプローチを紹介する．第1のアプローチは「消費者観点」である．これは，ブランドに対する消費者の認識とブランドの品質，個性，評判などと関連したブランド・エクイティが，消費者の判断で評価されることをいう．もう1つのアプローチは「財務的観点」である．これは，あるブランドに対して財務的価値を加えようとしたさまざまな工夫と努力を含んでいる．消費者観点と財務

的視点は，いずれもブランド・エクイティが意味することと関連して，いくつかの異なる意見が存在する．以下では，その異なる意見について検討する．

消費者観点

　ブランド・エクイティの消費者観点を支持する研究者の1人である Kevin Lane Keller は，顧客ベース・ブランド・エクイティ（Customer-Based Brand Equity: CBBE）という用語を使っている．彼は，これを「あるブランドのマーケティングに対応する消費者の反応に，ブランド知識がおよぼす効果の違い」と定義している．また，Keller は「顧客ベース・ブランド・エクイティは，消費者がブランドについて非常によく知っていて，親しみをもち，記憶の中にそのブランドについて強くて好意的なイメージをもっている時に起きる」[1] と主張する．また，他の研究者の論文によると，顧客ベースのブランド・エクイティは以下4つの要素によって構成されているという．それはブランド認知，ブランド連想，知覚品質，ブランド・ロイヤルティ[2] である．したがって，多くの国は直感に依存するよりも国家ブランド・エクイティがもつこのようなさまざまな側面から研究する必要がある．たとえば，実際に海外の人々が彼らの国家ブランドをまったく知らない場合，多くの国は自国がネガティブなブランドとして認識されていると思う．これについて阿久津教授は，国家ブランド・エクイティについてより深く研究する必要があると主張する．彼は，「企業ブランドと同じく，一国のブランド・エクイティは，ブランドを評価する人の心の中に生まれるものである」と述べている（第9章，国別ケース分析—日本を参照）．David A. Aaker は，消費者の観点に基づき，会計学の用語を用いてブランド・エクイティを説明している．すなわち，彼によればブランド・エクイティとは「ブランドの名前やシンボルと結びついたブランドの資産と負債の集合であり，製品やサービスの価値を増大させるもの[3]」とされる．Farquhar[4] も付加価値の概念を言及している．彼は，ブランド・エクイティを「企業や取引，あるいは消費者に対する付加価値であり，ブランドが製品に付加価値を与える」と定義している．ここに「取引」が含まれているのは，ブランド価値の消費者観点が，「消費者」または「顧客」が誰なのか

について，より広義の視点から考えるべきであることを意味する．また，彼は，ステークホルダーは特定のブランドが消費者に対して近視眼的で一次元的視覚をもつよりも，多様な顧客と接触および交流し，近づいていくことが重要だと提案している．ブランド・エクイティに対するステークホルダー理論は，Jones [5] によって説明されている．彼は，ブランド価値が多様な戦略的ステークホルダーとの相互作用を通して作られるものと述べる．したがって，ブランド・エクイティを評価するとき，顧客のみに焦点をあてることは間違いをおかすかもしれない．フランスのケース分析は，国家ブランディングに関してブランド価値に対するJonesの視点をよく表している．結局のところ，ブランド価値とは多様な戦略的ステークホルダーと共に作られるものなのである（第10章を参照）．

　Temporal [6] は，象徴的か否か，想像的か否か，あるいは消費者の連想によるか否かを問わずにブランドの記述的側面について言及する上で，そして消費者の認識という点でブランドのもつ力を反映させるために，ブランド・エクイティという語が時としてどのように使用されているのかを説明している．自国ならではのユニークさとくっきりとした象徴体系をもっているあらゆる国々がそうであるように，国家は象徴と想像において特に豊かである．これらと共に，国のアイデンティティを構成するさまざまな要素が国家ブランドの発展を助け，国家ブランディングが大切に保護されるようとし，国家ブランディングがただのPR活動ではなく，その国の本質を知らせることができるようにする．

　ブランド・エクイティは，ブランドと消費者との特別な関係を形成し，強い絆と信頼の中，時間が経つにつれて次第に成長するものである [7]．Baker [8] は，ブランド・エクイティの価値を資産として認識するブランドにある価値だと定義した．すなわち，この価値はブランドによって獲得される市場シェアとそれがもつロイヤルティと認知度，消費者が知覚する製品の品質，それを競合相手の製品と差別化するための特性，たとえば特許権の保護や商標などといったものを反映する．このようなBakerの視点は，Riezebos [9] の観点とかなり類似している．Riezebosは，ブランド・エクイティの4つの源泉を

説明する．すなわち，市場シェアの大きさ，市場シェアの安定性，組織に対するブランドの価格マージン，そしてブランド所有者の権利（特許，商標）などがそれである．Kapferer[10]もまた，ブランド・エクイティの研究で，ブランド・アセットの指標を4つ提示した．すなわち，(1) ブランドの助成想起，(2) ブランドの自発的想起，(3) 消費者想起集合の一員，そして (4) そのブランドがすでに消費されたか否かがそれである．また，Chernatony and McDonald[11]もこのような類似した見解をみせている．彼らによれば，ブランド・エクイティは消費者が1つのブランドに対してもっている認識であり，またこれは1つずつ順番にブランド価値に影響をおよぼす．

　一方，消費者ロイヤルティはブランド・エクイティの重要な要素である．一般的にブランドを構築しようとする努力は，消費者のための価値と差別化を図る段階でとどまっているものの，高い水準の消費者ロイヤルティを獲得することは，ブランド戦略の成功を判断する上で有用な測定法となる．製品，サービスまたは企業ブランドは，長年にわたってロイヤルティ・プログラムを発展させるため多大な努力が注がれた一方，国家ブランドについてはあまり研究がなされてこなかった．第3章の学術的視点からFrancis Buttle教授は，顧客関係管理に関する理論的な枠組みが国家ブランドに適用可能であるかを検討している．顧客ロイヤルティ向上の問題を深く考えてみると，ロイヤルティ・プログラムが反復購買（repeat purchase）を誘導させることのみならず，ブランドに対する消費者の情緒的な絆を作り出すことにも関心をもつことが重要であることがわかる．なぜなら，感性ロイヤルティとブランド購買間の相互関係は，一直線のようなものではなく，幾何級数的なものであるからだ．すなわち，特定のブランドに対して最高水準の感情的なロイヤルティをもつ時，消費者がブランドに対する連帯感が薄い時より，少なくとも2倍の製品を購買するという研究結果がある．折々は3倍あるいは4倍以上になる時もあるという[12]．文化的意味が豊かな貯蔵庫として深さのある感情的，経験的な特徴をすべてもっている国家ブランドは，彼らのブランドについて情緒的連帯感がさらに広がるように戦略的に管理すべきである．

　製品ブランドでは，許可を得た一般的なEメール・マーケティングがブラ

ンド・ロイヤルティの側面から肯定的な効果をもたらす．すなわち，Eメールを受信した消費者は特定の小売店を継続的に訪れるだろうし，友達にそのブランドを推薦するだろう．また，ロイヤル顧客が登場し，そのブランドの一般的な情報と共に，多様な内容の情報を人々に伝達してそのブランドの価値を認める役割をするようになる[13]．たとえ，特定のブランドが顧客ロイヤルティ育成に失敗した場合，Perrin-Martinenq[14]が「ブランド離脱（brand detachment）」といったように，同じく危険に直面するだろう．「ブランド離脱」とは，特定のブランドと消費者の間に形成された情緒的かつ感性的な絆が，他の類の関係が瓦解することと同様の方式で崩壊されることをいう．国家ブランドが「ブランド離脱」のような否定的な結果を避ける方法は，国家が相手にするオーディエンスと利害関係者のすべてに顧客関係管理の原理を適用することである（第3章，学術的視点を参照）．

　特定のブランドがもつビジュアル的な側面が，全体的なブランド・エクイティに非常に重要な役割を果たすことはより明確になっている．多くの消費者においてブランドのロゴやネーム，シンボル，書体，色彩体系などは，ブランドを認知する上で重要な発端となる．多くの研究者は，肯定的な効果や品質の認識，合意という側面から，視覚的デザインと肯定的なブランド反応の間で重要な関係があると主張する[15]．国は，多様なターゲット・オーディエンスと利害関係者を対象としてその効果とシナジーを最大化するために，視覚的アイデンティティを戦略的に管理すべきである．それは「自然のまま，アイスランド」といった広告で発見することができよう（第6章，国別ケース分析を参照）．

財務的観点

　上述したように，ブランド・エクイティの「消費者観点」は，国家ブランドと強い関係をもっている．特に，多様な大衆という利害関係者理論からみると，国家ブランドが念頭に置くべき消費者は，国内外の潜在的観光客と投資家，勤労者，学生，消費者などすべてを含んでいる．

　ブランド・エクイティの財務的観点と国家ブランディングの関係は，まだ

明らかにされていない．このことについて，私たちは国家ブランドに対する財務的評価のために行われた1つの特別な方法を議論する前に，ブランド・エクイティの財務的観点について検討する．

　今日に至るまで，ブランドを財務的に評価するための会計学の方法論に対して全世界的なコンセンサスが得られていない．しかし，ブランドの財務的な価値の評価に高い関心をもつ企業とアナリストに有用な技法がある．これには，従来の価格による評価や代替コストによる評価，将来の収入による評価が含まれている．従来の価格による評価は，1つのブランドを資産として取り扱うが，その価値は時代を超える投資から派生する．また，代替コストによる評価は，等価のブランドを作ることに実際にいくらかかるのかを算出することに焦点があてられている．なお，将来の収入による評価は，ブランドに関連する未来の資金流れを予測するものである[16]．

　ブランドを評価することにおいてもっとも認められて幅広く知られている方法は，ブランディングのコンサルティング企業であるインターブランド社がインターブランド・ベスト・グローバル・ブランド・リストを集計して発表した後，全世界に向けて，毎年ビジネス雑誌のビジネスウィークが発表する世界のブランドの価値をUSドルでまとめたトップブランド・ベスト100社を参考にすることである．トップブランド・ベスト100社に入るためには，各ブランドは10億ドル以上の価値をもちながら，収入の約3分の1を海外で獲得し，公式的なマーケティングと財務資料をもっていなければならない．インターブランド社は，未来の資金流れを予測する方式を導入している．この方式の詳細な説明は，インターブランド社のウェブサイト上でみることができる[17]．2005年の財務評価を基準として，インターブランド社が選んだ上位6のグローバル・ブランドは，コカ・コーラ（675億ドル），マイクロソフト（599億ドル），IBM（533億ドル），GE（469億ドル），インテル（355ドル），ノキア（264ドル）である．企業側からみると，ブランドの評価は有効な方法である．企業はブランドを用いて信頼を高め，ライセンス契約から派生する潜在的所得や未来のブランドから得られる所得を予測する[18]．このように，ブランドを評価することで得られる潜在的ベネフィットは少なくない．しかし，

製品やサービス，または企業ブランドの場合には，どのような部分に焦点を
あててブランドの財務的評価が可能になるのであろうか．

　国家ブランディングの専門家である Simon Anholt は，著書 'Competitive
Identity'[19] の中で「そのブランドが国の経済に実際にどのくらい貢献してい
るか」を調べるため，「国家ブランド指標（NBI）」に基づいて国家ブランドの
財務的評価を行ったという．これは上述したように，ブランドを資産として
みなす観点である．Simon Anholt は，国家ブランドの財務的価値を算出する
ため，「ロイヤルティ免除法（royalty relief）」を用いている．この方式を用いた
結果，2005 年の国家ブランド指標（NBI）では，アメリカ（179 億ドル）1 位，
日本（62 億ドル）2 位，ドイツ（46 億ドル）3 位，イギリス（35 億ドル）4 位，
フランス（29 億ドル）5 位の順であった．現在使われている多様なブランド評
価方法が有効であるかについて，会計と財務分野では常に意見がまとまらな
いであろう．しかし，Simon Anholt が実施した国家ブランドに対する革新的
な財務評価方法は，激変する世界経済の中で，政府が国のブランドを確立し
て発展させるよう注意を喚起するものになるだろう．

学術的視点

国家ブランディングに対する顧客関係管理（CRM）の視覚

Francis Buttle

*Former Professor of Marketing and Customer Relationship
Management at Macquarie Granduate School of Management
(MGSM), Sydney, Australia*

　1990 年代の初め，顧客関係管理（以下，CRM と表記）は経営分野で研究され
るものとして暫定的な合意があったものの，これがどの分野に属されるのか
という論争は今でも続いている．今後ともこの用語の意味について完全なる
意見の一致に達することはないだろう．なぜなら，そこには多種多様な CRM
の方式があるからである．すなわち，運営上の方式，分析的方式，コラボ
レーションおよび戦略的方式などがある．私の見解は，CRM が顧客の相互作

用と顧客との取引をうまく管理できるようにする技術的方法をもっているということである．これによって組織は，多様な顧客層との関係から生じる収益を期待するようになる．すべての顧客が同じような経験と製品，サービス，情報，相互作用，ベネフィットなどを望んだり，そこに価値を置いたりしない．なお，すべての顧客が同じように重要な訳ではない．CRMは，費用対効果の高い方法でこのような違いを区別できるように助けてくれる．

マクロ次元からみると，一国の顧客は自国民，貿易パートナー，自国の製品とサービスを購買する海外の消費者，国際団体，政治的連盟国，政治的ライバル，観光客，内部投資家などをすべて含む．

各集団をより細かくみると，さらに多くの細部集団が発見できる．一般の国民集団は，均一ではない．国民集団による各部分の集合は，政府から出されるさまざまなサービスと情報を望み，そこに価値を置くのである．ノースリー市自治委員会の場合を考えてみよう．マージーサイド州にあるこの首都圏地域は，約15万人の人口をもっており，比較的若年層の人々が多く暮らしている．ノースリーはオニックス（Onyx）のCRMを用いて，シチズン・リレーションシップ・マネジメントにおいて満足の結果を獲得した．委員会は，9つの運営部署を通じて1,000個を超える市民サービスを備えている．委員会は，仕事に一貫性を与えており，さまざまなサービスを作るため，あるいは作られているサービスをより広く知らせ，多くの市民が利用できるようにCRMを活用している．また，委員会は市民社会の全体像を眺めるため，360度観点（360° View）を開発している．すなわち，どの方面からもその全体像がみられるような観点の開発に力を注いでいる．そうすることで，委員会は各市民に与えられるサービスの歴史を知ることになる．なお，委員会は社会のトレンドや集団分析を行い，各市民集団のためのサービス案を向上させ，市民社会をめぐる内外の動向を把握することができる．ノースリーは，CRMを用いて年間25万ポンド以上のコストを節約し，サービス強化に繋がったと発表した．

個々のニーズを受け入れ，IT資源を活用して効率的に処理するこのような方法は，他の国のすべての顧客にも適用範囲を拡大することができる．ここで重要なことは，関係管理の対象を明確に把握し，それによる適切な研究や

実践を行うことである．外国人直接投資（FDI）を考えてみよう．オーストラリアの外国人直接投資率は，1996年と2002年の間に1.6%～0.6%まで落ちた．この時点から，オーストラリアの政府は投資家のニーズを理解するようになり，彼らが必要とすることを満足させる方法に興味をもつようになった．＜世界収益：外国人直接投資誘致のための戦略方案＞というタイトルのオーストラリア投資関連2002年の報告書は，顧客（投資家）に関する研究の必要性を確実に語っている．

"投資先を決める上で影響をおよぼす要因は何かを理解するのは，オーストラリアの競争力を理解する上で，または，包括的なマーケティング・メッセージを作って，最優先産業分野のキャンペーンを開発する上でも重要である．これに伴い，投資を決定する過程と投資家の運営方法に関する研究は潜在的ターゲット投資家を誘致する上で役立つ．"

CRMは，特別な顧客次元で，有用な顧客情報を蓄積して，その情報を使用者がいつどこででも使用できるだけでなく，社会のトレンドやベスト・プラクティスを知らせるための分析を行い，顧客の決定を予測することが可能となる．また，CRMは，機会管理と接点管理，計画案作成，キャンペーン管理，知識管理に用いられる．本来，マーケティングと販売，サービスを行う人々に必要なこのような機能が，一国の顧客を効果的に管理し，満足させることにも必要になった．また，これは今日的なCRMにも効果的に用いられる．

＊＊＊＊＊

国家ブランド・エクイティの源泉と特徴

この章において，私たちは，戦略的国家ブランディングのキャンペーン開発のための基礎となる重要な国家ブランドの源泉について検討する．ここでいう源泉は，国家アセット・ベースモデルの形を示している（図3-1）．ここで，国家ブランド・エクイティを取り巻く内外的資産は，本来の資産，育成された資産，代理資産，流布資産という用語で概念化される．私たちは，前

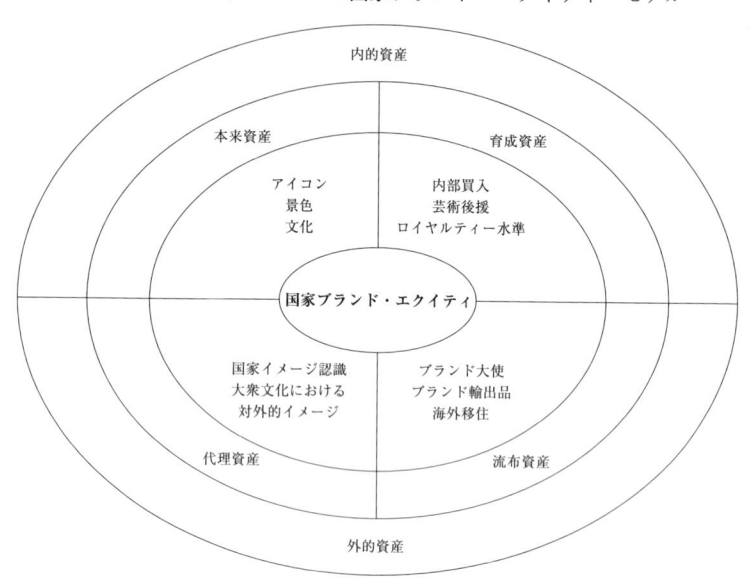

図3-1 アセット・ベースの国家ブランド・エクイティ・モデル

```
                        内的資産

            本来資産           育成資産
          アイコン          内部買入
          景色            芸術後援
          文化            ロイヤルティー水準

                  国家ブランド・エクイティ

          国家イメージ認識      ブランド大使
          大衆文化における      ブランド輸出品
          対外的イメージ       海外移住

            代理資産           流布資産

                        外的資産
```

述の議論とブランド・エクイティの定義に基づき，これらを国家ブランディングに適用する．また，私たちは国家ブランド・エクイティを「国家のもっている有形資産および無形資産，内的資産および外的資産（または負債）」に規定する．内的および外的資産（または負債）は，国家ブランド・エクイティの源泉を示すものである．内的資産は，本来の資産（アイコン，景色，文化）または育成された資産（内部買入，芸術後援）として概念化される．一方，外的資産は代理資産（国家イメージの認識，大衆文化の中大外的描写）または，流布資産（ブランド大使，海外移住，ブランド輸出品）として概念化される．これらの源泉は，全体的な国家ブランド・エクイティに対する彼らの貢献度と関連して論議されるであろう．

内的資産（Internal assets）

ここでは，本来の資産または育成された資産という国家ブランドの内的資産を検討する．「本来の資産」は，国のアイデンティティの永続的な要素として，国家ブランド・エクイティを構築する際に必要となる資産として考えら

れるほどの国の本質である．こうした本来の資産には，国のアイコン，景色，文化が含まれる．一方，「育成された資産」は国家ブランド・エクイティを発展させるため，健康な環境作りのために行われる現在の意識的な努力から派生し，内部買入と文化後援などが育成された資産に含まれる．

本来資産（Innate assets）：アイコン，景色，文化

一国のもっとも特徴的な面貌は，それがもっているアイコンと景色，文化を含む．これらは，国家ブランドを差別化する上で強力かつ確実な手段になっている．一国のアイコンでは，視覚的イメージと象徴的イメージが相まって国関連の独特の表現が含まれている．国旗は，一国のアイコンの中でもっとも明確なアイコンである．しかし，今日「アイコン」という言葉の意味は，場所と個人，さらには社会的な意味を含む象徴的な製品にまで拡大解釈されている．このようなことからみると，Nelson Mandelaの場合は，南アメリカのアイコンとして浮かび上がり，アクロポリスはギリシャのアイコン，ウイスキーはスコットランドのアイコンになるのである．国が所有している本来の資産と共に，このような要素は独特なもので模倣されたり，コピーされたりするものではない．すなわち，それを元に特定のブランド構築ができる特別な属性なのである．

都市が含まれている景色は，一国の本質を規定する上で重要な役割を果たす．したがって，これは国家ブランド・エクイティの重要な要素である．景色は，国家ブランディングにおいて見事な平衡装置のうちの1つである．すなわち，ある国が経済的に困難なことに遭遇をしたとしても，大切な資産というべき優れた景観をもつことができるのである．たとえば，ボリビアの「ウユニの塩湖」を取り巻く美しい干潟と異国的な岩，火山の噴火口はボリビアという国の大切な資産になっている（第7章，国別ケース分析―ボリビアを参照）．また，他のケースとして，経済的には貧乏であるが周りに独特で素敵な風景を多くもっているネパールがある．ネパールの美しい景色は，この国のイメージを世界でもっとも魅力的で人気のある旅行先の1つとしての存在感を発揮することに貢献した（第2章，ネパールのリポジショニングに関する学術的視点を参

照）．

　一国の文化は，アイコンと景色を通じて明確かつ独特な国のアイデンティティをみせてくれる．このような資産は，マーケターによって作られた不自然な人工物ではなく，その国の真の姿を明確に表現するものである．とりわけ，文化は国家ブランドを構築しようとする国にとって無制限で豊かな資源を提供する．たとえば，ロシアは対外イメージよりポジティブな方向に変えていくために，その活動の一環として海外文化センターを現代化することに力を注いでいる（第5章，国別ケース分析—ロシアを参照）．一方，限られた財政資源をもつ小さな国や新興国は，音楽や映画，文学，芸術，そして飲食物を通じ，彼らの国の文化を浮き彫りにすることは，多大な金額がかかる抽象的な広告活動を行うより，国家ブランド・エクイティを構築する上でより魅力的で適切な方法であろう．

　文化の伝統的な様式は，国の対外的な認識と関連して重大な役割を果たしている．しかし，私たちはこれが国家を活発化させ，現代的な経済国家を作ろうとする全体の努力に逆行し，国の進歩を後退させないように注意すべきである．著しく成長する環境志向の観光分野がこれに該当する．一国の伝統文化の開発と関連して過去に目を向けるのは，持続的な発展という面においても重要である．たとえば，ボリビアの真のアイデンティティは主に民族と衣服，食べ物，そして古い伝統のように先祖から受け継いできた文化に依存している．このような文化的特徴は，ボリビアの「本物がまだ存在します」というポジショニングの核となる部分を成している（第7章，国別ケース分析—ボリビアを参照）．

　音楽や映画，文学，言語，スポーツは，当代文化の表現方法として国家イメージを決める上で重要な役割を果たす．したがって，これは国家ブランディング戦略に必ず含まなければならない．一国の政治体制や軍事的な活動と関連したネガティブな認識は，その国の当代文化とよりポジティブな連携を結ぶことで相殺することができるものとする．たとえば，アメリカの映画に対する世界の人々の関心とアメリカ映画の影響は，世界各地で発生するアメリカに対する敵対意識をある程度は相殺することができる．イギリス委員会の

ような団体は，イギリス文化を海外に知らせるための活発な広報活動を行っているが，これは文化が経済的側面においても重要であることを示してくれる．また，政治的な影響力が小さい国であるとしても，その国のもっている独特でかつ美しい文化を前面に掲げて世界の舞台に立つことができる．

育成資産 (Nurtured assets)：**内部買入** (Internal Buy-in)，**芸術後援，ロイヤルティ水準**

　国と研究者が継続的に関心をもって研究してきた国家ブランド・エクイティの1つの源泉は，内部買入である．これを国家ブランドと結びつけることが課題である．これは，一国を海外に知らせることに携わる団体にはコミュニケーション問題でもある．自国民と自国の利害関係者が自国のもつべきイメージと名声を明確に知らなければ，彼らは'live the brand'といった言葉に応じないことになる．結果は，現実と計画されたイメージの間の格差である．したがって，これは不協和音を作る原因となり，観光客や外国の投資家がその国を訪問した際に，その国が作り上げたイメージが現実から離れすぎていることを発見することになる．したがって，公共分野の国家ブランドの内部買入（第9章，国別ケース分析—エストニアを参照）と外国企業との取引において民間分野の企業による国家ブランドの内部買入（第2章，国別ケース分析—エジプトを参照）が必要になる．

　自国民から内部買入が生じる場合，台湾は国の未来ブランディングに使われる一連のアイコン・イメージを国民が選ぶようにオンライン投票を実施した．一国の国民が'live the brand'という言葉に応じることを期待するよりは，国家ブランドに国民と文化を反映しなければならないということが論じられる．

　また，他の重要な育成エクイティは，芸術活動に対する後援である．後援は，国の文化生活を奨励する団体から得られる．一方では，後援が民間企業による芸術活動に対する後援という形で，過度に商業的に行われることもある．商業と文化をうまく調和させることは難しいかもしれない．伝統的にみても，商業と文化という異なる世界の間には，常に疑惑の視線が存在したの

である．富裕な事業家による芸術活動に対する後援の歴史は数世紀にまで遡り，今でもさまざまな形で引き継がれている．しかし，文化分野の多くの個人と団体はブランディング戦略の一環として文化を使うことに対して，大きな心配を隠していることも事実である．とりわけ，「ブランド」という言葉は多くの人に疎外感を与える．事業家は文化に対する認識不足で，かつ，簡単で直ちに量を測ることができないことは断る．彼らは，一般的に文化というものを贅沢なものであり，自分とは無関係だと考えている．

ロイヤルティ（忠誠度）は，ブランド・エクイティの重要な構成要素である．国家ブランドの側面からみると，自国民と取引相手，その国の製品とサービスを使う海外消費者，国際団体，政治連盟，観光客，国内投資家を含む多様な「顧客」のロイヤルティ水準を強化するためには，さまざまなプログラムがしっかりと運営されなければならない（第3章，顧客関係管理と国家ブランディングに関する学術的視点を参照）．

外的資産（External assets）

国家ブランド・エクイティを構成する外的資産には，「代理」資産と「流布」資産がある．代理資産は，直接的で個人の接触よりは間接的で経験的なものである．一方，流布資産は母国を離れて世界あちこちに存在する有形の国家ブランドである．国家ブランドの内的資産と共に，この外的資産も国に最大の利益をもたらしてくれるなら戦略的に使う必要がある．

代理資産（Vicarious assets）：国家イメージ認識，大衆文化の中の対外的イメージ

国家イメージに対する認識は，常に現実と一致しているとはいえない．したがって，このようなことが起きた場合，ネガティブで時代遅れの認識が全体的な国家ブランド・エクイティに損害を与えないように，意識的に戦略を実行しなければならない．一方，ネガティブなイメージは高い犯罪率，政府の腐敗などといった根本的な問題を正確に反映しているかもしれない．このような場合には，実際の問題点を効果的に扱う改善策が，ブランディング作

業を行う前に前もって実施されなければならない．

　したがって，既存の国家イメージの認識を調査して評価すること，そしてそれを効果的にマネジメントすることはとても重要である．こうした国家イメージの認識は，強い資産になることもあるが，逆に深刻な負債になることもある．たとえば，国家イメージに対する正確な調査が行われなかったとしたら，歴史的に歪曲された古いステレオタイプが今の国の現実を暗くすることになる．この問題は，第9章で国家ブランド研究と関連してもっと詳しく説明する．時折，一国のイメージは特定の側面のみポジティブな場合があるが，これはその国の潜在的な活動領域を制限してしまう可能性がある．たとえば，現在のエジプトはビジネス活動の場所というより観光地としてのみ認識されることに多くの悩みを抱えている（第2章，国別ケース分析—エジプトを参照）．一方，ブラジルの情報技術分野は，これと類似した問題を見事に克服した良いケースである．すなわち，つい最近までブラジルは，ブラジルのIT産業が世界市場によく知られていないために，世界と競争する上で大きな困難を抱えていた．しかし，これを乗り越えるための努力を傾注することで，世界市場にブラジルのIT産業を知らせることができた（第6章，国別ケース分析—ブラジルを参照）．これに関してStephen Brown教授は，学術的視点（第10章）から「ブラジルにはカーニバル以上のものがある」という．

　国家ブランド・エクイティの多くの源泉は，国家ブランディング活動の責任を担う組織の監督から離れている．たとえば，スポーツにおいて国の代表チームはとてもよくない試合をし，政府は腐敗しており，輸出品を製造する企業は非倫理的で反社会的な形で働いているかもしれない．同様な方法で，大衆文化の中で，一国の対外的イメージに対する統制がほとんど行われていないかもしれない．一国に対するポジティブまたはネガティブなステレオタイプが書籍と映画で延々と繰り返される可能性もある．

　こうした現象は自ら統制できるものではないが，自分の国家ブランドに何がポジティブで役立つものかを研究し，ネガティブなイメージを解消するための努力と同時に，それらの影響と結果をうまくマネジメントすることがとても重要である．歴史的に確実であるかはよくわからないが，映画の「ブレ

イブハート」はスコットランドの地位をより一層向上させた映画で，スコットランドを英雄的犠牲者として認識させることに貢献した．大衆文化の中でこうした方法をもって対外的なイメージを変えられない他の小さな国々は，消費者の心の中に自国の真の姿を形成するためにかなりの努力が必要であろう．

　もちろん，映画のみが当代文化の強力なイメージを表現できる唯一の手段ではなく，音楽も重要な役割を果たしており，これは当代の歌手とバンドが海外公演を通じて獲得した収益をみてもよくわかる．彼らの活動は，非軍事的かつ非帝国主義的な方法で国の名声を強化するものであった．これは，特にイギリスのような国にとって重要であった．なぜなら，帝国主義の残存がまだ多い彼らには敵対しているようにみえるからである．

流布資産（Disseminated assets）：ブランド大使，海外移住，ブランド輸出品

　値打ちが高く，広範囲な広報活動を行うことに財源が足りない国にとって，潜在的に費用対効果が高い戦略は，ブランド大使というネットワークを作ることである．ブランド大使の役割は，すべての機会に国家ブランドを発展させることである．スコットランドの場合，世界的に有名なゴルフ選手であるColin Montgomerieがブランド大使として任命された．スコッチウイスキーで有名なウィリアム・グラント＆サンズ社のように，スコットランドの多くの企業は自社の企業イメージを強化するためブランド大使を雇う．また，これからは多くの国々も自国のブランド・エクイティの構成要素として，ブランド大使の任命を必ず考慮するだろう．ブランド大使を任命する際に，注意すべきことは，選ばれた人が国の特性と国が知らせたいポジティブな属性を確実に反映していなければならない．多くのスポーツ選手が公式的にはこのようなブランド大使として公式的には任命されていないが，事実上の国のブランド大使として活躍している．特定の大衆にとって，Roger Federerのようなテニス選手はスイスのブランド大使として，サッカー選手のRonaldoはブラジルのブランド大使として認識される．

　ブランド大使という概念と密接に繋がっているのが，一国がもっている海

外移住者である．海外移住者は，潜在的な国家ブランド大使として以前から存在していたネットワークである．Leautier [20] は，海外移住者ネット・ワーク内の人々が「政策や技術経営などの最新情報と自国の地域情報との間で重要な架け橋になる」と指摘した．一方，Kuznetsov & Sabel [21] も，この見解に同意を示している．彼らは，政策専門技術と経営マーケティング情報を海外移住者ネットワークがもっているもっとも重要な資源であるという．しかし，海外移住者ネットワークが提供するこうした無形のベネフィット以外にも，外国人の直接投資と外国送金などといった海外移住者ネットワークによって提供される有形の財政的ベネフィットもその国にとって非常に重要である．

たとえば，中国は外国人直接投資と関連して海外移住者から多くの恩恵を受けた．すなわち，中国系の海外移住者は，最近外国人投資の約70％を提供している [22]．他の国の場合をみても，同じように外国送金が自国の経済で重要な役割を果たしている．たとえば，ハイチ共和国とヨルダンの場合，GDPの約20％を海外からの送金が占めているという実情である [23]．

3つ目の流布資産はブランド輸出品である．ブランド輸出品は，一国の名声を海外に知らせることに重要な役割を果たす．たとえば，チリのワイン製造業者は現在，全世界5大陸，90か国に生産量の50％以上を輸出している（第3章，国別ケース分析—チリを参照）．世界の多くの消費者にとってチリと関連した唯一の個人的な経験は，チリ産ワインという1つの国家ブランドを消費することで得た経験であろう．ブランド輸出品は，一国のブランド・エクイティにおいて重要な資産としてみなされる．したがって，国家ブランディングに参加した国は，その国の輸出品の広告を担当している会社がまじめにその役割を果たしているのかを確認する必要がある．

要　約

第3章では，ブランド・エクイティの概念を国家ブランド・エクイティの特徴と源泉に焦点をあてることで，国家ブランディングという文脈に適用した．いろいろな考え方や観点があるかもしれないが，ブランド・エクイティでは消費者観点と財務的観点によって分析される．資産をベースとした観点

で国家ブランド・エクイティをみた場合，国家ブランド・エクイティがどのようにして内的資産と外的資産をうまく調和させているのかが理解できる．こうした内的資産と外的資産には，本来の資産，育成された資産，代理資産，流布資産が含まれる．一方，第3章のケース分析では，チリの国家ブランド・エクイティがもつ特徴を検討した．

(訳・姜 京 守)

注

1) Keller, K.L.(2003) *Strategic Brand Management: Building, Measuring, and Managing Brand Equity,* Second Edition, Prentice Hall, USA.
2) Pappu, R., Quester, P.G. and Cooksey, R.W. (2005) Consumer-based brand equity: improving the measurement – empirical evidence. *Journal of Product and Brand Management,* 14, 2/3, 143-154.
3) Aaker, D. (1991) *Managing Brand Equity,* The Free Press, USA.
4) Farquhar, P. (1989) Managing Brand Equity, *Marketing Research,* September, pp. 1-11.
5) Jones, R. (2005) Finding sources of brand value: Developing a stakeholder model of brand equity. *Journal of Brand Management,* 13, 1, 10-32.
6) Temporal, P. (2002) *Advanced Brand Management: From Vision to Valuation,* John Wiley & Sons (Asia), Singapore.
7) VanAuken, B. (2002) *The Brand Management Checklist: Proven Tools and Techniques for Creating Winning Brands,* Kogan Page, London.
8) Baker, M.J. (2002) *The Westburn Dictionary of Marketing,* Westburn Publishers Ltd, www.themarketingdictionary.com
9) Riezebos, R. (2003) *Brand Management: A Theoretical and Practical Approach,* FT Prentice Hall, United Kingdom.
10) Kapferer, J.-N. (2004) *The New Strategic Brand Management: Creating and Sustaining Brand Equity Long Term,* Kogan Page, United Kingdom.
11) De Chernatony, L. and McDonald, M. (2003) *Creating Powerful Brands,* Third Edition, Butterworth-Heinemann, United Kingdom.
12) Hallberg, G. (2004) Is your loyalty programme really building loyalty? Why increasing emotional attachment, not just repeat buying, is key to maximising programme success. *Journal of Targeting, Measurement and Analysis for Marketing,* 12, 3, 231-241.
13) Merisavo, M. and Raulas, M. (2004) The impact of e-mail marketing on brand loyalty. *Journal of Product and Brand Management,* 13, 7, 498-505.

14) Perrin-Martinenq, D. (2004) The role of brand detachment on the dissolution of the relationship between the consumer and the brand. *Journal of Marketing Management,* **20**, 9-10, 1001-1023.
15) Henderson, P.W., Cote, J.A., Leong, S.M., and Schmitt, B. (2003) Buildingn strong brands in Asia: Selecting the visual components of image to maximize brand strength. *International Journal of Research in Marketing,* **20**, 297-313.
16) Kapferer, J.-N. (2004) *The New Strategic Brand Management: Creating and Sustaining Brand Equity Long Term,* Kogan Page, United Kingdom.
17) Interbrand, http://www.interbrand.com
18) Riezebos, R. (2003) *Brand Management: A Theoretical and Practical Approach,* FT Prentice Hall, United Kingdom.
19) Anholt, S. (2007) *Competitive Identity: The New Brand Management for Nations, Cities and Regions,* Palgrave Macmillan, United Kingdom.
20) Leautier, F.A. (2006) Foreword, p v, *Diaspora Networks and the International Migration of Skills: How Countries Can Draw on Their Talent Abroad* (Y. Kuznetsov, ed.), WBI Development Studies.
21) Kuznetsov, Y. and Sabel, C. (2006) International migration of talent, diaspora networks, and development: Overview of main issues, in *Diaspora Networks and the International Migration of Skills: How Countries Can Draw on Their Talent Abroad* (Y. Kuznetsov, ed.), WBI Development Studies, pp. 3-19.
22) Devane, R. (2006) The dynamics of diaspora networks: Lessons of experience, in *Diaspora Networks and the International Migration of Skills: How Countries Can Draw on Their Talent Abroad* (Y. Kuznetsov, ed.), WBI Development Studies, pp. 59-67.
23) Torres, F. and Kuznetsov, Y. (2006) Mexico: Leveraging migrants' capital to develop hometown communities, in *Diaspora Networks and the International Migration of Skills: How Countries Can Draw on Their Talent Abroad* (Y. Kuznetsov, ed.), WBI Development, pp. 99-128.

第 II 部
国家ブランディングの概念的ルーツ

第4章　国家ブランディングと原産国効果

国別ケース分析—スイス
先入観と現実の狭間で※

Martial Pasquier
*Professor of Public Management and Marketing, Swiss Graduate
School of Public Administaration IDHEAP, Lausanne*

　広くグローバル化した世界では，国のイメージとその向上はかつてないほど経済的，政治的，社会的そして文化的にも重要性をもっている．2000年以降，スイスは海外での自国のイメージ向上に関する法律を制定し，この分野における諸々の関係者と活動の調整を担う組織を設立してきた．

　本寄稿ではまず，スイスにおけるイメージ向上に関する現状を示す．続いて海外で実施されたスイスのイメージに関する種々の調査を提示する．これらの要素により，得られるべき結果に関する議論，およびイメージの欠如や直面するイメージ問題を修正するために講じられるべき対応策についての議論が可能となるであろう．

1. スイスのイメージを向上させるための調整機関

　常に重要であると考えられていたことから，以前はスイスのイメージ向上は細分化した種々の公共および民間組織によって運営されていた．この特殊な状況は多くの理由によって説明される．1つには，スイス連邦制度によって連邦政府がこのような問題について極僅かな権限しかもっていないことである．たとえば工業再配置に賛成する運動を含め，経済振興は依然として州の職権である．他方では，国の振興に関する問題が拡散したことで，特定の側面に特化した実に多くの機関や組織が設置されるに至ったことである．

きわめて重大な理由は第2次世界大戦によるユダヤ人の休眠口座（1995～2000年）―主としてアメリカでスイスのイメージを事実上汚す転機となった―ではあるが，多くの理由からスイスに対するイメージの調整を目した法律が制定され，諸機関が設置された．ここで，連邦政府組織内に新たな機関である「プレゼンス・スイス」が設置されたことを指摘しておかなければならない．これは数件の向上業務を直接的に引受けるものであるが，とりわけ特定の分野で実働している他機関（プロ・ヘルヴェティア文化財団，スイス・インフォ，ロケーション・スイス，OSECビジネス・ネットワーク・スイス，スイス政府観光局）の活動を調整するものである．

　この調整機関の設置により，（いずれの国でどのような種類の活動を行うべきかといった）優先順位の設定が可能となり，また特に大規模な国際的イベント（オリンピックや万国博覧会など）を扱う際には調和した形で前進することが可能となった．

2. スイスのイメージに関する調査

　プレゼンス・スイスは，優先度が高いと認識されている諸外国でのイメージ向上に関する戦略策定を可能にするため，海外でスイスのイメージに関する調査を計画的に実施した．これらすべての調査は同じ調査戦略および方法論を用いて実施され，これにより横断的研究による比較が可能となる．表CS4-1は2001年～2006年までに実施された調査を示している．

　コンセプトは調査国における母集団の代表標本のみならず，政治家，ジャーナリスト，マネジャーから選ばれたオピニオンリーダーおよび学生という限定された（すなわち非代表）標本にも基づくものである．調査はスイスのある大学が主管するものであるが，調査対象となっている国で設立された調査会社によって実施された．調査結果のより広範な比較可能性を確保するため，個々の調査ではオランダやオーストリアやドイツといった他国が選定された．

　国のイメージを取り巻く鍵となる問題は，製品と原産地が関係するものとして長らく捉えられてきた（生産国イメージ，あるいは原産国）．現在では研究が

表 CS4-1　スイスに対するイメージに関する調査概要

国	年	母集団	標本 オピニオンリーダー	標本 学生	方法
アメリカ	2001	1004（18歳以上）	150p; 150j	—	電話インタビュー：母集団，オピニオンリーダー
英国	2001	1000（大人）	100p; 121j; 121m	518	電話インタビュー：母集団，オピニオンリーダー　対面インタビュー：学生
スペイン	2002	1000（17歳以上）	119p; 116; 118m	501	電話インタビュー：母集団，オピニオンリーダー　対面インタビュー：学生
フランス	2002	1002（16歳以上）	204p; 103j; 99m	305	電話インタビュー：母集団，オピニオンリーダー　対面インタビュー：学生
ドイツ	2003	1003（16歳以上）	121p; 120j; 120m	304	電話インタビュー：母集団，オピニオンリーダー，学生
日本	2003	1000（19歳以上）	120p; 120j; 120m	500	電話インタビュー：母集団，オピニオンリーダー，学生
中国	2006	2000（19歳以上）	120p; 120j; 120m	500	電話インタビュー：母集団，オピニオンリーダー，学生
香港		400	25p; 26j;（19歳以上）	50m	対面インタビュー：学生

p：政治家；j：ジャーナリスト；m：マネジャー

より広いフレームワーク（地域ブランディング）の中で行われており，たとえば観光，経済振興，輸出進展，国家価値の向上などといった多様な側面に影響を与えうる一国のあらゆる特性にまでおよんでいる．したがってこのような研究は，製品と生産者のいずれをも考慮しなければならないが，今や一国の地理的，政治的，経済的そして社会文化的側面をも考慮しなければならない．

3. イメージ向上に関する結果と帰結

　主だった結果は公表されており，プレゼンス・スイスのウェブサイトからダウンロードすることが可能である．したがってここでは，具体的活動の実施に至らしめた最小限の包括的結果のみを示す．
　これら調査の主たる側面の1つは，スイスに対するイメージの構造に関す

る評価である（諸事情により，個々の調査にすべての特性を含めることは可能とはならなかった．たとえば中国の場合，人権の向上や政治的決定に市民が参画することに関連するアイテムは除かれている）．方法論的見地からみると，回答者は種々の特性に関連づけた重要度レベルを示し，続いて同じ点についてスイスと他国を評価する必要があった．図 CS4-1 および CS4-2 はその結果を示している．水平軸は得られた重要度レベルに対応しており，縦軸はスイスに対する評価に対応している．

第1の結果は興味深く，また当局が待ち望んでいたものであるが，「トップレベルの教育と研究」に関する評価である（図 CS4-1 参照）．この特性は，最

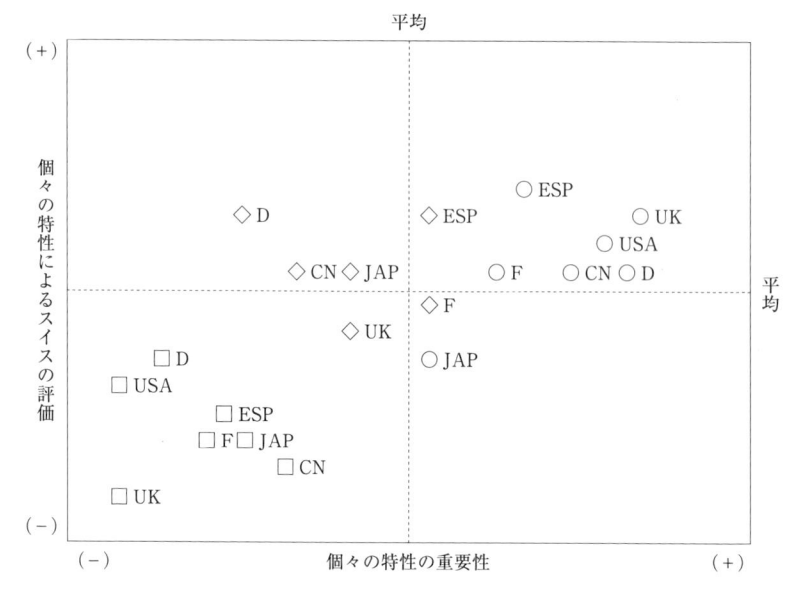

図 CS4-1 製品とトレーニングに結びつく3つの特性に関するスイスの諸外国でのポジショニング

```
                              平均
     (＋)│
        │
    個  │
    々  │            ◇ D              ○ ESP
    の  │                      ◇ ESP         ○ UK
    特  │                                    ○ USA
    性  │           ◇ CN ◇ JAP    ○ F  ○ CN ○ D
    に  │──────────────────────────────────────── 平均
    よ  │                      ◇ F
    る  │              ◇ UK
    ス  │                      ○ JAP
    イ  │         □ D
    ス  │       □ USA
    の  │              □ ESP
    評  │            □ F □ JAP
    価  │                 □ CN
        │       □ UK
     (－)│
         (－)          個々の特性の重要性           (＋)
```

○ トップレベルの教育と研究
□ 革新的特色
◇ 世界クラスの品質（製品）

F, フランス　D, ドイツ　ESP, スペイン　JAP, 日本　CN, 中国
UK, イギリス　USA, アメリカ合衆国

優秀な学生だけではなく企業を誘致するのにも重要であるが，信頼性や正確性などといった特色の向上にも重要であり，スイスのポジショニングの点では重点課題である．

「革新的特色」の特性に関する結果は驚くべきものであった．他の多くの国々と同様，スイスは技術革新を推進する国となるように国際的な試みを行っている．客観的評価では，この点が明らかとなっている．すなわちスイスは特許に関するリーダーであり，最近の欧州連合調査における「革新的リーダー」にランキングされた（www.proinno-europe.eu/inno-metrics.html）．スイスはまた，人口に比例してみれば，ノーベル賞受賞者のもっとも多いヨーロッパの国である．これらの要因は，回答者によるこの特性の主観的評価に必ず

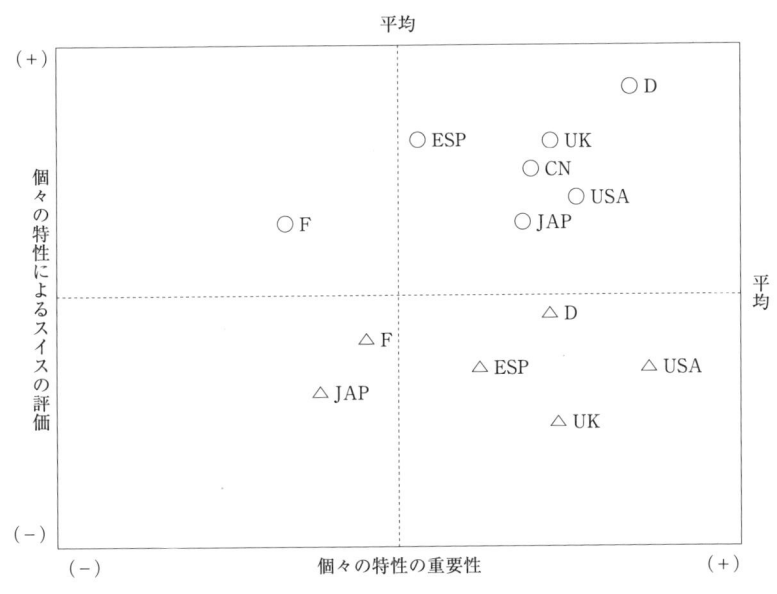

図 CS4-2　政治制度の特徴に結び付く2つの特性に関するスイスの諸外国でのポジショニング

○ 政治的安定
△ 市民の政治的決定に対する影響度の強さ

F, フランス　D, ドイツ　ESP, スペイン　JAP, 日本　CN, 中国
UK, イギリス　USA, アメリカ合衆国

しも影響を与えていない．たとえこの特性が極めて重要であると考えられていないとしても，スイスは系統的に粗末な評価しか受けていない．このため，特定の向上活動においてこの特性の活性化メカニズムが修正されるに至った．この側面を直接的に向上させ，狙いとするのではなく，スイスについて高評価を得た環境保護といった他の特性と連動して，この点については評価されることになるであろう．

　上記に示されているように，図CS4-2では政治制度に関連した2つの特性が表されている．もし「政治的に安定している」の特性が直感的な仮定的回答を得たものだとすれば，スイスの制度の特殊性に関連した「市民が政治的決断に大きな影響を与える」の特性は一定レベルの驚きを引き起こした．それは重要なものと評価され，かつスイスが弱いものとして評される結果を得た特性である．投票を通して種々の問題に関して意見するために人々が毎年頻繁に呼びかけられる制度（議員発議権と国民投票権を有する半直接民主制）をスイスがもっているのだとすれば，この結果は一層驚くべきものである．私たちの制度に対するこの認識はおそらくは知識不足に関係するものであるが，スイス連邦制の解説と広報のためにスイス連邦は海外の大学（特にフィレンチェにある欧州大学院）における連邦制度に関するリサーチチェアに資金を提供している．

　一国にとって重要と思われる特定の側面を強化することを可能とする向上活動，あるいは一国のイメージをやがて汚すことになりうるイメージの欠如を修正することを可能とする向上活動の展開を求めるのであれば，一国のポジショニングを特徴づける特性について認識しておくことがきわめて重要である．

* * * * *

はじめに

　本章では，原産国（COO）効果のコンセプトを検討するが，国家ブランディングという意味でCOO効果を位置づける．COOに対する認識は必ずしも静的なものではなく，徐々に変化しうるものであるとの認識をした上，COOと

ブランド，COO と人口統計学，COO と記号論の諸問題に焦点を当てる．COO と国家ブランディングの関係性は Pasquier 教授のスイスを対象とした国別ケース分析で説明されているが，スイスでは調整機関である「プレゼンス・スイス」が設立され，スイスという COO に対する認識が追跡され，かつ効果的に管理されることを確保する手助けをしている．

COO 研究の概要

　COO 効果は製品やサービスの原産地が消費者の当該製品やサービスに対する態度や行動に与える効果に関係するものである．COO が消費者によって評価される識別手段として重要な役割を演じる多くの明白な製品カテゴリーが存在する．すなわちフランスの香水，スコットランドのウィスキー，スイスの腕時計，イタリアのファッション，日本の科学技術そしてコロンビアのコーヒーはもっとも認知されている製品カテゴリーのいくつかを表すものであり，製品とその COO 間の認識適合性が消費者評価を生んでいる．これらのケースでは，製品とその COO の間には積極的な関連づけがある．ただし積極的認識がいずれの方向に流動するのかについてはいつも明確とは限らない．すなわちソニーといった有名ブランドが日本の国家ブランドのイメージを高めるのか，あるいは先端技術製品の源泉国である日本の高い信頼性がソニーブランドを高めているのか．この点と COO 効果を取り巻く他の問題を考えると，マーケティング学者によって行われる広範かつ数多くの COO 研究が存在していることに驚きはない．

　しかしながら，(COO は価格やブランドネームおよびデザインなどの他の関係する基準と同じく1つの特性にすぎないとする多角的視覚ではなく，回答者に与えられる製品の唯一の特性がその COO であるとする) 単一の視覚を使用したこと，さらには現実および有形の製品ではなく言葉による表現を使用したことから，今日までの研究で採用された方法論は COO の影響を過大視する傾向があった[1]として，COO に関する多くの既存の学術的文献に批判が向けられている．COO の文献に対する他の批判としては，サービスの消費や評価に対する COO 効果を検討した研究の数が少ない上に，サービスや COO に関するこれらの数少

い研究は西側諸国のサービスに対して焦点を当てる傾向はあっても他国のサービスに対してはない[2]，そして学生標本を過信して研究結果の一般化可能性がより広い集団に当てはめられている[3] ものとして一層の欠点があることを認識しており，また COO に対する記号的および感情的側面に関する一層の調査が必要である[4] との提案もなされている．COO に関する学術的研究が，国際ビジネスの進展に遅れることなく解明せず，時として私利的な出世第一主義に陥りがちとなってしまった理由と背景について，ローザンヌ大学の Jean-Claude Usunier 教授は 1965〜2002 年を対象とする COO 研究の発展に関する分析の中で優れた解説を行っているが，この期間中 400 以上の査読付学術論文が刊行されている[5]．

そうではあるものの，すべての COO に関する文献を意味がなく，現実離れしていると判断することは誤りであろう．COO の利用が如何に効果的となるかについて，製品やサービスおよび全国家の重要な問題を明らかにして分析する多くの興味深い作業が行われてきた．COO を強調する（あるいは軽視する）国家ブランドと PSC ブランド間の象徴的関係は，概念上興味深いからという理由だけでなく，一国の国家ブランディング活動が当該国の PSC ブランドに関する COO に対する認識に影響をおよぼすであろうという理由からも注目に値する．これは，国家および商業組織の経済的繁栄を十分に支えるためには，国の公的および民間部門が連携し意思疎通しなければならないもう 1 つの重要な理由を表している．

COO とブランド

アイスランドのウォッカブランドである Reyka が 2005 年に英国に投入された際，「アイスランドではウォッカは天然資源であり，・・・Reyka ウォッカは世界でもっともきれいな国で北極地方の湧き水から作られる．私たちは Reyka を小さな窯で作り，地球エネルギーを利用して私たちの国が私たちのウォッカと同じくらいに純粋であり続けることを確信する」と謳った広告をもってこれを行った．この主張により，あるジャーナリストによって当該ブランドは「おそらく，あなたが手に入れることができるもっとも環境に優し

い飲み物である」と評されるに至った[6]．製品とそのCOO間の調和あるいは融合は一体的であると思われる．アイスランドという国は既存の国家ブランドエクイティに加わるべき新たな高品質ブランドの出現から恩恵を受けていると共に，アイスランドといえば環境的な美しさを連想させることからReykaブランドも恩恵を受けている．このようなどちらにとっても有利となる筋書きは，ブランドを確立するためのツールとしてCOOの潜在的パワーの証しとなる．Reykaブランドは実際にはアイスランドの企業が所有するものではない—その所有者はスコッチウィスキーの会社であるWilliam Grant and Sonsである—ものの，外国資本であることが目だたなければアイスランドのものとしてのブランドに対する消費者の認識には影響をおよぼさないように思われる．

製品カテゴリーと国のイメージに対する認識のマッチングはこれまで広く調査されてきた[7]~[11]．この種のある研究[12]では，製品と国の適合情報はマネジャーが活用して消費者の購買意思を評価し，製品のCOOを管理する手助けとすべきとの結論を得た．「ブランドの原産国」という言葉は，あるブランドの出所に対する消費者の認識は現実と一致しないかもしれないというケースを概念化するために造り出され，—この場合，ブランドの原産国とはターゲットとする集団によって帰属すると認識される場所や地域および国である[13]．消費者は，単なる無知により，あるいは現実のケースよりも積極的なCOOを提案するために計画された企業によるブランディング活動により，ブランドのCOOに対する誤った認識をもつかもしれない．表4-1は，名称によって消費者がCOOに関する混乱に陥る可能性があるブランドをあげている．

表4-1 ブランドの原産国—潜在的に知覚される原産国 vs. 実際の原産国

ブランド名	製品カテゴリー	潜在的に知覚される原産国	実際の原産国
Haagen-Dazs	アイスクリーム	北欧	米国
Matsui	一般電子機器	日本	英国
Lexus	自動車	米国	日本
Klarbrunn	ボトルウォーター	スイス，オーストリア，ドイツ	米国

世界的経済大国としての中国の出現は，外国企業に対する中国市場の開放と共に，中国の消費者が輸入された海外ブランドと比較して中国内のブランドを如何にみているのかという点についての多大な関心を生み出した．アジア域内では，東芝や三菱およびソニーといった日本ブランドが長年にわたって最高の品質として認識されてきており，より最近ではサムソンやLGなどの韓国ブランドが同様の道を辿ったが，積極的に認識されるブランドネームの領域で中国ブランドが隣国の仲間入りをするのは恐らく時間の問題である．伝統的にみて，新興国は同国品の低品質という認識にに悩まされてきているが，BRIC諸国（ブラジル，ロシア，インド，中国）が自信をつけてきたことで，それらまたは他の新興国が一次産品の供給者から需要の多いブランド品の生産者へと変貌する刺激を与えることになるであろう．COO効果およびこれが中国都市部の消費者の態度と行動に如何なる影響を与えるかの調査が432人の上海の消費者を標本として実施されたが，中国の消費者は必ずしも海外ブランドに魅力を感じるとは限らないという増大しつつある見解を支持する結果が得られた．すなわち国内ブランドの規定された優位性を利用するためにはマネジャーは自身らのブランドが中国を原産国とすることを強調し，ブランドポジショニング戦略ではそれを駆使すべきであるというのが，本調査にかかわった研究者によって引き出されたインプリケーションである[14]．シューズやスポーツウェアそしてスポーツアクセサリーのブランドであるLi Ningは，ブランドの創設者であるオリンピック金メダリストLi Ningに大きく依拠するポジショニングでNikeやAdidasそしてReebokといった世界的勢力に打ち勝った中国内ブランドの一例である[15]．

　いくらかの国では，観光目的以上の何ものでもないとした国の強烈なイメージにより，当該国のブランドが不利な立場に置かれている．「買い物の際に消費者がエジプト製の製品を探索しない」という限りにおいて，エジプトはこのような状況に苦しんできている（第2章，国別ケース分析―エジプトを参照）．他国では，当該国の製品に関してCOOのより好意的な連想がなされるが，非常に競争の激しい分野に置かれているため，当該国が国家のブランディング活動を倍増せざるを得なくなっている．たとえばチリは，ワイン分野の利益

のために積極的に COO 効果を高めるべく努力している（第 3 章，国別ケース分析―チリを参照）．

COO とサービス

物的生産物の COO 効果についてはこれまで非常に注目されてきたのに対し，どのように COO 効果がサービスに影響を与えるのかという類似した研究はあまりなされてこなかった．COO に関する文献のある報告は 20 年間におよぶ 24 のマーケティングおよび一般的ビジネスジャーナルをカバーしているが，COO がサービスに明確に適用された研究は 19 のみであった．すなわちサービス経済における急成長は，この分野におけるより一層の調査を必要としている[16]．

ほとんどの先進経済諸国でサービス部門が製造部門に対して優勢であるとすれば，どのように COO がサービスに影響を与えるかについての調査がこのようにきわめて限られていることは異常である．COO とサービスに関する数少ないある研究で，スイスとフランスおよびオーストリアにおけるスキー行楽地の国レベルのイメージを測定するために，ニューヨークのスキーショーに参加している 269 人のスキーヤーに，10 項目の属性について 5 ポイント制でそれぞれの国を格付けするよう求めた．結果，3 か国のイメージは相対的に均一しており，アメリカのスキーヤーはこれらの国々で差異をつけることはできなかった[17]．COO とサービスに関する他の数少ない研究では，眼科部門における国の固定観念とサービス提供者を選定するための広告情報に関する相対的効力を調査した．本調査から得られた結果が示すところは，同じ国籍のサービス提供者を選定する傾向があるものの，異なる国籍のサービス提供者は消費者に広告の中でより多くの情報を提供することである程度これを克服することができるということである[18]．

多くの国際的なサービスブランドは，おそらくはその原産地に対する COO による先入観が消極的に働く可能性を最小化する試みで，そのブランドネームとして略語を採用している．表 4-2 は国際的なサービス部門におけるこのようなケースを示している．

表4-2 サービスブランドの頭文字——視覚に訴える簡略表記法か,それとも原産国隠しか

頭文字	フルネーム	サービス部門
HSBC	Hong Kong and Shanghai Banking Corporation	金融
RBS	Royal Bank of Scotland	金融
UBS	Union Bank of Switzerland	金融
KFC	Kentucky Fried Chicken	外食
BP	British Petroleum	エネルギー

　国際的な金融サービスブランドが求める自身のポジショニングは地域的なものではなく,グローバルなものであるということは特に驚くべきことではない.HSBCの「世界の現地銀行」としてのポジショニングは,ブランドが地域住民の特定のニーズを意識しているという力強い印象にグローバル性の名声と信頼性を効果的に結びつけている.金融サービスブランドは世界的であるため,消費者がそれは成功しており,うまく運用されており,そして信頼されているに違いない等と推測するのはもっともである.他方,大手金融サービスブランドがとる「特にどの国のものというわけではない」というポジショニングのブランドにより,他のブランドがより明白なCOOのポジショニングをもって位置づくための適所が空席になるかもしれない(第4章,国別ケース分析——ネヴィスを参照).

　ある特定のCOOに密接に結びつくことにより,このようなブランドは制御の利かない政治的および軍事的事象に対して脆弱になるかもしれない.この潜在的脆弱性はアメリカンエキスプレスによって認識されており,同社は米国中心主義的な名前を冠した自身のブランドに対する反発の可能性を危惧したため,2003年にイラクで戦争が開始された際に調査を行った.しかしながら結果として,世界中の多くの地域で人々は当該ブランドをアメリカの事業ではなく,グローバルな事業であると連想した[19].

　国際的な空輸部門は一般的にブランド・マネジメントの利用に関して,そして特にCOO効果に関して興味深い産業である.航空会社はブランディングに多くの投資を行う一方,他方では一流のブランドコンサルティング会社で

あるインターブランドは「なおもブランドが取るに足らない役割しか演じていない環境で彼らは操業している」という根拠をもって，年間ベストグローバルブランド調査から国際的な航空会社を除外している．ほとんどの場合，顧客は価格，経路，スケジュール，企業理念またはマイレージポイントでブランドを決定する[20]．国営キャリアの遺産であるがため，国際的な空輸部門でのCOOの使われ方は多くの場合は明示的である．たとえばシンガポール航空は，広く賞賛されたグローバルサービス・ブランドとしてのポジショニングを汚すことなくCOOを強調している．しかしながらブリティッシュエアウェイズは，英国の帝国主義的歴史という消極的な意味合いから自らを遠ざけるために自身のポジショニングをBAと修正してCOOを控えめにする試みを行った際，激しい乱気流に見舞われた．これは愛国的ではないと認識され，当時のマーガレットサッチャー首相が公に同社を「英国人気質」に対する明らかな軽視であると非難する政治的波乱を引き起こした．公共民間部門の健全な協同関係に基づく調和された国家ブランドキャンペーンから得られる重要な1つの利点は，このような無益な光景を回避できることである．

　調和された戦略的キャンペーンが，ITサービス部門とは伝統的に関連づかない国からのITサービスに対する抵抗を如何に克服するのかについて，その一例がブラジルの国別ケース分析でみられる（第6章）．ブラジルのITキャンペーンはある国に対する考え方を信頼できて魅力のあるサービス提供者として変化させる明確な戦略の持つ力をうまく説明している．

COOとプロダクトライフサイクル

　プロダクト・ライフサイクル（PLC）はマーケティングではよく知られた概念である．この概念の要旨は，他の生物と同様に，製品も一連の生命段階を辿るということである．製品については，これらの段階は導入，成長，成熟そして衰退と特色づけられる．最初の2つの段階では製品は成長を経験し，第3の局面（成熟）では売り上げやマーケットシェアの面で安定期に達し，そして最終局面では，おそらくは変化する消費者ニーズや製品を廃れさせる新たな技術の出現によって当該製品は取り残され，商業的生存期の終わりを迎

えることになる．PLC概念の有用性は，マーケッター達が製品の現状を評価し，ライフサイクルの内のどの段階に製品が置かれているのかにしたがって適切なマーケティング戦略を組むことが可能となることにある．たとえばPLCの導入期にある新製品では，成熟局面に達している定着した製品とはマーケティングコミュニケーションが根本的に異なる推進戦略を必要とする．しかしながらPLC概念の固有の欠点は，製品がまったく生物と酷似しており，もって類似する誕生・成長・成熟・死という軌跡を辿るとする決めつけである．このモデルは，マーケッターがライフサイクル上の製品の段階を正確に評価することを可能にする測定可能な時間的次元を欠いているだけではなく，いずれ衰退は免れなくなるというインプリケーションを含んでいる．この敗北主義的な決めつけは，自身の役目を製品がいつまでもライフサイクルの頂点にあり続けるように努めることであると考える多くのマネジャーによって打ち破られるであろう．

COOとの関係にPLC概念を適用しようとするいくらかの試みがなされてきた．ある研究ではPLCにおけるCOOを使ったマーケティングを考察し，その結果COOはPLCの成長および成熟期よりも導入期でより多く引用されており，COOの引用はPLCの段階で異なることが明らかになった[21]．この結果を踏み込んで説明すると以下のとおりである．すなわち製品が海外市場に投入されると当該特定の製品ブランドはほとんど，あるいはまったく知られてはいないものの，当該製品の原産国についてはかなりよく知られている可能性がある．このような場合，新規海外市場で製品を浸透させるためには，その国のイメージに対する現存の認識を利用するのが有意義である．また同研究は，PLCが進むにつれて企業はCOOの利用を減少させ，同時に自身のブランドネームを使用したマーケティングを増大していく傾向があることを明らかにした．他の研究もまた，COOによるハロー効果から恩恵を得るために製品の導入段階でCOOが顕著に利用されており[22]，COOの利用は大きく関係して徐々に進化していくという[23]見方を支持している．したがって，全面的な国家ブランド戦略の一構成要素として輸出促進キャンペーンを展開する際，政府や取引協議会および輸出促進機関は自身の国におけるどのブランド

が製品の COO を強調する取り組みから最もっとも有意に利益を得るのかを慎重に評価する必要がある．輸出促進予算に厳しい制約がある場合，資本はCOO が最も重要性をもつ製品に向けられるべきである．

COO と人口統計学

製品の COO は一定の消費者には関係するかもしれないが，他の消費者には関係しないかもしれない．人口統計的市場細分化によって，COO が関係製品の手がかりとなるそれら消費者グループを分類することが可能となる．若干のCOO 研究は，主な人口動態変数が製品およびサービスに対する認識に与える効果を考察した．COO 分野における初期の研究では，異なった人口統計的グループ間で外国産の製品に対する顕著な相違がみられることが明らかになった．高学歴の消費者は低学歴の消費者よりも海外製品に対してより好意的であることが分かり，女性消費者は男性消費者よりも海外製品をより高く評価し，そして若齢消費者は高齢消費者よりも海外製品をより高く評価した[24]．

しかしながら異なった人口統計的グループに対する COO の影響について，共通の認識はあまりない．他の研究は，個人の教育レベルが高ければ高いほど，海外製品に対して好意的になるという主張を支持しているが，男性と女性の間で海外製品に対する認識が異なるという形跡をみつけることはなかった[25]．このような研究は COO における重要な問題を正しく検討しているが，目標とした市場のどの人口統計学的セグメントがブランドの COO によって影響を受けるのかを認識するためにはブランドマネジャーは意味づけされたブランド固有の独自的研究を実施する必要が間違いなくある．

COO と自民族中心主義

自民族中心主義は「自国を優位とする COO 効果の一部分」と定義されてきた[26]．それは海外製品よりも自国製品に対して消費者が好意を抱く傾向があることに関係するものである．消費者の自民族中心主義レベルを測る測定ツールがいくらか考案されたが，もっとも広く知られているのが消費者自国民中心主義傾向測定法（CETSCALE）であり，7 ポイント制による 17 項目から構成

され，個人の自国民中心主義レベルの測定を可能とする[26]．教育や所得そして社会階級といった消費者人口統計学は個々の自国民中心主義レベルに影響をおよぼすと思われる[27]．適切なマーケティング戦略が展開され，かつ戦略上の誤りを回避するために，外国産のブランドは特定市場内で支配的となっている消費者自国民中心主義レベルを把握する必要がある．たとえば，外国の有名人や英語のブランドネームの使用は，ある国（オーストリア）では異なった文化的遺産と言語を伴って負担になりうることが分かった[28]．

政府が「自国品購買」運動の展開を検討する際，このような運動が成功する可能性を確認するために，全人口の自国民中心主義レベルを調査する必要がある．もし自国民中心主義レベルが高ければ，結果として「自国品購買」運動は共感を得て国内品に対する需要レベルの増加が引き起こされるかもしれない．インドネシアは全体的な消費者自国民中心主義レベルが相対的に高いことが明らかになった1つの国である[29]．しかしながら自国民中心主義レベルが低ければ，結果として運動は非効果的となるかもしれず，資本は十分に他所へ，たとえば研究開発や経営者育成およびデザイントレーニングなどの一層の投資による自国ブランドの品質強化へ向けられるかもしれない．

※本論文の内容については著者が一切の責任を負うものであり，付託機関が責任を負うものではない．

専門家の分析

COOの転化：ポルトガル企業Ecoterraは如何にして「売り国」効果を活用するか

João R. Freire

Brand Consultant for MMG Worldwide; Founder of Ecoterra

場所のマーケティングが関係するのは，投資の誘致や労働，あるいは観光に限られるわけではない．積極的な場所のイメージは特定の場所で生産された製品に影響をおよぼし，また販売の手助けにもなる．これが意味するとこ

ろは，国際市場で製品を販売するためには，プレイスマーケティング戦略の目的もまたイメージの向上を考慮しなければならないということである．場所と製品の間に存在する関係性をCOO効果と呼ぶ．ブランドから浮かび出る一定の感覚や感情的価値はそのブランドのCOOによる直接的所産であり，これは国の名前はブランドネームの一部であることを示すと共に，消費者は場所を製品評価の手助けと適切な購買意思決定のための内在する手がかりとしていることを示している．

COOの意味合いにおいて，製品のイメージはこのような製品を生産・販売する国の能力に対する認識から形成されるかもしれない．国のイメージは，国のイメージとブランドの望ましい特徴がマッチしているか否かによって製品に恩恵をもたらすことも害をおよぼすこともできる．世界最大手の化粧品企業である日系企業の花王はCOO問題の優れた実例となっている．日本およびアジア地域では大成功を収めてはいるが，かつて当該企業はヨーロッパおよび米国市場参入の際に苦難期を経験した．その理由はイメージに関する調査が実施されて初めて認識された．問題の一角はどうもCOOの本質にあったようである．ヨーロッパおよび北米の消費者は，日本製のブランドを技術的に優れたきわめて信頼性の高い製品ではあるが「情熱が欠けている」とみていたため，国のイメージは花王ブランドのイメージに消極的な影響を与えていたのである．

逆のプロセス，すなわち製品が販売される国や地域あるいは都市がブランドイメージに影響を与えることもあり，これが意味するところは売り国（COS）効果があるということである．食品のブランド化に専念するポルトガルの零細企業であるEcoterraが開発した戦略は，ブランドイメージを強化するためにCOS効果を利用した好例である．Ecoterraは自国市場に参入する前に，特にロンドンにおける英国市場に参入した．同会社の目的は，若干のロンドンの価値観を自身のブランドに取り込むことであった．ロンドンは当該ブランドに2つの別個のレベルで影響を与えるであろうと思われていた．つまり認識される品質とブランドの個性である．きわめて競争の激しい市場および世界的に最良なショップで販売される製品は最上の品質を有するであろうと，

消費者は認識する．したがって自国市場では，常にポルトガルの消費者は「ロンドンで売れている」という要素を製品の品質を評価する手がかりとしている．さらにいくらかのロンドンの特色が同会社のブランドにうまく結びついた．現代的，世界的そして刺激的といったロンドンを思わせる価値観がEcoterraブランドの個性に移転したのである．このような特徴を利用して，国内市場におけるEcoterraを差別化し，高品質で現代的，世界的そして刺激的なポルトガルブランドと位置づけることが可能であったのである．

　ロンドンで販売することの効果はまた，国内市場での話題作りに適切であった．計画は2段階で開始された．まず広範な広報活動（PR）運動が着手され，ハロッズやセルフリッジおよびパートリッジといったロンドンでもっとも有名なショップで販売活動を行う国内零細企業の情報がポルトガルの報道関係者に伝えられた．このPR活動によりブランドが意識されると共に，第2段階—買い手との接触—の実施が容易となった．ポルトガル最良のグルメショップの買い手がEcoterra製品の仕入れを行うようにたやすく仕向けられたため，COS効果の利用は成功したと考えられる．

　場所は感覚を刺激し，ブランドイメージに影響をおよぼす．結論として，場所に対するイメージの管理は，輸出を促進し，COS戦略をとる企業を引き付けるための重要課題である．したがって資本の誘致は投資や労働そして観光だけに向けられるのではなく，利益を犠牲にしてきわめて競争の激しい市場で販売活動を行う意欲のある企業にも向けられる．場所に対するイメージの効果的管理にあたって，究極的には現地国民は受益人である．なぜなら彼らは競争的な価格でより多くの製品にアクセスできるようになるからである．

＊＊＊＊＊

COOと社会的アイデンティティ

　COO分野におけるより興味深い研究に，南アフリカでの社会的アイデンティティとブランド選好の関係について考察したものがある[30]．本研究の興味深い一面は，通例の西側諸国ではなく，南アフリカに焦点を当てたことであり，またもう1つの興味深い一面は国家的アイデンティティ，特に以前の

COO 研究では扱われなかった「国内多様性」という概念を考察したことである．本研究が提起する注意点は，国籍よりも他の民族的または宗教的親和性が強い可能性がある環境の中では，細分化変数として国籍を慎重に活用する必要性があるという点である．この考え方は後の研究で詳説された．すなわち本研究では，ある国でのサブカルチャーを分類することによって大きく異なった特質が時として現実に示される場合には，特定国の消費者に関する根拠のない一般化した主張が掲げられることを回避するために，どの社会にも存在するさまざまなサブカルチャーを認識することが重点であると説いている[31]．COO および PCI 効果に関するほとんどの異文化研究は国内市場が均質の消費者で構成されていると暗黙的に想定しており，このような研究は現実的には文化間に関するものではなく国家間に関するものであると主張されてきた[32]．したがってグローバルブランディングで企業が活用する異文化の細分化技法はこれまでの多くの学術研究よりもおそらくはるかに高度であり，ブランドの選好に対する社会的アイデンティティの影響を評価する上で十分に発達したものである．

COO と記号理論

記号論は本質的には記号の研究に関連するものである．記号論では，記号という概念は通常の日常的使用法よりも広範囲におよぶ．記号論的視点からは，記号とは「言葉，視覚，触覚，臭覚，その他の感覚で認識できるものであり，かつ受け手，すなわち解釈者に意味を伝達する可能性をもつあらゆる物を包含した概念」である[33]．記号はまた，「ある物（指示対象物）を誰か（解釈者）に何らかの意味をもって表明する物質的かつ認識可能なもの」と定義されてきた[34]．記号論的視点をブランドマネジメントプロセスに採用する1つの利点は，意味を最重要視することにある．ブランドコミュニケーションで使用される記号は消費者の独自的特性によってかなり異なった方法で解釈される可能性がある（すなわち解釈者は，記号学的語彙を使用する）．COO 効果の点からいうと，すべてのタイプのブランドには，記号を創造的に使用するための広範な余地――一方では単純な有形の物質的ブランドであるかどうか，そし

て他方では複雑で多面的な国家ブランドであるかどうか―がある．実務家による分析の中で，私たちの集団意識の中で特定のブランドを特徴づけるために記号学の活用を求めたがるのは人間の本性であると Jack Yan は説明している（第7章，実務家による分析を参照）．

　COO および PCI 効果に関する研究への記号論的アプローチは，製品とその原産地に結びつくイメージの分析にあたって多くの暗示的意味が使用される必要があると主張する Askegaard と Ger [35] によって提言されてきた．記号論的アプローチをとりつつ，Askegaard と Ger は，場所，製品，市場状況，利用環境という4つの次元を含む製品の場所に対する意味づけされたイメージ（CPPI）の概念モデルを提案している．このアプローチは，さまざまな目標を達成するために記号に関する情報を活用するという，応用記号論の一形態であると考えられるかもしれない [36]．意味を認知することは記号理論にとってはもっとも重要であるが，これは「文化的自空間に定着した記号とシンボル」から意味が導き出されることを前提としている [37]．これはブランディングにあたって重要なインプリケーションをもつ．たとえばアラブ文化では，書や色，模様そしてシンボルは文化的，国家的および宗教的アイデンティティに対するコード化された基準を定めた視覚要素の代わりとなり，それゆえに，ブランドの視覚表示を構築する際には考慮に入れる必要がある [38]．

流れる時間の中での COO に対する認識

　いくらかの研究では，COO に対する認識は必ずしも固定的な状態が続くわけではないことが示されている [39]～[43]．近年米国に降りかかったとみられるように，企業が制御することができない政治的・軍事的出来事といった多くの要因により COO に対する積極的な認識は徐々に悪化しうる．他方，日本や韓国そして台湾によってうまく証明されているように，COO に対する認識は徐々に向上することもある [44]．台湾は協調した国家的ブランディングキャンペーンを長年にわたって実施してきたが，向上した COO に対する認識という点ではそれによって利益を上げてきているように思われる．

　1990～2004年にかけて台湾経済部が実施した国のイメージに関する世界規

模の広告キャンペーンはエコノミクス誌とビジネスウィーク誌で掲載された一連の広告からなり，個々の新規キャンペーンでは鍵となるテーマが採用された[45]．表4-3は同キャンペーンの推移を要約している．

台湾による国のイメージに関する広告キャンペーンから導き出される注目

表4-3 台湾政府がスポンサーを務めた国のイメージに関する1990年～2004年までの広告キャンペーン

年	スローガン	鍵となるテーマ
1990年	言及なし	台湾は地理的にアジアの中心に位置することの相対的優位性に関する基礎知識の確立
1992年	「よくできた台湾製」	台湾に結びつく製品の知覚の強化
1993年	「台湾：創新価値の源」	過去の価格ベースでの競争優位だけではなく，読者にそれ以上のことを考慮するよう促しつつ，台湾製造業について2つの特性（革新および価値）を提示
1994年	「台湾製，優秀」	特定の企業名や製品種目に直接的に関係した卓越性を伝達．たとえばKunan（ゴルフクラブ），Feeler（重工業用コンピューター制御マシーン），Startek（セキュリティシステム）
1996年	「今日の台湾：私たちの世界でますます重要な役割」	台湾と世界的展望の関係づけ，および世界的ビジネス社会での積極的一員としての位置づけ
1997年	「台湾：創新価値の源」	以前に使用されたスローガンで，今回は特定の台湾ブランドに適用．過去の広告実施の目的とテーマは顕著な信念として補強
2001年	「台湾：創新価値のパートナー」	認識から興味，知識，嗜好そして選好へと導く広告効果の理論的階層性に沿った選好性の促進
2003年	「台湾：一流企業による目標到達の支援」	構築された知識ネットワークにおける顕著な信念を補強しつつ，すでに確立された「台湾」という言葉との積極的関係性を強化
2003年後半	「台湾は高くそびえる：世界へ届き，未来へ続く」	現代建築と伝統文化に関連つけた台湾の新しく顕著な特性を活用．台湾が過去40年にわたって「アジアの虎」として培ってきた自尊心と達成感の伝達．台湾の壮観な自然美と共に先進技術の宣伝
2004年	「今日の台湾」	台湾の魅力的な観光地としての位置づけ．10年前の広告の控えめな目的推論とはまったく異なった感情的訴え

出所：Amine and Chao（2005）[46]を基に作成．

点が多々ある．第1に，一貫した長期的構成を有している．第2に，政府の信頼できる確約が示されている．第3に，公共部門と民間部門の緊密な協力がみられる．第4に，単なる意識づけから固有ブランドに関係する主張へと進化している．そして第5に，製品技術の品質属性を確固たるものとした後に，その壮観な自然美を押し出すことで国のイメージに対するもう1つの次元を付け加えている．これは，単に現存する外的認識の受動的被害者としてとどまり続けるのではなく，そのイメージを管理する努力を求める国の力量を示すものである．

Simon Anholt は，「国がもつ固有のイメージから必要かつ相応しいとするイメージへと徐々に前進させる」ことが可能であるとみている（第1章．実務家による分析を参照）ものの，「徐々に」という言葉を使用することで，このようなイメージの向上が即時的作用をもたらすことはまれであると断っている．この考え方はロシアとそのイメージ確立活動の意味の中で反映されており，その意味において Lebedenko は「短期間で国のイメージを変化し遂げたことがある者はおらず，全身的かつ長期的努力が必要である」と認めている（第5章，国別ケース分析―ロシアを参照）．他の国については，その国が以前はほとんど知られていなかった場合，積極的な COO 効果を確立するための極短い好機があるかもしれない（第9章，国別ケース分析―エストニアを参照）．

COO に関する消極的偏見との闘争

COO に関する消極的偏見は国家の PSC ブランドにとって多くの問題を引き起こす可能性がある．品質が貧弱であるとの認識によって，または当該国の政治体制に対する敵対心によって，またはメディアでの悪印象を招く描写によって，あるいは他の多くの社会的，文化的，経済的および歴史的問題によって COO 効果が害されている国のブランドと関わることを消費者は望んでいないかもしれない．国のイメージを向上させるためには，古い消極的関係づけを論破するよりも新たな積極的関係づけを創り出すことの方が容易となるかもしれない[46]．たとえばカザフスタンは，2006年の映画で招いたあからさまな描写を論破する試みではなく，それまではまだ知られていなかった同国

の積極的な一面を押し出すことによってボラットで激しく害されたイメージを向上させる一層の機会を得たのかもしれない．

　あらゆる種類のブランド—製品であれサービスであれ，または企業であれ—は COO に関する消極的偏見に悩まされる可能性がある．エデルマン・トラスト・バロメーターは 18 か国 3,100 人の世論を調査しているが，それによると，ヨーロッパ人は BRIC 新興国やメキシコの企業にはほとんど信頼を寄せていないものの，スウェーデンやカナダそしてドイツの企業にはもっとも信頼を寄せている[47]．この世論調査の標本は以下の人口統計学的特徴を有している．すなわち大学教育を受け，36 〜 64 歳までであり，自国で上位四分位数に入る家計所得を申告しており，メディアや時事に多大な関心と関与を示している者，換言すれば，海外を原産国とするブランドに対する高い受容力と低いレベルの消費者自民族中心主義を示唆した人口統計学的特性である．たとえこのような相対的に世界主義的と思われる人口統計学的セグメントであったとしても，BRIC 諸国の企業がヨーロッパ市場に参入するための将来的試みを妨げうるヨーロッパの消費者間に存在する COO に関する消極的偏見と闘争するためには，なお BRIC 諸国にはなすべき仕事があることが明らかである．Pasquier 教授がスイスの国別ケース分析で指摘する様に，「やがて国のイメージを汚しうるイメージの欠如を修正するために」，国家は向上活動の根拠となる厳密な調査を実施する必要がある（第 4 章，国別ケース分析—スイスを参照）．

国別ケース分析—ネヴィス
ネヴィスというブランド—金融サービス部門の役割

Elsa Wilkin-Armbrister
Graduate Teaching Assistant, University of Strathclyde

　ネヴィスにとって国家ブランディングは可能性のある選択肢であろうか．ネヴィスのような小国は，「国家ブランディング」と称するこのゲームですで

にネヴィス島の前を走っている他国との競争を可能とする本質的特徴を有しているのであろうか．いうまでもなく，ネヴィスは国家としてブランド化される有用な属性を備えているが，ブランディング・プロセスの中でいずれの部門がもっとも適切な利用手段となりうるかという問題に直面している．

1. 背　　景

　小国ではあるが，ネヴィスは1494年のChristopher Columbusによる再発見以来，世界情勢に不相応な影響を与えてきた．合衆国憲法の立案者の1人であり，米国経済および経済モデルの立役者，そして米国財務省の創始者でもあるアレキサンダー・ハミルトンは，ネヴィスが世に送り出した．島には豊かな歴史があり，それが自然美と融合して島は珍重され，そしてその存在を知る人々にとっては異国情緒のある訪問地となっている．たとえばPanache誌では数年前に，ネヴィス島は36平方マイルの正真正銘の自然美と表現された．

　ネヴィスは，ネヴィスとセントキッツという双子島から成る連邦国家の内で小さい方の島国である．カリブ島の群島内に位置し，両側がカリブ海と大西洋に面している．

　大英帝国のかつての旧植民地であるネヴィスは（実際の大きさに見合わないほどの）富と力を築き，またその自然美と結びついてカリブの女王と称される経済力をもった国家を作ったため，カリブ地域の羨望の的となった．ネヴィスはその姉妹島であるセントキッツと独特の立憲的取り決めを行っており，これはイングランドとスコットランドのそれと酷似している．したがってネヴィスにとっては，セントキッツとは独立してブランド化されるのが政治的には適切である．

　ネヴィス経済の2つの主たる収入源は観光と国際金融サービスであり，現在は観光がリードしている．同島国は相対的に安定した経済を保っており，失業率もきわめて低い．またカリブ諸国では国民総生産と1人当たりの所得の点でもっとも高い成長率を誇る．さらに健全財政，制御可能なインフレペー

スおよび経常黒字の道を辿って来ている．過去14年間，ハリケーンなどの自然災害に襲われたにもかかわらず，ネヴィス島政府は9回も健全財政を達成することができた．

今日では，この島国は著名映画スター達やTVタレント達そしてトークショーの司会者達の選ばれた観光隠れ家として知られている．世界的に広く知られていないことの意味には2つの要素がある．世間から離れるために落ち着いた場所を望む著名人にとっては都合が良い．しかしながらこの島国は，その国際的金融サービス部門の繁栄を可能とするために，より大きく自らを露出させる必要がある．ネヴィスの国家ブランドの潜在的発展を理解するための基礎として，ネヴィスの強み，弱み，機会および脅威を図4-1に図示しておく．

2. なぜネヴィスというブランドなのか

国家ブランディングの専門家であるSimon Anholt (2005) は，いかにしてグローバリゼーションが投資家，観光客，消費者，寄付者，移民，メディア，そして他国政府の関心と注目をめぐる国同士の競争の前触れとなるのかを説

図4-1 ネヴィスのSWOT分析

S	W
・優れた金融法制 ・良質な金融商品 ・顧客への良質なサービスを提供 ・タイムフレンドリーな地域に位置する ・政治的に安定した政権 ・安定した経済	・地理的位置 ・島の大きさ ・国際的に定評のある機関の欠如 ・ネヴィスのための強力で活発なマーケティングキャンペーンの欠如
O	T
・ネヴィスは強力なブランドを創造する可能性を持つ ・カリブ諸国でブランド国家としての最初の原動力となることで恩恵を受ける ・ブランドを国際化し，強化するためのSMEの使用	・強力な機関による圧力 ・いったんブランド化されると世界各国の政府，団体の監視を受けることになる ・OECDおよびFATFからのプレッシャー

明した．したがって強力で積極的な国家ブランドは決定的な競争優位性を提供することになる．

　国家が世界中の人々に如何に認識されているかを理解することは非常に重要である．国の偉業と破綻，国の資産と責任，そして国の人民や製品の如何は国家のブランドイメージに反映される．de Chernatory と McDonald（2003）によると，成功するブランドとは，買い手やユーザーが自らのニーズにもっとも密接に合った関連する固有の持続可能な付加価値を認識するというような方法で増強された識別可能な製品，サービス，人物あるいは場所である．ブランドおよびブランド化プロセスには主たる目標のビジョンがなくてはならない．自国のブランド化を見込んでいるすべての国家にとっては，ビジョンを把握してそれを絶えず視覚化することが重要である．

　現在ネヴィスはブランドイメージを欠いている．国際金融サービスの分野では，ネヴィスはこのようなサービスを提供する1つの国であるに過ぎない．しかしながら，同島国が他の競業国との違いを見出すためには，自身がブランドとなる必要がある．Kapferer（1997）によると，ブランドは消費者の意識の中で経済的役割を果たす．すなわちブランドの価値は，多くの消費者の意識にある独占的，積極的そして重要な意味を引き込むその力量から派生する．後者はネヴィスの主たる目標とすべきである．これが世界に名を知られるための第一歩となるであろう．競争の激しいどの市場においても，製品やサービスはブランドとなることによって差別化される．他方，国は経済的繁栄と国際的認識を呼び寄せ，手にするために国家ブランディングの道を辿る．どちらのプロセスも競争優位，増益そして経済的繁栄をもたらす．

　ネヴィスが提供する金融サービスは，概して，富の維持である．20年以上にわたって，ネヴィスは裕福な個人や企業が富を維持して保護する手助けとなる商品を提供してきた．これら個人は，ネヴィスを法的に価値のない訴訟からの安全な逃げ道とみており，金の自由な流れを妨げる厳しい法や規則から解放される．金融サービス産業は，ほとんどのように，非常に競争が激しい．しかしながらネヴィスは，資産保護信託および有限責任会社（LLCs）の点で優れたいくらかの商品を有しているため，出だしは好調である．優れた金

融サービス商品や法制があるにもかかわらず，顧客の信頼を得るのに必要となるより良イメージを映し出せるようなマーケティング機構や国際的に認知された金融機関，そして国際的な存在感や影響力をネヴィスはほとんどもち合わせていない．それゆえこの島国は，世界的に認知されて世界的な競争を勝ち抜くための手段として「国家ブランディング」を活用する必要がある．国際金融サービスブランドは時として彼らの COO を重視しないようである．たとえば Hong Kong and Shanghai Banking Corporation (HSBC) や Royal Bank of Scotland (RBS) の頭文字を使用することで，彼らの COO について注意を引くのではなく，むしろそらせているように思われる．ネヴィスの国際金融サービスブランドにとっては，他の国際金融サービス企業が行うよりも一層明確に，その COO を強調することが有益であると示すことができるであろう．

3. ネヴィスをブランド化する潜在的有効性

　国家ブランディングによって国のイメージと世界的認知を高められ，また競業者に対する競争優位性の獲得も促進される．

　時としてネヴィスの実際の大きさと地理的位置は，相対的に高いレベルの国際的な注目，およびバルバドスやバミューダといった他の小島国が享受している海外直接投資を引き付けることに対する主な障害であるとみられている．あのあたりの島国は未だに大英帝国との残存関係があるため，そのようなことがいえるかもしれない．代わりにネヴィスは，その大きさを障害としてではなく，資産として活用することができよう．いくらかの映画スターや投資家は個人的にも財政的にも自身のプライバシーを楽しむためのニッチマーケットを求めているため，発見することが困難なことでネヴィスは彼らにとってより魅力的となる．

　ネヴィスにおけるいくらかの主要人物は，ネヴィスのブランド化に関する彼らの見解をはっきりと述べている．たとえば The Honourable Mark Brantley（ネヴィス島議会の上院議員）は「ネヴィスはブランド化が可能であり，

されるべきである．現在ネヴィスは国際舞台での強い存在感を欠いているため，その必要がある」と考えている．この考え方には企業家であり元政治家のArthur Evelyn氏と財務省事務次官のLaurie Lawrence氏も同調している．ネヴィスがどの部門を優先して選択すべきかについて，異なった見解が存在する．ある者は金融サービスを優先することに好意的であるが，他の者は支配的役割を演じている観光に目を向けることに好意的である．Brantley氏は，「現在観光はより多くの収入を島のために生み出しているが，ネヴィス経済にもたらすことができる潜在能力という観点からすると天井効果がある．他方，国際金融サービスはとてつもなく大きな潜在能力を秘めており，当初資本支出は観光のもの程は消耗的ではなく，また大きくはない」と考えている．Lawrence氏もまた，「観光は自然災害に影響を受けやすいが，国際金融サービスはそうではない．ハリケーンは観光産業に壊滅的結果をもたらすことがあるが，適切なテレコミュニケーションと法制があれば国際金融サービスは有効に提供することが可能である」と主張して，ネヴィス金融サービスの推進を支持することに好意的である．

しかしながら，ネヴィスの他の人物は，この問題について異なる見解をもっている．Evelyn氏は国際金融部門でネヴィスをブランド化する考え方には異議を唱えている．彼は自身の考え方を以下のように説明している．すなわち「観光にはより大きな可能性がある．観光には，国際金融サービスよりも，ネヴィス経済により一層の富をもたらすより多くのチャンスがある．また，観光では国際金融サービス部門よりずっと多くの現地人が雇用されるため，観光部門でもたらされる収入はより均等に経済全般に分配される．さらに観光部門に対してはネヴィス自身が一層の統制力をもっており，またはもつことになるが，国際金融サービスについては，経済成長に多大な影響を与えうる国際的な組織体があるため，そのような特権はない」．

観光および金融サービスというネヴィスの兄弟部門はNEVLEC（ネヴィス電力会社）の企画マネジャーであるCartwright Farrell氏も評価しており，彼は次のような観測をしている．すなわち「ネヴィスは特定のある時期に大量に流入する観光客を収容する場所を備えておらず，また備える必要もないと思

われるため，すでに最高級の観光地とみられており，うまく機能している．これはその魅力と損なわれていない自然美を損なうことになるかもしれない．国際金融サービスについていえば，それがネヴィスのブランド化のために活用されることについてはネヴィスの一般個人にはあまり知られていない．おそらく私たちは自国民の教育からスタートすべきであろう．なぜなら彼らは如何なる手段であれ，島のブランディングの一役を担うことになるからである」．

　このように，ネヴィスの意思決定者は国家ブランディングとそのネヴィスへの適用可能性を十分に認識している．しかしながらネヴィスの国民は教育を受けてブランディング運動に積極的に関与する必要がある．ネヴィスはまた，そのブランドのマーケティングを行う手助けのためにディアスポラを活用することができる．活気あふれる協同，国家のプライド，ロイヤリティ，そして国家ブランディングは国家がそのもっとも価値ある資産—ブランド—を勝ち得るための大いなる手助けとなる．

* * * * *

要　　約

　本章ではCOOの分野における主題および国家ブランディングの意味に関連する主題を考察の対象とした．COO効果は，製品であれサービスであれ，または国全体であれ，ブランドに対する態度と行動に影響を与えうる．本章で概観したスイスに関するケース分析では，消極的な認識が生じた場合には，あるいは認識と現実の間に重大なギャップが発生した場合には効果的な行動がとれるようにするため，国がターゲットとする集団の中でのCOOに対する認識を監視することが重要であることを示した．COOに対する認識は徐々に変化し得，このような変化を有益な方向に進展させることが，国家ブランディング戦略の務めである．

（訳・山本慎悟）

注

1) Peterson, R.A. and Jolibert, A.J.P. (1995) A meta-analysis of country-of-origin effects. *Journal of International Business Studies,* 26,4, 883-900.
2) Al-Sulaiti, K.I. and Baker, M.J. (1998) Country-of-origin effects: A literature review. *Marketing Intelligence and Planning,* 16, 3, 150-99.
3) Dinnie, K.(2004) Country-of-origin 1965 – 2004: A literature review. *Journal of Customer Behaviour,* 3, 2, 165-213.
4) Verlegh, P. W. J. and Steenkamp, J.-B. E. M. (1999) A review and meta-analysis of country-of-origin research. *Journal of Economic Psychology,* 20, 521-46.
5) Usunier, J.-C. (2006) Relevance in business research: The case of country-of-origin research in marketing. *European Management Review,* 3, 60-73.
6) Lyons, W. (2005) Clear winner. *Scotland on Sunday,* Food & Drink, October 30, 22.
7) Papadopoulos, N. and Heslop, L. (eds.) (1993) *Product and Country Images: Research and Strategy.* The Haworth Press, New York, NY.
8) Kim, C. K. and Chung, J. Y. (1997) Brand Popularity, *country image and market share:* An empirical study. *Journal of International Business Studies,* 28, 2, 361 – 86.
9) Schaefer, A. (1997) Do demographics have an effect on country-of-origin effects? *Journal of Marketing Management,* 13, 8, 813-34.
10) Zafar, U. A. Johnson, J. P., Yang, X., et al (2004) Does country of origin matter for low-involvement products? *International marketing Review,* 21, 1, 102-20.
11) Verlegh, P. W. J., Steenkamp, J.-B. E. M., and Meulenberg, M. T. G. (2005) Country-of'-origin effects in consumer processing of advertising claims. *International Journal of research in Marketing,* 22, 127-39.
12) Roth, M. S. and Romeo, S. B. (1992) Matching product category and country image perceptions: A framework for managing country-of-origin effects. *Journal of International Business Studies,* 23, 477-97.
13) Thakor, M. V. and Kohli, C. S. (1996) Brand origin: conceptualization and review. *Journal of Consumer Marketing,* 13, 3, 27-42.
14) Kwok, S. Uncles, M. and Huang, Y. (2006) Brand Preferences and brand choices among urban Chinese consumers: An investigation into country-of-origin effects. *Asia Pacific Journal of Marketing and Logistics,* 18, 3, 163-72.
15) Roll, M. (2006) *Asian Brand Strategy: How Asia Build Strong Brand.* Palgrave Macmillan, USA.
16) Javalgi, R. G., Cutler, B. D., and Winans, W. A. (2001) At your service! Does country of origin research apply to services? *The Journal of Service Marketing,* 15, 6/7, 565-82.

17) Ofir, C. and Lehmann, D. (1986) Measuring images of foreign Products. *Columbia Journal of World Business,* Summer, 105-8.
18) Harrison-Walker, L. J. (1995) The relative effects of national stereotype and advertising information on the selection of a service provider: an empirical study. *Journal of Services Marketing,* 9, 1, 47-59.
19) Mortimer, R. (2007) Card of conscience. *Brand Strategy,* February, 20-3.
20) Interbrand Best Global Brands 2006 FAQ, http://www.interbrand.com/best_brands_2006_FAQ.asp
21) Niss, H. (1996) Country-of-origin marketing over the product life cycle: a Danish case study. *European Journal of Marketing,* 30, 3, 6-22.
22) LamPert, S. I. and Jaffe, E. D. (1998) A dynamic approach to country-of-origin effect, *European Journal of Marketing,* 32, 1/2, 61-78.
23) Beverland, M. and Lindgreen, A. (2002) Using country of origin in strategy: The importance of context and strategic action. *Journal of Brand Management,* 10, 2, 147-67.
24) Schooler, R. D. (1971) Bias Phenomena attendant to the marketing of foreign goods in the US. *Journal of International Business Studies,* 2, 1, 71-81.
25) Dornoff, R., Tankersley, C., and White, G. (1974) Consumers' perceptions of imports. *Akron Business and Economic Review,* 5, Summer, 26-9.
26) Shimp, T. A. and Sharma, S. (1987) Consumer ethnocentrism: construction and validation of the CETSCALE. *Journal of Marketing Research,* 24, August, 280-9.
27) Jaffe, E. D. and Nebenzahl, I. D. (2001) *National Image & Competitive Advantage: The Theory and Practice of Country-of Origin effect.* Copenhagen Business School Press.
28) Chao, P., Wuhrer, G. and Werani, T. (2005) Celebrity and foreign brand name as moderators of country-of-origin effects. *International Journal of Advertising,* 24, 2, 173-92.
29) Hamin, E. G. and Elliott, G. (2006) A less-developed country perspective of consumer ethnocentrism and 'country of origin' effects: Indonesian evidence. *Asia Pacific Journal of Marketing and Logistics,* 18, 2, 79-92.
30) Burgess, S. M. and Harris, M. (1999) Social identity in an emerging consumer market: how you do the wash may say a lot about who you think you are. *Advances in Consumer Research,* 26, 170-5.
31) Lenartowicz, T. and Roth, K. (2001) Does subculture within a country matter? A cross-cultural study of motivational domains and business performance in Brazil, *Journal of International Business Studies,* 32, 2, 305-25.
32) Laroche, M., Papadopoulos, N., Heslop, L. et al. (2003) Effects of subcultural differences on country and product evaluations. *Journal of Customer Behaviour,* 2,

3, 232-47.
33) Shimp, T. A. (2003) *Advertising, Promotion, & Supplemental Aspect of Integrated Marketing Communications*, Sixth Edition. Thomson South-Western, USA.
34) Fiske, J. (1990) *Introduction to Communication Studies*. Routledge, New York, USA.
35) Askegaard, S. and Ger, G. (1998) Product-country images: towards a contextualized approach. *European Advances in Consumer Research*, 3, 50-8.
36) Morris, C. W. (1946) *Signs, Language, and Behaviour.* Prentice Hall, New York, USA.
37) Mick, D. G. (1986) Consumer research and semiotics: exploring the morphology of signs, symbols, and significance. *Journal of Consumer Research*, 13, 2, 196-213.
38) Acton, M. (2007) Fuel for thought. *Brand Strategy*, April, 54-5.
39) Nagashima, A. (1970) A comparison of Japanese and US attitudes towards foreign products. *Journal of Marketing*, 34, 1, 68-74.
40) Nagashima, A. (1977) A comparative 'made in' product image survey among Japanese businessmen. *Journal of Marketing*, 41, 3, 95-100.
41) Papadopoulos, N., Heslop, L., Graby, F., *et al.* (1987) Does country of origin matter? Some findings from a cross-cultural study of consumer views about foreign products. Report No. 87-104, Marketing Science Institute, Cambridge, MA.
42) Nebenzahl, I. D., Jaffe, E. D., and Lampert, S. I. (1997) Towards a theory of country image effect on product evaluation. *Management International Review*, 37, 1, 27-49.
43) Darling, J. R. and Puetz, J.E. (2002) Analysis of changes in consumer attitudes towards the products of England, France, Germany and the USA, 1975-2000. *European Business review*, 14, 3, 170-93.
44) Usunier, J.-C. (2006) Relevance in business research: the case of country-of-origin research in marketing. *European Management Review*, 3, 60-73.
45) Amine, L. S. and Chao, M. C. H. (2005) Managing country image to long-term advantage: The case of Taiwan and Acer. *Place Branding*, 1, 2, 187-204.
46) Kotler, P. and Gertner, D. (2002) Country as brand, product, and beyond: A place marketing and brand management perspective. *Journal of Brand Management*, 9, 4-5, 249-61.
47) Smith, S. (2007) Building the brands we love. *Brand Strategy*, March, 47-9.

参考文献

Anholt, S. (2005) *Brand New Justice: The Upside of Global Branding,* Revised Edition. Butterworth-Heinemann, Oxford.

De Chematony, L. and McDonald, M. (2003) *Creating Powerful Brans,* Third Edition. Elsevier/Butterworth-Heinemann, Oxford.

Kapferer, J.N. (1997) *Strategic Brand Management: creating and sustaining brand equity long term,* Second Edition. Kogan Page Limited, London.

第5章　国家ブランディングと国家アイデンティティ

国別ケース分析―ロシア

Vladimir Lebedenko
Deputy Director of Department for Relations with the Subjects of the Federation, the Parliament, Public and Political Organizations, Ministry of Foreign Affairs of Russian Federation

　ロシアは（議会制度創設百周年を既に祝ったほどであるにもかかわらず）いわゆる新興民主主義国家のひとつであると見なされている．シビルソサエティ（市民社会）を含む社会の諸機関が，いまだ生成期や成熟途上にあるのである．ところでロシアにおける国家ブランディングを正確に言うと，それはロシアの公的な外交諸機関と，海外におけるイメージの形成および展開のメカニズムに関わるものである．旧ソビエト連邦（ソ連）時代には，強力な情報プロパガンダ機関と影響力のあるイデオロギーを持ち合わせていたのとは異なり，ロシアはそれらを失ったのみならず，1990年代に至っては深刻な自己アイデンティティ危機に陥り将来の発展に関する選択をも迫られていたかのようである．このあたりは，現今になって，やっと明確になってきた．1917年の10月革命以降の状況と同様に，1991年からも，別の社会的政治的システムへの転換（より正確には「復帰」）という形で，新しい政体において多くのものがゼロからのスタートとなった．もしソ連時代が，外部から見て，情報やイデオロギーに関して主に目的や目標となるもの（訳者注：すなわち「出し手」）だったとすれば，1990年代に入ってロシアは外部とりわけ西側から，情報やイデオロギーの影響を受ける側（同 「受け手」）になったのである．

　ソ連崩壊後に新規に独立した（旧ソ連）諸国のほとんどは，自己アイデンティティ確立と世界における自国のイメージ構築の必要性を感じていた．ロ

シアもこの作業に当たってきたが，ここ16年間に亘る解決策の模索において，歴然とした進化を遂げている．

まず，自己アイデンティティ確立についてである．一方においてロシアは，他の新興諸国とは異なり，1,000年におよぶ国家としての歴史を持ち，ソ連という超大国のステータスの後継者だった．

加えて，70年間におよぶソ連時代でさえも，西側の多くの人々，たとえばCharles de Ganlle仏大統領などが，ソ連のことを「ロシア」とのみ呼ばわってきた．すなわち，国家と国民には連続性があったということである．他方では，困難な面もあった．ソ連の解体は，遠心力が強く働くような傾向の引き金となった．これはその後のロシアにも影響を与え，特に分離独立主義の発露という形となって表れた．チェチェンやタタルスタンなどがその例である．旧ソ連各地で発生した人種問題や，ナショナリズムのウイルスによるトラブルは，多民族国家であるロシアの安定にとって最も危険な要素である．

最後に，いわゆる「民主革命」は，共産党のみならず，党との共益関係にあった国家全体にも強力な一撃を加えた．こういった状況に重ね合わせるようにして，急性の内部政争が勃発し，1993年10月には戦車によるロシア連邦議会ビル攻撃にまで発展した．加えて，「ショック療法」すなわち「自国民のため」と称して無節操な民営化がおこなわれたが，これは中高年齢層世代全体を最低生活水準以下まで突き落とした．さらに，2,000～2,500万人のロシア人が，一夜にして，かつ自らの意思に反して，ロシア域外に居住していることとされた．すなわちロシアの領土が500年前の規模まで狭められてしまったのである．また，ソ連解体の端緒となったベロヴェーシ合意の法的正当性は，多くの人々の目から見て疑わしいものだった．このあたりから，深刻なアイデンティティの危機，国家とその精神や自意識の危機が見て取れるのである．したがって，Yeltsin元大統領が推進した国家的イデアの探求という作業が，口先だけのスローガンに終わったのは無理もないことだったのである．また，既に遠い昔となった1990年代のことではあるが，そういった権力闘争が恒常化している時期において，国家全体の問題を考えている人々は少なかったのである．ましてや，国家のイメージについて心配する人々においてをや，

である．放置状態となったこのイメージは，ロシア特有の国家権力の個人的人格化という伝統に則って，ボリス・エリツィンの相矛盾するイメージと共に，ひたすら「漂流」するのみとなった．

　国家は既にイデオロギーの領域から撤退しており，情報政策の実施も諦めていた．すべてが市場の力に委ねられたのである．この（情報という）分野において，真空状態は起こり得ないため，それはコマーシャル・ソープオペラ・犯罪もの・大惨事ネタにより忽ち埋め尽くされたのである．

　メディア自身も，早々に新興財閥グループの軍門に下り，政治的・競争的目的で，さらにはロシア社会とは疎遠な価値観のプロパガンダのために，利用されるようになった．

　本稿のロジックに従えば，以下も付け加えねばなるまい．すなわち「プーチンが登場して，すべてが変わった」ということである．残念ながら，これまでで全部が変わったわけではない．アウゲイアス王の牛舎のように腐敗しきった所を一掃し，イメージの補修をするというのは，一時に出来るものではない．しかしながら，回復の兆しは少なからず現れている．

　そして，最重要な点として，ロシアの評判を改善するために，本格的でシステミックな取り組みの必要性が理解されるようになった．これはどのような理由によるものであろうか．

　何よりもまず，それは現今のロシアがそのイメージのせいで被っている相当の悪影響すべてが，ロシアの発展と近代化の妨げとなっている点であり，世界におけるロシアの評判は，国の実態よりもずっと悪いのだ，という認識によるものであろう．

　どうしてこのような事態が惹起されたのであろうか？　部分的には，近年まで本国では誰も国のイメージというものに真剣な関心を抱かなかったことが理由となる．一部の人々が関心を持ったとしても，それはロシア人自身によるものではなく，他の情報センターであり，ロシアの国益よりも，彼らに都合の良いものだったからであろう．

　部分的には国内メディアもこの責めを負わねばなるまい．何故ならば群集心理や低俗な趣味に堕して，否定主義とマイナス面の誇張にうつつを抜かし

ていたからである．これらすべてが，ロシアの発展に関する客観的で全体的な情報の提供の助けとなるどころか，それを毀損していた．そして，イメージというのは交換された情報の結果なのである．

したがって，ロシアのイメージ向上という作業の端緒として，我が国のメディア，とりわけテレビから始める必要がある．

さらに突き詰めると，ロシアの不十分なイメージの本当の共著者は西側のメディアと情報センターなのである．

世論調査によれば，西側諸国の平均的な人々は，エリート層とりわけメディアと比べて，はるかに（50％以上）ロシアに好意的であるというのは興味深い点である．シンクタンクであるSVOPの報告書によれば，西側メディアの刊行物総数のうち，わずか17％がロシアの市場経済への移行を肯定的かつ実際的に捉えているに過ぎない．

これが示唆するところは，西側メディアにおける，政治的地位と経済的な競争力を削ぐことを目的とした意図的なロシアの扱き下ろし，という線に合致している．このあたりが世界競争における確執の厳しい法則であろう．ロシア国内アナリストの意見によれば，国際的な場面におけるロシアの擡頭とロシアによる新規市場の開拓は，ロシアを潜在的な競争相手と見なす多くの外国パートナーの利害に合致しないため，こういった状況は今後数年で急進的に変わる可能性は低いとされる．

複数の権威ある試算が，ロシアの国内生産は，不十分なイメージのせいで，実際の数分の一程度に過小評価されていることを示している．これはロシア企業のアクティビティに対する重大な障害を形成し，市場価値を低迷させ，投資スキームの規模を縮小させると共に，そのブレーキとなっている．さらに，ロシアのビジネスが世界市場へ参入する際の障壁ともなっている．

外国におけるロシアのイメージの総合的に見て不満足な状況は，全員，すなわち政府当局，指導的意思決定権者，ビジネスコミュニティ，メディア，および市民社会の民間団体による努力の結集を必要としている．

国家のイメージ造りを達成するには，アメリカ合衆国においてもそうであるように，専門家すなわち広告代理店や企業の動員が必要となることに疑い

の余地はない．国家の肯定的イメージの振興に向けて必要なのは，実利的あるいは部門ごとに分かれたアプローチではない．（このようなアプローチの最近の例としては，トルコによる観光振興のメディアプロモーションが挙げられる．）むしろ，ロシアの最高指導者層を巻き込んだクライシス・マネジメントが必要である．

　クライシス手法を使った古典的な例といえば，ドイツと日本である．戦後の比較的短期間のうちに，好戦的軍事国家というイメージを急進的に変えることに成功した．冷戦終結後のロシアも，同様の道を辿ることになるのは必定である．

　ロシアはこの道のりの一部を既に，特に Vladimir Putin の大統領就任以降，辿ってきている．同大統領の発言が西側メディアで引用される指数は，西側の各国首脳に匹敵するものである．我が国の大統領は，有力なパートナーであり，すべての世界的なプログラムに招聘され，重要視されている．大統領職は国家の顔であり，必然的に，外国人の脳裏に浮かぶ国のイメージは彼のパーソナリティと概ね結びつけられている．ロシア人は，プーチンの個人的プレステージから得るものが多い．

　租税や土地に関する国内改革も，実を結び始めている．我が国で土地問題は難題であったという歴史的な経緯を踏まえて，これらの改革は高く評価されている．

　ロシアでは，欧州で最も低い水準となる13％の所得税率が定着していた．政府は海外での追加的な起債を諦め，国債等の元本返済については，タイムリーに，あるいは繰り上げ償還の形で，債務が履行されていた．国家財政は黒字である．ここ3年というもの，景気は上昇曲線に沿って拡大しており，かなり高い成長率を示している．ソ連は，末期の30年間に亘って，アメリカから穀類を輸入していた．ロシアは穀類の輸出国となっている．これらすべては西側においても，とりわけ重要な点として格付機関からも含めて，好意的に評価されている．

　ロシアは，恒常的な債務国から，外貨準備高世界第5位の国へと転身した．自動車業界におけるリーディングブランド各社のみならず，保守的な投資家

でさえもロシアに参入している．

チェチェン問題は，近年全体を通じて，ロシアとそのイメージにとって相当の痛みを伴うものだった．しかしながら，この面においても変化が証拠立てられている．FCPS（注：連邦政治解決センター）の努力により，チェチェンでは憲法採択の国民投票および共和国大統領選挙が実施され，共和国再建が進捗している．（注：英語表記は The Federal Centre for Political Settlement）

全体的に見て，近年では国家のイメージ改善にむけたシステミックな作業の必要性に対するロシアの当局と社会との注目が明らかに増大している．世界におけるイメージ改善策の形成と実施のメカニズムは，まだしっかりと形成されている訳ではない．また，ソフトパワーを用いる近代的なツールキット制作については，初歩の段階に過ぎない．いずれにせよ，各方面に向けた真剣なプロジェクトが開始されている．

・マスメディア向けには，2004年に定例懇談会「バルダイ・クラブ*」が創設された．この毎年開催される懇談会では，国家指導者が外国の指導的科学者や専門家と一堂に会する．また，大統領による毎年恒例の大規模記者会見（訳者注：「国民との対話」）などの枠組みもある．

・2005年からは，米国その他諸国向けに，英語の週刊誌『ロシア・プロファイル』が発行されている．

・2005年12月からは，TAV英語チャンネルで「ロシア・トゥデイ」が放送されている．これは，ロシアと世界に関するロシアの視点を紹介するもので，年間予算は3,000万米ドルである．

・文化，科学および教育に関するプロジェクトとして，先進諸国で開催される「ロシアの文化年」プログラムにおけるアクションプランにより，諸外国でのロシア文化センターのアクティビティ充実や近代化推進等をおこなう．

・スポーツプロジェクトとしては，モスクワ五輪および今後のソチ五輪誘致に向けた活動を含む

・「教会外交（Church Diplomacy）」や歴史的記念日の祝典（最大例としてサンクトペテルブルク開闢300周年や第二次大戦戦勝60周年）等のプロジェクト

・社会的プロジェクトには，エイズ対策への拠金や自然災害被災者への援助を含む．

　ロシアのイメージ向上に向けては，2006年のG8（先進8か国）首脳会議で議長国を務めたこと（西側大手広告代理店の助力を得て主催した）が，良好な効果をもたらした．

　ロシア社会のみならず，外国で暮らすロシア語を母語とする3,000万人，ロシア（あるいはソ連）で高等教育を受けた元留学生など，幅広い層の代表者による関与が増大し，国家イメージの改善作業への，より能動的な参加が実現した．

　こういったすべてのものがロシア「回復」の兆候となった．それに連れて，ロシアのイメージもまた改善している．

　同時に，複雑な問題点も決して少なくない．すなわち，全体的な作業の調整が弱い点（現在は大統領府の異なった部署により調整されている），あるいは包括的戦略の欠如と資源配分の問題，国内外の世論に働きかける必要性の認識不足（大統領を除く）である．しばしば，受け入れられた決定であってもその意味が説明できないことがある．また，世界の情報スペースにおける弱いポジション，そしてこれが最重要であるが，ロシア国家が特徴的なイデオロギーと国家イデアを持たない点も問題である．

　屡々，受け入れられた意思決定の意義を説明しきれないという状況があり，世界の情報スペースにおいて立場を弱くするものであるが，国家が独自性のあるイデオロギーや国家の理想と呼ぶべきものを持たないという点において重要である．

　これら数多くの理由が，近来ロシアが「ユコス事件公判」や「サハリン・プロジェクト」，あるいは所謂「ロシア・ウクライナ天然ガス危機」に関連して被ってきたイメージ面でのダメージを説明づけている．

　以上を纏めると，第1に，国家のイメージというのは当局，社会，そして外国に観光客として出かける人々も含めてすべてのロシア人に共通の問題である．

　第2に，ロシアは世界における地位向上の手段および経済・社会発展の要

素として，イメージ改善を喫緊かつ長期的な課題としている．ここには大きなポテンシャル（可能性）がある．

しかしながら，短期間で国家のイメージを変えることに成功したものはいない．システミックで長期的な努力が必要である．

総体的には，国家の世界におけるイメージという主題はグローバリゼーションと情報の時代に特に妥当性を持つものである．とりわけ，競争の激化が国家イメージの分野にも拡張しつつあるのが現状である．

※訳者注：「バルダイ・クラブ」とは，数百人の政治学者，元政府関係者，作家，法律家，および世界15数か国のジャーナリストなどで構成されており，その課題は，同クラブを「ロシア担当の外国の主導的専門家が，最大の権威と信頼性のあるロシア及びその社会の発展に関する情報を，ロシアの中央並びに地方のエリート層の主導的代表者たちから取得することのできる国際的専門舞台に作り上げること」だとされる．（出所：RIA Novosti ロシア・ノーボスチ通信社）

＊＊＊＊＊

はじめに

ナショナル・アイデンティティは国家ブランディングにおいて鍵となる役割を果たす．ナショナル・アイデンティティの意識と，その根幹となる特徴の理解は，国家ブランディングキャンペーン展開の前提として不可欠である．いかなる国家ブランドも，そのエッセンスの由来が国内企業やブランドのみでなく，言語・文学・音楽・スポーツ・建築等，広い意味での文化にも見いだされるからである．これらが国家国民の魂を具現化している．

これは，国家ブランディングがマーケティング・ブランディング・広告宣伝の担当者のみに任せておいて，彼らの手に負えるものではないことを示す理由のひとつである．深みのある正統派の国家ブランドは，国の文化の多面的な要素や表現を包含するものでなければならない．さもなければ，ただちに浅薄で表面的なものと見抜かれてしまい，国家を真正に代表することは出来ないからである．

国家のブランディングは，FMCG（日用消費財）などのブランディング，す

なわち実質的に違いのない競合商品が，些末な差別化要因に基づいて誇大に宣伝されるようなものとは異なっている．一方で，国家ブランドは国の文化の実体に根ざすものである．これは，ブランドにとって望ましい，おそらく最も真正で正当な差別化要因だろう．

世界中の人々が他国について持つ不完全な知識，あるいは屡々見られるような完全な無知は，アイデンティティとイメージのギャップが損害を惹起しかねないという問題を孕んでいる．ある国の真正なアイデンティティが，無関心あるいは圧倒的にネガティブなステレオタイプのせいで，外部のオブザーバーに評価して貰えないということである．

アイデンティティとイメージのギャップは，一見したところ些細に見えるような，映画での好意的でない描写などによっても，悪化することがある．カザフスタンは，2006年の映画作品「ボラート（訳者注：英語表記はBorat）」において，この問題の被害者として注目を浴びた．一方，スロバキアは2005年のホラー映画「ホステル（訳者注：英語表記はHostel）」におけるおぞましく邪悪な描写で，少なからぬダメージを被った．

これらの事例では，PR上のダメージ軽減策が短期的な便益をもたらすことがあるが，より長期的には，既存のアイデンティティとイメージのギャップを埋めるためあるいは少なくとも縮小させるために，より戦略的な国家の文化およびアイデンティティのプロモーションが必要となる．

したがって，本章では国家ブランディングの概念と実務に関連のあるナショナル・アイデンティティの主な特徴を概観する．国家ブランディングに対するナショナル・アイデンティティの含意を導出し，国家ブランディング展開に特に関連の深い分野を議論する．

観察によれば，少なくとも9つの学術分野において，ナショナリズムと国民国家に関する理論が展開されている．したがって，ある分野の著者（訳者注：専門家）が他の分野における理論には詳しくない，あるいは共通点や重複があるということは驚くにあたらない[1]．

この学術分野には，政治地理学・国際関係論・政治学・文化人類学・社会心理学・政治哲学・国際法・社会学および歴史学が含まれる．

以下で述べることは，国家アイデンティティの顕著な問題をこれら多くの学術分野から抽出し，文化的に博識な国家ブランディング展開に応用するための試みである．

ナショナル・アイデンティティの基本的特徴

ナショナル・アイデンティティの基本的特徴には，以下のものが含まれる．すなわち，歴史的な国土あるいはホームランド・共通の神話や歴史的記憶・共通の大衆文化・全員に共通な法的諸権利と義務・全員に共通で移動可能なテリトリー（縄張り）を持った経済である[2]．

欧州連合（EU）のような地域的主体から発出する超国家的な法整備の拡大が，上記のうち最後の2点を，以前ほど国家固有的でなくしている．しかしながら，歴史的なホームランドの概念，共通の神話，歴史的記憶と，共通の大衆文化は，ナショナル・アイデンティティの主な特徴として，有効性を失っていないのである．

国際的に貿易障壁が低減され，インターネットが国境を超えるという特徴から世界をより緊密にしているという状況は否定出来ないが，ナショナル・アイデンティティは，多くの人々に主体性の源泉として深い心情的，精神的な力を持ち続けている．

ナショナル・アイデンティティにおける熱烈なプライドや感情は，たとえば国際的なスポーツイベントなどで発揮される．これは，グローバル化の進んだ今日といえども，ナショナル・アイデンティティが有意義で強力な概念であり続けることを示すものと言えよう．

文化・帰属意識・情熱といった「深い井戸」があり，国家ブランディングはこれらを利用出来る（図 5-1）．

ナショナル・アイデンティティを視覚化したものは，誰にも見覚えがあるものである．例えば，国旗はナショナル・アイデンティティの視覚的表現としておそらく最有力であろう．

国旗は認知されやすいため，（輸出）製品の表示においても産地を強調する際の簡略な目印として用いられる．

図 5-1　ナショナル・アイデンティティの諸要素

著者	ナショナル・アイデンティティの諸要素
Smith [2]	歴史的な国土あるいはホームランド，共通の神話や歴史的記憶，共通の大衆文化，全員に共通な法的諸権利と義務
Anderson [3]	イメージされた共同体としての国家，深い水平的仲間意識
Kearney [4]	単一の「国家としての過去」あるいは「国のイメージ」を語るということは，たとえば英国のような複合国家の歴史における複雑性を歪曲するものである．
Tolz [5]	国家建設（国家ブランディング？）の主な問題点といえば，包含的な市民層に基盤を置く市民社会的なアイデンティティと，文化・宗教・言語などの共通点に基づく排他的な民族的アイデンティティをどのように調和一致させるかである．
Parekh [6]	アイデンティティというものは，固定化され変更不可能でも無ければ，完全に流動的で無限に再構築可能な弄りやすいものでも無い．変更は可能だが，遺伝的に受け継がれた憲法のようなものと，不可避的に不十分な自己知識という両制約の下に置かれる．
Thompson [7]	国粋主義的な論文や一般的に信じられている想定とは異なり，国家というものは，構成員全員がひとつのものとして同様に考え，感じ，行動するような単一の主体ではない．そうではなく，各個人が他の人々との交流において，国家やナショナル・アイデンティティに関して，様々に異なった解釈を持つものである．
Kiely et al. [8]	ナショナル・アイデンティティの「マーカー」には以下のものが含まれよう．すなわち，出生地，先祖，居住地，居住期間，育ちと教育，氏名，言葉の訛り，外見，服装，および場所へのこだわりである．
Bond et al. [9]	ナショナリズムが，基本的には文化的もしくは狭い意味で政治的，第一義的に過去志向，および防御的であるという仮定から離脱しようとする試みである．現代的な経済的視点に立脚して，国家の創造的構築（再構築）に関する証拠を検証する．

出典：Dinnie より改変 K [10]．

COO 表示問題（訳者注：直訳は「原産国」，英文表記は Country of Origin）．ここから発生し得る問題のひとつは，ある国の商業ブランドは，パッケージその他マーケティング・コミュニケーションにおいて，自由に自国旗を使用できることである．国（の当局）が，高品質の製品のみに限定して国旗の使用を認めることは困難もしくは不可能であるため，民間企業は自社のブランド展開で国旗を使用する．国では，もちろん自国の製品やサービスの振興目的で団体等を設置し，その会員各社のみが使用可能なロゴマークや商標を制作する

ことはできる．これは国家ブランドの品質認識を保護するための1つの方法である．

その他のナショナル・アイデンティティの視覚的展開には，軍隊その他機関の制服，伝統衣装，および建築スタイルが含まれる．ナショナル・アイデンティティの音声的展開もある．このうち最も分かり易いのは国歌であるが，それ以外にも，言語・地域の訛りや方言，およびその国と密接な有名人の発言などがある．南アフリカのNelson Mandelaや，スコットランドのSean Conneryなどはこの例である．

これらのアイコン的有名人は，上記でナショナル・アイデンティティの基本的な特徴として識別した，共通の大衆文化の要素を構成する．

風景や地形も，ナショナル・アイデンティティの強力な視覚的展開を代表する．たとえば，富士山，壮観なフィヨルド，エアーズ・ロック（訳者注：正しくは「ウルル」）は，日本，ノルウェー，オーストラリアを，それぞれ劇的に象徴する．

このようなタイプのユニークで力強い風景や地形は，数十年に亘って各国観光当局によって活用されてきたため，国家ブランディングの重要な課題のひとつは，ある国を観光目的地のみとして認識してもらうのではなく，どのようにして投資先やハイテク製品の調達先その他として信頼の置ける立地であると位置づけるのかである．

観光振興のポテンシャルを活用できていない新興諸国にとって，エコツーリズム・セクターが急激に成長していることに鑑み，「詩的な場所の開拓」という概念，すなわち歴史的にある共同体[2]に帰属した聖なる縄張りの識別は，持続可能なアジェンダとして検討に値するだろう．

ナショナル・アイデンティティの最も喫緊の課題のひとつは，多くの国で見られる，文化的多様性と国家の統一との間で起こる緊張の問題である[11]．

たとえばロシアの文脈においては，国家ブランディング構築における主要な課題は，包含的な市民層のアイデンティティと排他的民族集団のアイデンティティの双方を，どのように調和化するのかという点であると指摘されている[5]．

一国内を文化的な分断線が区切っている場合に，社会的および政治的な結果は壊滅的なものになり得る．もしくは，国内の文化的な多様性が肯定的に受け止められ，負債ではなく資産として喜ばれる場合もある．

これは，議論になりやすい政治的問題であり，国家ブランディングキャンペーンを担当する一個人や組織が管理できる範疇を明らかに超えている．

しかしながら，国家ブランディング担当チームは，特定の文化集団あるいは彼らの視点を国家ブランディングキャンペーンに含めるのか，あるいは排除するのかということの政治的影響について無神経でいることは許されない．

イギリスにおいて短命に終わった「クール・ブリタニア」キャンペーンは，政治的な左派からは文化のコモディティ化であるとして嘲笑され，同様に政治的右派からは国家の伝統と歴史に関して無関心で敬意に欠けると批判された．国家ブランディング戦略にコミットする際には，政治的な過敏症が惹起され得ることを示した例である．

政治的な左右両端からの異議や不満を克服し，国内の文化的多様性を国家ブランディングに統合するための最善の策は，包含的なステークホルダー・アプローチであろう．

国内の多様な文化集団に事前に相談することなしに押しつけるような上意下達型のキャンペーンでは，国民の共感を得ることは難しい．

包含的な市民層と排他的な民族グループとの間の緊張に対応する努力の一例として，スコットランド政府が展開した「ワン・スコットランド」キャンペーンが挙げられる．これは，スコットランド内部における人種差別主義に対峙し排除するための取り組みであった[12]．

このキャンペーンでは，複数の人種民族的コミュニティによるスコットランドの生活への貢献を肯定的に捉えることを目標に据えていた．したがって，包含的アプローチに基づいた国内国家ブランディングの一形態として見ることが出来る．

これは，市民グループと人種民族的グループを分けて考えるナショナル・アイデンティティの古典的な分類法が，社会的および政治的な各種プロセスがダイナミックに変動しつつある状況の下で，その有効性を失いつつあると

いう考え方と整合している[13]．

　比較分析を容易ならしめ，効率的な意思決定に役立たせるために，ナショナル・アイデンティティを客観的に測定するための評価基軸を構築しようとする努力が進められた．

　その1つの評価軸は，ナショナル・アイデンティティがある文化が所有し，他の文化から差別化する「意味づけのセット」から成り立つという見方に基づいている．さらに，この評価軸は，ナショナル・アイデンティティの4つの主要な構成要素を特定している．すなわち，文化的同一性，信条構造，国家的伝統，および自国民優先主義である[14]．

　この評価軸は，ナショナル・アイデンティティの近似しているものと相違のあるものとを特定の文脈の中で捉えて，国際マーケティングにおける意思決定を高度化させるために構築されたものである．

　他の研究者は代替的な評価基軸を提案している．ナショナル・アイデンティティの5つのサブスケールという提案では，メンバーシップ（ある個人のイングループ，ここでは国家における価値またはそれに対する貢献度），プライベート（ある個人がイングループをどう見るか），パブリック（他の人々がこのグループをどう見るか），アイデンティティ（イングループのメンバーシップによる個人の自己概念に対する貢献），および比較（関連するアウトグループ，具体的には他国，との比較においてイングループがどのように評価されるか）が掲げられている[15]．

　こちらの評価軸は，社会心理学理論の原理原則に立脚しており，したがってブランディングの枠組みにおいて使用される場合には改造や翻案が必要である．

　ナショナル・アイデンティティの各評価軸は，国家ブランディング展開とコミュニケーションに関連して，ある程度有用な洞察を提供してくれる．ただし，ナショナル・アイデンティティは，全体的な個人アイデンティティが形成される際の，1つのアイデンティティの形態に過ぎないことに注意が必要である．

　個別的な自己分類は，社会的，超国家的，および個人的なアイデンティティの源泉に基盤を置くことが出来る．これらのアイデンティティ1つ1つの顕

著な特徴は，社会的な枠組みによって異なる[16]．

偶発的な自己分類の概念は，個人のレベルから拡張して，国のレベルで応用することが出来る．文脈に応じたアイデンティティの自己分類によって決められた側面にハイライトを当てれば良いのである．

たとえば，北アイルランドはそのような戦略を採用しており，マーケティングにおいて自身をアイルランドに友好的な市場においては「アイルランドの」，イギリスに友好的な市場においては「イギリスの」としてアピールしている[17]．

政治的なアイデンティティと自己定義の源泉

アイデンティティと自己定義の強力な源泉が幅広いところから，人々は自身の社会的アイデンティティを「カスタマイズ」することが出来るかもしれない．

同様に，自らの国家ブランディングが十分に幅広い製品・サービスのレンジをカバーできるような形で効率的に自国ブランドを構築したい国は，他国との競争の地理的・社会的な環境に応じて，アイデンティティを「カスタマイズ」することが必要である．

このアイデンティティ観は，アイデンティティを静的（スタティック）で固定的なものとは捉えず，むしろ人工的かつ流動的なものとする．しかし，このような流動性には，個人や国のアイデンティティは白紙（のようなもの）ではないことに鑑み，おのずから限界がある[18],[19]．

ナショナル・アイデンティティの概念を経済的な文脈における流動的な現象として位置づけ，Bond et al.[9]は，国家の過去は，各経済主体が現行の経済的目的のためにナショナル・アイデンティティを動員するための各手段に対して，強い影響を与え続けていると付記している．

彼らはナショナル・アイデンティティの歴史的な影響の継続的な重要性を認めることの必要性を示唆している．また，現代的なアイデンティティの構築は，以下の4つの一般的なプロセスを通じて達成される．

・繰り返し・反復 (reiteration)．ナショナル・アイデンティティの要素のう

ち，歴史的にプラス要因となる部分を動員する．
- 奪回・回復（recapture）．現代の諸課題における成功事例を再奪還する目標を置く．
- 再解釈・新解釈（reinterpretation）．歴史的にマイナス要因となる部分を，現在においてはプラス要因，あるいは概ね中立として提示する．
- 拒否・否認（repudiation）．マイナス要因のうち再解釈に不向きな部分を，アイデンティティの現代的構築から排除する．

このアイデンティティが所与ではなく人工的なものであると提示する概念は，国家ブランディングのパラダイムを下支えする．

政府が，狭小な政党政治目的に応じて勝手気ままにナショナル・アイデンティティの操作をすることを容認する訳ではないが，所与であって，かつ常時再構築されつつあるアイデンティティの概念[6]は，政府が，国家のイメージ認識を形成する目的で，ナショナル・アイデンティティの一定の側面を利用し，それに光を当てることを妨げるものではないことを示唆している．

イメージされた共同体としての国家

Anderson[3]では，ナショナル・アイデンティティの無形的な側面における，さらに重要な概念として，国家を「イメージされた共同体」として検討している．

この概念によれば，最小国の国民でさえも，同国人のほぼ全員と知己になることはあり得ないため，国家は共同体として「イメージされた」ものであり，深くかつ水平的な仲間関係であると認識されている．

ナショナル・アイデンティティの抽象的な性格は，Cameron[20]によっても検討されている．ここでは，ナショナル・アイデンティティにおける神話の役割に焦点を当てる．

Cameronは，神話がナショナル・アイデンティティの概念と不可分に関連していると観察している．人々が国家に忠誠を誓う際に用いるシンボルの多くは，必ずしもそれらのシンボルに同一の重要性を帰さない多国民とも，共有されている．さらに，これら神話やシンボルの価値は，現実よりも意識上

のものであり，理性と，私たちの深い心理的反応とが，私たちの態度を支配し得るものであるから，国家的神話やシンボルは実際的な効力を持つものである．

しかしながら，Pittock[21)]は，Andersonの「イメージされた共同体」概念とは異なる見方を提唱している．彼は，国家を「イメージする」という概念は一定の有効性を持つものの，この概念を審問抜きで採用することは，クリエーティブ・ライターや彼らの台本に権力を付与しすぎることであり，国内共同体の実体験に基づく経験や分かち合われてきた伝統を軽視することに繋がりかねない，とする．

繰り返しになるが，国家ブランディングキャンペーン構築の文脈における，このような視点は，権力構造の上の方から創作された台本を手渡されるよりも，包含的なアプローチの方が好ましい，という論拠になる．

ナショナル・アイデンティティがナラティブを作るという問題は，国内の学校において歴史を教える際の議論の下支えとなっている．更に，このことは，ナショナル・アイデンティティ文学（文献）における最も興味深いテーマのひとつの検討に結びつく．すなわち，一見したところでは矛盾のように見える「創案された伝統」の概念である．

創案された伝統

ナショナル・アイデンティティ文献における画期的なテキストのひとつとして，*The Invention of Tradition*[22)]が挙げられる．これは，様々な歴史家や文化人類学者の著になるケーススタディ（事例研究）を集めたものであり，著者たちは，古くから伝わるとされるものの起源が，実は意外に最近であったり，あるひとつのイベントにおいて，または短期間に，文字通り創案されたものであったりすると主張している．

同書では，時代や場所を問わず伝統が「発明」されなかったことは恐らくないだろう，と論じている．ただし，「創案された伝統」は，「古い」伝統が消え去りつつあるような，急激な社会変革の時期に，より頻繁に起こるものであるとしている．

創案された伝統の主要な用途の1つは、社会的な一体感と集団的なアイデンティティの醸成である。また、引用された歴史的過去との連続性は、概ね虚構である点も、主要な特徴のひとつである[22]。

創案された伝統の多くが持つ創作的な特徴は、これらの伝統が真実性や正当性に欠け、既存の社会秩序に便益を与えるためにでっちあげられたものであるとする批判を、不可避的に招くのである。

たとえば、スコットランドにおける、ハイランド的あるいはタータン・チェック的な伝統の創作は、激しい批判に曝された。

"「スコットランドのタータン・チェック、ハイランド礼賛主義や、素朴な田舎としての描写などは、おしなべてスコットランドの神話的過去に立脚するシンボル的な表象物を適宜配分しているに過ぎず、急速に都市化と工業化が進む社会の現実とはかけ離れたものであり、スコットランドのアイデンティティが人工的に創り出されたものであることを示唆している。」市民層や貴族層が、このような表象物を真正のものであると触れ回ったため歴史認識はいい加減なものとなった以上、こういったシンボリズムが信頼性を得るのは当然の帰結である。厳密で科学的な歴史的伝統であれば、こういった最近の発明になるアイデンティティを偽物として暴露しただろう[23]。"

Smith[2] は、戦没者記念塔、追悼式典、英雄像や周年式典が、どれほど最近になって現状で考案されたかを問わず、推定され知覚された集団の過去から、その意義と感情的なパワーを得ていると述べて、創案された伝統というテーマを敷衍している。

しかしながら、表面的であるというリスクもある程度は存在し、メディアが唯一の情報源である場合には、国家のイメージがメディアによる完全な創作物で有り得るのだと主張されている[24]。

この観察にはPittock[21] も共鳴している。彼は、国家の創案という概念を批判しており、同時に、PR担当者やクリエーティブ・アーティストが犯すところの詐欺まがいのものを、大衆が彼ら自身のアイデンティティの一部として

受け入れるという考え方も批判している.

ナショナル・アイデンティティの人工的操作に関する, これらの根拠ある不審は, 国家ブランディング・キャンペーン展開において認知される必要がある.

自由な報道の許される国であれば, 政府が後ろ盾となって行う伝統の発明を, メディアが無批判で許すことはないだろう. したがって, 特に伝統の創案を検討する場合には, 公的・民間の両部門を問わずすべてのステークホルダーが, 国家ブランディング戦略の展開に包含されることが重要である.

ナショナル・アイデンティティの文化的要素

文化は, ある人々や国にとって「最も無形」でありながらも, 最も差別化要因となり得る要素である, と叙述されている[25].

したがって, ある国の文化は, その国家ブランディングの本質的なエッセンスを構成するものだと見なして差し支えがない.

文化の差別化要因としての役割は, 国のブランド価値のうち, 少なくとも一定部分を構成する基盤となる. 文化を国家ブランディングに統合することは, 国家ブランディング・キャンペーンを単なる表面的なPR・広告キャンペーンに過ぎないものから, より高いレベルへ昇華させるためにも役立つ.

国際ビジネス, とりわけマーケティングは, 経済的であるのみならず文化的な現象であると論じられてきた[26]. 国の文化において重要なものは何かという視点は, その国の文化に属する顧客にアピールするようなマーケティング・ミックスを構築したい国際マーケティング担当者にとっても有用である[27].

したがって, このセクションではナショナル・アイデンティティの鍵となる幾つかの文化的要素について概観する.

これらの文化的要素を網羅的に, かつ十分に深く検討するということは, このセクションの範疇を逸脱する. むしろ, これらの要素が国家ブランディング構築にどのような関連性を持つかを問うのが第一義的な論点である.

表5-2では, 国家統一に関する文化的視点を複数掲げている.

表5-2 ナショナル・アイデンティティの文化的視点

著者	文化的要素
Anderson [3]	ナショナリズムの文化的創作品：詩歌，小説，音楽，塑造作品
McCreadie [29]	ナショナル・アイデンティティ形成における言語の役割
Haydn [30]	ナショナル・アイデンティティ形成における学校での歴史教育の役割
Hall [28]	「ハイコンテクスト」文化と「ローコンテクスト」文化との対比
King [31]	欧州のクラブサッカーを通じて，新しい欧州の都市・地域間競争の概略が見て取れる．超国家的配列において，国家的枠組みから切り離されつつある．
Shulman [32]	ナショナル・アイデンティティの主要な文化的構成要素は，言語，宗教および伝統である．
Tuck [33]	メディアが，英国ラグビー・ナショナルチームの偉業を記述する際には，とりわけ感動的な創作された伝統やナショナル・アイデンティティとして定着したシンボルを，引き合いに出すものである．

ハイコンテクスト文化とローコンテクスト文化

諸文化を分析するための有用で，かつ有名な方法のひとつが，Hallによるハイコンテクスト文化とローコンテクスト文化の峻別である[28]．

Hall（訳者注：エドワード・T・ホール，米国の文化人類学者）の用語を援用すると，「ハイコンテクスト文化（日本，アラビア語文化圏，中国語文化圏など）」においては，間接的なコミュニケーションスタイルと非言語的シグナルを解釈する能力が評価されるが，「ローコンテクスト文化（イギリスやアメリカなど）」では，非言語的行動は屢々無視されるため，コミュニケーターはより明示的な情報を提供する必要がある．

両文化における，これ以外の違いもまた，異文化コミュニケーションと関係性において影響を与える．たとえば，ハイコンテクスト文化では，関係性は長期的になりがちであり，合意は書面よりも口頭で取り交わされる．インサイダーとアウトサイダーは明確に区別され，文化パターンも刷り込まれており変化しにくい．

ローコンテクスト文化においては，正反対の特徴がみられる．

メディアが英国ラグビーナショナルチームの活躍を記述する際には，創作された伝統やナショナル・アイデンティティの確立されたシンボルを，特に

呼び起こそうとするものである[34].

個人主義・集団主義

ナショナル・アイデンティティ諸要素と消費者行動とを結びつけるリンクは，AakerとWilliams[35]によって，異なる文化の間での感情的アピールの影響の研究において検討された．

異文化（比較文化）的説得効果は，集団主義的と個人主義的な文化における感情的アピールの影響を比較することに関して議論されている．

著者は，個人主義的な文化（米国の場合）においては，他者に焦点を当てた感情（例として共感や平穏感）に依拠したアピールの方が，エゴを増長する感情（例としてプライドや幸福感）よりも，その文化構成員（国民）からより好ましい反応を得ることが出来たと発見している．これに対して，集団主義的文化（中国の場合）の構成員については，エゴ増長型の感情に依拠した場合に，他者に焦点を当てる感情の場合よりも，より好ましい態度に結びついた．

この，恐らく予想外の発見は，説得アピールにより生成された新しい思考のタイプ（複数）が態度を変えさせ，それにより態度および認識に関する反応結果を促したというように，著者により説明されている．

しかしAakerとWilliamsは，異文化間でのアピールにおける可能の具体的な役割を理解するためには，更なる研究が必要だと述べている．

個人主義・集団主義の問題は，意思決定の異文化研究には中心的であり，ナショナル・アイデンティティの主要な構成要素となっている．しかし，個人主義・集団主義という二分法的な構成が，消費者の意思決定において主体的な役割を担うのか，それとも要因のひとつに過ぎないのかについては，意見が分かれるところである[36].

高野・大坂は，個人主義・集団主義という構成の擁護者は，少なからず国別の違いを発見して列挙しているが，同様の意思決定を研究する他の人々は，国別の違いを観察していないと報告している．最近のメタ分析によれば，この二分法的構成を指示する全体的なパターンは発見されていない．

同様に，高度に抽象化され，一般的な文化的知識の測定法は，方法論的お

よび概念的な見地から，その有用性に疑義が生じている[37]．

Briley et al [38] はこの視点を共有している．彼らのスタンスは文化的知識は高度に特殊化された数多くの構成から成り立つものであり，たとえば個人主義的傾向対集団主義的傾向，といったような少数のモノリス的な構成から成立するものとは異なる，という仮定から始まっていると述べている．

したがって，国家ブランド戦略の構築という意味においては，個人主義・集団主義の水準が異なることを示すような目標市場に対するアピールとしては，それに見合った枠組みが必要になるということが明らかである．

モノリス的な国家ブランドは，それが異なった市場に適合するように順応させてあるのでなければ，共鳴を得ることは難しいのである．

自国民優先主義

Usunier と Lee [39] によれば，自国民優先主義の概念は，20世紀初頭に Summer [40] によって初めて提唱された．これは，「イングループ（個人がアイデンティティの拠り所と出来るグループ）」と「アウトグループ（グループとは対立的と見なされるもの）」を区別するためのものである．

Keillor と Hult [14] は，民族中心主義的な傾向を，個人や社会が，自らが持つ文化的視点をベースライン評価軸として用いつつ文化的評価や帰属化をおこなうものであると説明している．

Keillor と Hult のナショナル・アイデンティティの枠組みにおいて，自国民優先主義は，文化を中心とする価値観や行動様式を維持することが重要だとする理由を説明するための手段として含まれている．

自国民優先主義の経済的な意義は，世界経済のグローバル化や，ほとんどの製品・サービスの提供における競争激化に照らし合わせて，明らかである．

自国民優先主義は，マーケット・セグメンテーションの潜在的に有用な手法のひとつとして捉えることが出来よう．

たとえば，非常に民族至上主義的な消費者に対するアピールでは，好意的な態度や行動を得るために，輸入品との対比という意味で，国産品の原作国表示を協調することが出来よう．

したがって，上述した Keillor と Hult が言及するベースライン評価軸，民族中心主義的消費者文化的視点の理解が，国家ブランディング戦略設計に向けた有用なインプットと見なすことが出来る．

言　語

　国家ブランディング・コミュニケーションの枠組み造りにおいて，関係者が言語の重要性をより明確に認識することが重要である．
　PSC ブランドの原産国表記における，言語のシグニファイアー（意義付けをするもの）としての役割やインパクトは多大である．
　さらに，どの単一言語においても，日々の社会的な状況において用いられる言語学上の声調やレジスター（使用域・言語形態）には，変動幅や範囲が存在する．
　これは，マーケティング戦略一般が，また特に国家ブランディングにおいて，活用すべきコミュニケーション資源が，豊富かつ多彩であることを示している．
　言語の柔軟性や順応性・適応性は，Macdonald [18] によって，社会言語学の理論的観点から検証されている．
　この著者は，社会言語学の理論構築とは，我々がある用語または音調の変化・抑揚の意味を，隔離された状態では理解できないという発想を保持する試みであると述べている．さらに，分析では，典型的には言語学的な実際の慣行・変動や差異および変化，たとえばアクセント・レジスターや符号の変化に焦点を当てるとしている．
　これらの慣行は，Macdonald によれば，異なった段階での重複や隔たりを伴った，異なったイディオムの幅広い可能性を生み出すものである．これらは，様々な形で促されたり達成されたりする．
　著者は，誰が話者で誰が聴者か，彼らの社歌的位置づけ，および発声方法や文脈が重要になると結論づけている．
　Macdonald の，誰が話者で誰が聴者か，彼らの社会的位置づけ，および発声方法や文脈の重要性に関する観察は，マーケティング戦略に直接的に関わ

るものである．

「セグメンテーション」は，Macdonald が採用する社会学的なアプローチで用いられる用語ではないが，マーケティングの視点からは，異なった聴衆やステークホルダーに話しかけるときには適切なディスコースを用いることが不可欠であるという点から，著者の指摘する現象が，まさにセグメンテーションであると論じることが出来る．

もうひとつの重要な言語学的問題点として，言語と実体の関係の性質に関わるものがある．

言語学者である Edward Sapir は以下のように論じている．

"すなわち「(ある) 2つの言語が，同じ社会的実体を代表すると見なすことができるほど近似していることはあり得ない」というのである．さらに，「異なった社会（の人々）が暮らす世界は，別々の世界であり，同じ世界に別のラベルを貼付したものではない．」と言っている[41]．"

この言語学的な視点の示唆するところは以下の通りである．すなわち，「2つの言語が，同じ社会的実体を代表することはない」というのは文化的問題に関連する国家ブランディング・コミュニケーションは，単に翻訳されるのではなく，目標市場の構成員である専門家によって，最初から書かれ，設計される必要があるかもしれない，ということである．

文　学

文学は，ナショナル・アイデンティティの決定要素として，またその現れてとしても見ることが出来る．

小説，詩歌，戯曲およびその他の文学形態は，ナショナル・アイデンティティの感覚に貢献し，また時には国家の首脳演説に相当するような国民の意思表示の役割を果たすこともある．

この点の国家ブランディングに対する関連性は，国の特定のイメージを計画的では内形で定着させることが出来る，という文学の持つ力にある．この

イメージは，たとえば国の政府観光庁などの公的機関の所謂望ましいイメージと，調和一致する場合とそうでない場合がある．

コロンビアの作家 Gabriel Garcia Marquez の魔法のようなリアリズム，ペルーの小説家 Mario Vargas Llosa の作品，日本の作家村上春樹の催眠術のように人を引きつける物語，これらすべての文学作品は，ある国の文化や精神に向かう経路として，どれほどクリエーティブなブランディング・キャンペーンによって得られるものよりも，深く豊かなものに相当する．

国家ブランディングの含意は 2 つある．第 1 に，文学は国の文化戦略の一部分として支えられる必要がある．第 2 に，国の文学者が世界の舞台で強い影響力を行使するとき，観光・ブランド品輸出等を促進するための協調的なイベントなどを通じて，国の他のセクターもそれから便益を享受することが出来るよう，調整する部局を設置する必要がある．

このような調整部局が存在しないと，シナジーの機会が失われてしまうだろう（第 8 章を参照）．

音　　楽

ナショナル・アイデンティティの核となる要素のひとつとしての音楽は，これまで国の国家ブランディング・キャンペーンにおいて大変活用されてこなかった，と言うことも出来よう．

一部の国では，音楽が持つ潜在的な能力として，自国のアイデンティティを肯定的に祝祭的に伝達出来る，という点に理解があった．

たとえば，スコットランドのフォーク音楽などは，独自性があり，さらにここ 10 年ほどは，より近代的な音楽スタイルとの融合が進んでいる．これは，スコットランドのブランディングに有力な影響を与える可能性を秘めている．

このことは，スコットランドの製品やサービスのブランディングに関わる一部の関係機関から，徐々に認識されるようになってきた．

たとえば，最近極東に出向いたスコットランド企業のミッション（訪問団）には，Shooglenifty というフォーク・フュージョンバンドが随行した．このバンドの音楽は，伝統的なスコットランドらしさに加えて，イノベーションや世

界の影響に対して開放的な要素を持っている．スコットランドの他のセクターがグローバルな舞台で活躍するに当たって，インスピレーションの源泉となるようなものである．

Devine [42] は，Deaco 国家ブランディング lue, the Proclaimers および Runrig などのロックバンド，そのスタイルがとりわけスコットランド的であるが，海外のより幅広い聴衆に音楽を伝えることが出来るだろう，と述べている．

ロックバンド Runrig は，特にケルト文化と全般的なスコットランドらしさを肯定しており，若い世代のスコットランド人も，自らのナショナル・アイデンティティに自信を深めつつある．

現在のスコットランド音楽に顕在化している伝統と近代性とのダイナミックな融合を国家ブランディング戦略に取り込まなければ，せっかくの機会を無駄にすることになろう．

これが公的機関に付託せられるべきか，あるいは民間セクターの団体またはその他の主体に担当を任じるべきか，という点は重要な問題である．

他のクリエーティブな人々と同様に，音楽家たちは，一般的に何らかの公的な枠組みに組み込まれてしまうことを忌避する傾向があるため，音的ブランディング戦略の意義付けは，明確に表現されつつも（かつ「ブランドスピーク」でないことも重要），「軽いタッチ」のポリシーであることが望ましい．

食品と飲料

ナショナル・アイデンティティの構成要素の中で，食品や飲料ほど，一国を豊かに表現出来るものは少ない．

このことは，食品や飲料に関連する国のプロモーションが近年大幅に増えていることに反映されている．

これらのプロモーションは，全国規模であったり地域レベルであったりする．

第3章の国別ケース分析では，チリが如何にして同国産ワインのプロモーション・キャンペーンを協調したかが紹介されている．

フードやドリンクのプロモーションにおいては，地域別キャンペーンも自然な手段である．

たとえば，フランスのブルターニュ地方は，若干の誇張を交えて「フードやドリンクの神様たちのオリュンポス山」と自らを位置づけている[43]．

スポーツ

スポーツは，高度な感情を惹起するものであり，ナショナル・アイデンティティの感覚に対して中心的な貢献要素と見ることが出来る．

たとえば，Bradley[44] はスペインについて，地域的・民族的アイデンティティの導管として重要なものは他にもあるものの，サッカーが，社会に存在する主要な多様性を示す国である，と述べている．

これまでにないほど，バルセロナ，アスレチコ・ビルバオ，レアル・マドリッドなどのクラブが，民族的・文化的・国民的アイデンティティと，スペイン社会内での区別や不和を表現するシンボルと焦点，さらには公に表現する媒体となっている．

一部の国々ではナショナル・アイデンティティの感覚に貢献する最有力なスポーツがサッカーであるのに対して，他の国々では異なったスポーツが同じ機能を果たしている．

たとえばニュージーランドでは，オールブラックス（訳者注：ナショナルチームの名称）が国のプライドの象徴となっている．

1990年代半ばに職業（プロフェッショナル）ラグビーの導入に際して，ニュージーランド・ラグビー・ユニオン（NZRU）は，ラグビーのナショナルチームであるオールブラックスの「ブランド価値」の布陣を識別するために，広告代理店 Saatchi と Saatchi を起用した．

代理店は，オールブラックスが全体的に，チームとして卓越・謙虚さ・チームワーク・伝統といった，ニュージーランドの価値観を象徴していると考えた[45]．

イギリスの枠組みでも，Tuck[33] によって，ラグビーとナショナル・アイデンティティとの関係について，類似した調査がおこなわれた．

この研究では，英国のメディアが，同国のラグビーナショナルチームの功績を描写するために色々なイメージを利用したことが分かった．特に強い創案された伝統や，ブルドッグ精神やアングロサクソン気質といったように，確立した伝統的イギリスらしさのシンボルを呼び起こしたりした．

アイデンティティ構築におけるスポーツの役割の，もうひとつの例としては，カリブ海地域諸国において，1950年代終盤から1960年代初頭にかけて，クリケットが，地域の進歩と独立国としての矜持を強力に示す表現となった．クリケットが，黒人のナショナリズム，カリブ海地域のアイデンティティ，および反植民地闘争を結びつけるリンクとなったからである[46]．

オリンピックやFIFAワールドカップといったような国際的なスポーツイベントの開催は，グローバルなスケールである場所を宣伝し，あるいはイメージの再構築をするために効果的に用いられてきた[47]．

スポーツを国家ブランディング・ミックスに包含するということは，比較的に活用されていないポジショニング・ツールであると指摘されている[48]．

2012年の欧州サッカー選手権開催国として招致に成功したポーランドとウクライナの2国は，現在，欧州全体あるいは世界的なステージで国家ブランディングを高揚するためには大変良い機会に恵まれている．

この注目を集めるスポーツイベントは，およそ1億5,000万人の視聴者が見ることが予想される．さらに，イベント開催に向けて大規模なメディアの注目が集まることも予想される．

ポーランドとウクライナが今後5年間にそれぞれの国家ブランディング戦略をどのように運営するかが，数万人，あるいは数十万人の欧州人の意識の中で舞台の中央にたてるというこの歴史的な機会から2つの国が得られる便益の程度を決めることになるだろう．

建　　築

Hess[49]は，ナショナル・アイデンティティの創造における建築の利用を説明している．ガーナのアクラにおける建築や空間整備は，「建築」と「意図的に管理された国家理想」との間の同一性を反映していると述べている．

ガーナ独立後の政権による植民地時代の建築物の再構成が進展しているという主張がなされているが，それは建築的モダンさと都市環境の再概念化により，他と明確に区別できる概念としての「国家」を捉えたものである．

「意図的に管理された国家理想」の追求において建築を活用するということは，Hess により植民地支配終了後のアイデンティティ形成という枠組みで検証されている．

一部の人々は新しいスコットランド議会ビルの創設を同様の見方で捉えている．スコットランドが，イングランドの支配的な力の陰から脱出するというものである．

専門家の分析

ソニック・ブランディング―国家アイデンティティのエッセンスを捉える

Daniel M. Jackson

Anthor of Sonic Branding–An Introduction

ソニック・ブランディングというのは，アイデンティティの一部として，あるいは経験を高揚させるものとして，音楽・声・サウンドデザインを創造し継続的に使用するものである．

この専門分野は，どのように国家ブランディングと関連づけられるであろうか？

それは基本的で，最重要で，絶対不可欠だよと言ったら，誇張のしすぎであろうか？

何か証拠が必要である？　ヨシュア（訳者注：旧約聖書に登場する人物）が，雄羊の角で作った角笛が深い音色で吹き鳴らされるなか，ヘブライ国家を統一した時まで四千年ほど遡る．

いや，考え直して，何千年か飛ばして見よう．1745 年には，英国国歌「ゴッド・セイブ・ザ・クイーン（訳者注：本来は「ゴッド・セイブ・ザ・キング」）」が英国の愛国心の発露として初めて演奏された．

私たちが英国を論題にしている間に，楽曲「イェルサレム (Jerusalem)」，

「Land of My Fathers」と「Scotland The Brave」を，それぞれイングランド・ウェールズ・スコットランドのソニック・ブランディングと見なされる．

さらに証拠が必要であるか？　イングランドが自国のブランド属性を歌い上げる曲と言ったら，「Rule Britannia（大衆の自由）」，「Land of Hope and Glory（プライド）」,「There'll Always be an England（ファイト精神）」「Swing Low Sweet Chariot（ラグビーが強い）」や「Barmy Army（クリケットが不調）」を思い出される．

これらの楽曲やチャント（詠唱，シュプレヒコール）は，ソニックブランディングの基本的な役割を果たしている．

第1に，これらは国のエッセンスと関連する価値の両方に関する感情の表現として創作された．

第2に，これらは継続的に長期間，および様々な「応用」に亘って使われてきた．

第3に，これらは記憶に残るものであり，第4に，これらは（概ね）特徴的であるため，イングランドのブランドのみと結びついている．

すべての偉大なソニック・ブランディングの基礎である音楽は，英国国歌「ゴッド・セイブ・ザ・クイーン」以降，国家を識別し統一する非常に強力な道具となった．タリバン政権下のアフガニスタンを除く地球上のすべての近代国家が，要求されるムードにより，力強くあるいは荘厳に，国民が歌うための国歌を選んでいる．

ナショナル・アイデンティティの音楽的な表現を模索する新規に独立した諸国では，世界の国家を包含する下記の5つの音楽ジャンルからインスピレーションを探すことができる．

そういった国々では，伝えたい価値にマッチするもので，なおかつ長調の音色を持ち，出来ればフルオーケストラで演奏されるものを検討すると良いだろう．

1. 国歌・聖歌
スローテンポ，メロディ重視，荘厳かつ伝統的な演奏がベスト．

2. 行進曲

テンポは遅くても速くてもよいが，すべて伝統的で活気があり前向きに突き進むような響きで．

3. 行進曲「プラス」

行進曲にセクションを追加します．複雑なメロディやイタリア人テノール歌手などで良いだろう．貴国が，強力かつ伝統的だが華やかさも加わっているように聞こえるだろう．

4. ワールド・ミュージック

ローカルなミュージシャンを集めて正当な伝統的スタイルで演奏させてください．貴国はプライドがあり独自性があるとブランドづけられるだろう．

5. ファンファーレ

もし歌詞が欲しくないならば，トランペットと軍楽隊の太鼓を探してほしい．世界は，皆さんが貴国の偉大さ（それがたった60歳だったとしても）にプライドを持ち，それについて喜んで叫びたいのだということを知るだろう．

もちろん，新しい国歌の市場は（一部の旧ソ連諸国を除き）近年あまり活況を呈してこなかった．しかし，最近になって，より一般的になったのは，「インターナショナル（左翼の革命家）」Beethoren の「歓喜の歌（欧州連合）」のような国際的な「国歌」である．国際連合でさえも，Pablo Casals と W. H. Auden により作られた非公式の「国歌」を持っている．

しかし，これらの超国家的国歌の目的は，世界最小国のものなどとも，全く同様である．

これらは，国旗と同じほど重要な，国のアイデンティティの主要な構成要素である．

これらは，時には驚くほど正確に，また「ウチも（訳注：各国の国家にありがちなパターンで作った）」といった単調さで，国の感情を伝えるが，通常はまあまあ程度の楽曲と感激的な歌詞を持っている．

* * * * *

態度と国家ステレオタイプ

ステレオタイプ化という分野において,一方では国家アイデンティティ文献,他方では COO (訳者注:カントリー・オブ・オリジン,マーケティングにおける原産国や地域に関わるイメージ等を取り上げる研究分野) 文献との間に,明確な概念の重複がある.

国々はしばしばネガティブな形でステレオタイプ化される.国家ブランディング展開の主要名目標のひとつは,このような潜在的に悪影響の大きい,国のステレオタイプ化に対抗することである.

社会学で用いられるときには,ステレオタイプという単語は,あるグループや階級の人々の片寄った(通常は偏見を持った)視座を意味する.この視座は,相殺可能な証拠によっても修正されにくいものである[24].

各国にも国ごとのステレオタイプが存在するが,それは肯定的,否定的あるいは中立のものとなる.但し,ある国のステレオタイプに関わる属性が,必ずしも特定の製品に関するキャリーオーバー効果を持つものではない[50].

文化財は,国のステレオタイプ認識の重要な決定要因となり得る.

Higson[19] は,国のステレオタイプを検証して,それが色々な強化,企画もしくは除外の対象となり得るものであると述べている.

映画などの文化財は,ある国がどのように認知されるのかに対して強力な効果を持つことがある.

Higson は,それがどのようにして起こるのかを説明している.英国映画界の国内市場は,費用を十分にカバー出来るほどの規模を持たず,映画作品は国際市場を念頭に置いて制作されなければならない.このことは,国のアイデンティティが作品においてどのように表現されるのかという方法論に,必然的に影響を与えるものである.

このような映画では,キャラクターやアイデンティティの設定を簡略化するための手段として,しばしばステレオタイプ化に走るものである.

このような表面的でいい加減なステレオタイプ化が,消費者行動や国家イメージの認識において影響をもつのかどうか,という点は国家ブランディン

グ展開に明確な関連性をもつ分野である．

　たとえば，ウガンダは，公開作品「ラストキングオブスコットランド」が国のイメージに与える影響を測定する作業を開始したのだろうか？

　（このトピックは）いつか，ある大学院後期課程の学生が，博士論文のテーマとして取り上げるであろうことに疑いの余地はない．

　しかしながら，国家ブランディングの視点からは，これが十分でないことは明白である．

　この映画作品によりウガンダに関する一般大衆の認識が高まったということは，好機の到来であったともいえる．これは，作品の上映が終了してDVDの販売期間が終われば，失われてしまう機会である．

　ナショナル・アイデンティティを表現する媒体としての博物館の役割は，McLeanとCooke[51]によって研究されている．博物館は，表現の場所として国のイメージが制作され消費されるに当たり重要な多面的空間である，と定義している．

　著者によれば，博物館という環境のなかでは，収集物，物質文化の解釈と展示，および館内における見学者の相互作用やふれ合いを通じて，国家の物語が構築される．

　Anderson[3]は，このような物語の構築は，中立的な活動ではなく，博物館と，彼が「博物館的イマジネーション（museumizing imagination）」と呼ぶものは，どちらも根本的に政治的であることを強調している．

　したがって，国家アイデンティティを投影するに当たって博物館の果たす重要な役割は，国家ブランディングキャンペーンの展開において公認されることが必要である．

　マーケティングの文脈においては，消費者の態度と国家に関するステレオタイプとの関係性は複雑なものである．

　Papadopoulos et al.[52]は，以下のことを発見している．すなわち，一方では，ある国の人々に関するステレオタイプは，当該国の産品との連想から惹起されることもあり得る．（例として，ハンガリー人は，日本製品を基準として，日本人が信頼に値し好感を持てると見ていた．）他方では，人々のイメージが産品に

応用されることからステレオタイプが発生することもある．（例として，ハンガリー人は，スウェーデン製品を，それが当時国内ではほとんど販売されていなかったにもかかわらず，アメリカ製品とほぼ同等に高く評価していた．）

　この複雑性は O'Shaughnessy と Jackson [24] によっても追認されている．国の終始一貫したイメージをもつということには，元来の難しさがある．人々は，特定の属性を無視したり，再構成したりするからである，との観察である．（スイスの終始一貫性あるイメージの形成においては，チョコレートと銀行業とを結びつけることはしないものである．）

　国家ブランディング戦略は，人々が国のイメージ認識を構築するに当たり，どのような属性を無視し，または再構成するかを突き止めるために，継続的な研究への相当な投資を含まなければならない．

　第4章における国別ケース分析では，スイスがどのようにこの問題に対応しているかに光を当てる．

要　　約

　本章では国家アイデンティティの基本的な特徴を概観し，国家アイデンティティの概念が擡頭中の国家ブランディング分野にどのように関連性を持つかを示した．

　ナショナル・アイデンティティにおける重要な論点としては，国を「イメージされた共同体」と見ること，および「創案された伝統」という考えが含まれる．

　ナショナル・アイデンティティの文化的要素は幅広い分野に跨がっている．言語・文学・食品や飲料・スポーツ・建築，および他の多くの次元に亘っている．国家ブランディング戦略家はこれらに意識を持ち，国家ブランディング展開が国の実体やエッセンスにしっかりと根ざしたものとなり，広告代理店やマーケティング・ブランディング業者による作り物で終わらないようにする必要がある．

　本章で取り上げたロシアの国別ケース分析では，国家ブランディングが如何にして国のアイデンティティを国内外の観衆に対して明確化する手段を提

供しうるかということに光を当てた.

(訳・野末裕史)

注

1) Treanor, P. (1997) Structures of nationalism. *Sociological Research Online*, **2**, http:www.socresonline.org.uk/socresonline/2/1/8.html (accessed 21/05/01).
2) Smith, A.D. (1991) *National Identity*, Penguin Books, London.
3) Anderson, B. (1991) *Imagined Communities*, Verso.
4) Kearney, H. (1991) Four nations or one? *National Identities: The Constitution of the United Kingdom* (B. Crick, ed.) Blackwell, Oxford.
5) Tolz, V. (1998) Forging the nation: National identity and nation building in post-communist Russia. *Europe-Asia Studies*, September.
6) Parekh, B. (2000) Defining British national identity. *The Political Quarterly*, **71**, 4-14.
7) Thompson, A. (2001) Nations, national identities and human agency: putting people back into nations. *The Sociological Review*, **49**, 18-32.
8) Kiely, R., Bechhofer, F., Stewart, R., and McCrone, D. (2001) The markers and rules of Scottish national identity. *The Sociological Review*, **49**, 33-55.
9) Bond, R., McCrone, D., and Brown, A. (2003) National identity and economic development: reiteration, recapture, reinterpretation and repudiation. *Nations and Nationalism*, **9**, 371-391.
10) Dinnie, K. (2002) Implications of national identity for marketing strategy. *The Marketing Review*, **2**, 285-300.
11) Burgess, S.M. and Harris, M. (1999) Social identity in an emerging consumer market: How you do the wash may say a lot about who you think you are. *Advances in Consumer Research*, **26**, 170-175.
12) The Scottish Executive, http://www.onescotland.com
13) Zimmer, O. (2003) Boundary mechanisms and symbolic resources: Towards a process-oriented approach to national identity. *Nations and Nationalism*, **9**, 173-193.
14) Keillor, B.D. and Hult, G.T.M. (1999) A five-country study of national identity: Implications for international marketing research and practice. *International Marketing Review*, **16**, 65-82.
15) Lilli, W. and Diehl, M. (1999) Measuring national identity, Working Paper, Nr 10, *Mannheimer Zentrum für Europäische SozialJorschung*.
16) Burgoyne, C.B. and Routh, D.A. (1999) National identity, European identity and the euro, in *National Identity* (K. Cameron, ed.), Intellect Books, England.

17) Gould, M. and Skinner, H. (2007) Branding on ambiguity? Place branding without a national identity: Marketing Northern Ireland as a post-conflict society in the USA. *Place Branding and Public Diplomacy*, **3**, 100-113.
18) Macdonald, S. (1997) *Reimagining Culture: Histories, Identities and the Gaelic Renaissance*, Berg, Oxford.
19) Higson, A. (1998) Nationality: National identity and the media, in *The Media: An Introduction* (A. Briggs and P. Golbey, eds.) Longman.
20) Cameron, K. (ed.)(1999) *National Identity*, Intellect Books, Exeter, United Kingdom.
21) Pittock, M.G.H. (1999) *Celtic Identity and the British Image*, Manchester University Press, Manchester.
22) Hobsbawm, E. and Ranger, T. (eds.)(1983) *The Invention of Tradition*, Cambridge University Press.
23) Finlay, R.J. (1994) Controlling the past: Scottish historiography and Scottish identity in the 19th and 20th centuries. *Scottish Affairs*, **9**, Autumn, 127-142.
24) O'Shaughnessy, J. and Jackson, N. (2000) Treating the nation as a brand: Some neglected issues. *Journal of Macromarketing*, **20**, 56-64.
25) Pant, D.R (2005) A place brand strategy for the Republic of Armenia: 'Quality of context' and 'sustainability' as competitive advantage. *Place Branding*, **1**, 273-282.
26) Bradley, F. (2005) *International Marketing Strategy*, Fifth Edition, FT Prentice Hall, UK.
27) Muhlbacher, H., Dahringer, L., and Leihs, H. (1999) *International Marketing: A Global Perspective*, Second Edition, Thomson, UK.
28) Hall, E.T. (1976) *Beyond Culture*, Anchor Press/Doubleday, USA.
29) McCreadie, R. (1991) Scottish Identity and the Constitution. *National Identities: The Constitution of the United Kingdom* (B. Crick, ed.) Blackwell, Oxford.
30) Haydn, T., Arthur, J., Davies, I., et al. (2001) *Citizenship through Secondary History*, RoutledgeFalmer, London.
31) King, A. (2000) Football fandom and post-national identity in the New Europe. *British Journal of Sociology*, **51**, 419-442.
32) Shulman, S. (2002) Challenging the civic/ethnic and west/east dichotomies in the study of nationalism. *Comparative Political Studies*, **35**, 554-585.
33) Tuck, J. (2003) The men in white. *International Review for the Sociology of Sport*, **38**, 177-199.
34) Mead, R (2005) *International Management: Cross-Cultural Dimensions*, Third Edition, Blackwell Publishing, USA.
35) Aaker, J.L. and Williams, P. (1998) Empathy versus pride: The influence of emotional appeals across cultures. *Journal of Consumer Research*, **25**, 241-273.

36) Takano, Y. and Osaka, E. (1999) An unsupported common view: Comparing Japan and the US on individualism/collectivism. *Asian Journal of Social Psychology*, **2**, 311-341.
37) Peng, K., Nisbett, RE., and Wong, N.Y.C (1997) Validity problems comparing values across cultures and possible solutions. *Psychological Methods*, **2**, 329-344.
38) Briley, D.A., Morris, M.W., and Simonson, I. (2000) Reasons as carriers of culture: Dynamic versus dispositional models of cultural influence on decision making. *Journal of Consumer Research*, **27**, 157-192.
39) Usunier, J.-C. and Lee, J.A. (2005) *Marketing Across Cultures*, Fourth Edition, FT Prentice Hall, UK.
40) Sumner, G.A. (1906) *Folk Ways*, Ginn Custom Publishing, New York, USA.
41) Sapir, E. (1929) The status of linguistics as a science. *Language*, **5**, 207-214.
42) Devine, T.M. (1999) *The Scottish Nation 1700-2000*, Penguin Books, London, UK.
43) Advertisement in The Guardian Weekend magazine, *The Guardian*, April 21 2007, p. 111.
44) Bradley, J.M. (1995) *Ethnic and Religious Identity in Modern Scotland: Culture, Politics and Football*, Avebury, England.
45) Motion, J., Leitch, S., and Brodie, R.J. (2003) Equity in corporate co-branding: The case of adidas and the All Blacks. *European Journal of Marketing*, **37**, 1080-1094.
46) James, C.L.R. (1963) *Beyond A Boundary*, Stanley Paul, London.
47) Jun, J.W. and Lee, H.M. (2007) Enhancing global-scale visibility and familiarity: The impact of World Baseball Classic on participating countries. *Place Branding and Public Diplomacy*, **3**, 42-52.
48) Rein, I. and Shields, B. (2007) Place branding sports: Strategies for differentiating emerging, transitional, negatively viewed and newly industrialised nations. *Place Branding and Public Diplomacy*, **3**, 73-85.
49) Hess, J.B. (2000) Imagining architecture: The structure of nationalism in Accra, Ghana. *Africa Today*, **47**, 34-58.
50) Elliott, G.R. and Cameron, R.S. (1994) Consumer perceptions of product quality and the country-of-origin effect. *Journal of International Marketing*, **2**, 49-62.
51) McLean, F. and Cooke, S. (2000) From Oor Wullie to the Queen Mother's Tartan Sash: Representation and identity in the Museum of Scotland. *Image into Identity Conference*, University of Hull, United Kingdom.
52) Papadopoulos, N., Heslop, L.A., and Beracs, I. (1990) National stereotypes and product evaluations in a socialist country. *International Marketing Review*, **7**, 32-47.

第6章　原産国とナショナル・アイデンティティから国家ブランディングまで

国別ケース分析—ブラジル
ブラジルIT：海外におけるブラジルIT産業の成功

Renata Sanches and Flavia Sekles
Projects Unit Coordinator, APEX Brasil and Executive Director,
Brazil Information Center

2007年3月末，A.T. Kearneyが発表したグローバルサービス地域指数（Global Services Location Index）によると，ブラジルは海外にアウトソーシングを提供するすべての国々を対象としたランキングの中で，インド，中国，マレーシア，タイに続く5位にランクし，2005年の順位より5段階上昇した．

ガートナーやフォレストなどのITコンサルティング企業が最近発行した研究報告書においても，ブラジルは最も競争力のあるアウトソーシング地域の1つとしてあげられている．このような研究報告は，ブラジルのIT企業やブラジル輸出促進委員会にとって嬉しい知らせであろう．2004年初めから，ブラジルの経済関連部門は，自国のIT産業を世界的なものにするために協力し合っている．ブラジルは年間150億ドルの収益を得る世界10大IT市場の1つであるものの，IT生産量の約75%を輸出するインドと比較するとその輸出力はまだ弱い．そのためブラジル政府は，APEXブラジルという輸出促進委員会によるIT分野の促進活動を最大限に支援している．

ブラジルのIT分野の人々は，自国のIT産業が飛躍的な輸出成長を成し遂げるためには，世界最大のIT商品消費国であるアメリカを始めとする海外市場において，優れた商品とサービスの提供者として評価を得ることが重要であると認識している．2004年以前のブラジルは，多くの産業研究調査や分析

報告書などにおいて，有望なアウトソーシング地域としてほとんど認識されていなかった．実際，ウクライナ，コスタリカ，そしてベトナムのように，ブラジルより IT 産業が遅れている国々が，新興 IT アウトソーシング国としてしばしば取り上げられており，ブラジルは徹底的に無視されていたのである．これは，明らかに既存のイメージが引き起こした問題であろう．

　こうした否定的なイメージを払拭するためにスタートした APEX ブラジルは，最初の 3 年間はブラジルの IT サービスと商品を普及させるために努力する一方で，地理的にも近く，差別化されたサービスを求めるアメリカ企業に，ブラジルの IT 企業が彼らに適したパートナーであることを気付かせるために尽力した．

　産業分析および IT 貿易展示会において，ガートナーグループが重要な世論の発信源であることを知った APEX は，2004 年 10 月，オーランド（Orland）で開かれたガートナー IT 博覧会への参加を決めた．同時に，APEX はアメリカ市場での活動計画を立てている複数のブラジル企業と協力することにした．この計画は長期的に見て，まだアメリカに IT サービスを販売していないブラジル企業にも適用可能なものであった．その主なポイントは次のようである．

　当時，アメリカで活動していたブラジルの IT 企業には，海外の IT 産業についての知識が欠如していただけでなく，自国の IT 産業に関する全般的な知識も不十分であったため，多くのチャンスを逃しているような状況であった．販売戦略会議の際，ある管理者が発言したように，ブラジルの IT 企業は商品を販売する時間を減らし，自国の IT 産業の存在を知らしめるために多くの時間を費やさねばならなかった．このイニシアチブは，アメリカで事業発展を目指す複数の企業が共同戦略を開発する際，販売成長のために協力する際，そして個別の販売活動を統合的な市場戦略に変える際に，統一のツールとして機能する．

　ブラジル国内に広がっている IT クラスターに加え，個別の IT 企業，アメリカに本部を置く非営利貿易組織であるブラジル情報センター，そして APEX ブラジルはブランド開発に着手した．彼らは "ブラジル IT" という用語を "Brazil it" と使用することで，名詞としても動詞としても解釈できるようにし

た．また，彼らは他のアウトソーシング国々を先導するブラジル IT 産業の優秀性と競争力を広く知らせることに力を注いだ．

こうしてようやくブラジル IT の新しいロゴが誕生し，アメリカでの商標登録も完了した．これを知らせるために使用した方法は，ビデオ，インターネット www.brazil-it.com，印刷媒体，そして継続的な貿易ショーへの参加などであった．ブラジル IT を知らせるためのメッセージは，ブラジル国内の活発な IT 市場，アメリカと類似した文化およびビジネス環境，地理的な近接性，時間帯の一致，地政学的安定性，そして他国の技術者と比較した時にブラジル IT 技術者が有する高い創造性といった要素に焦点が当てられた．同時に，金融システム，健康管理システム，電子政府のような分野の優れたシステムが，ブラジル IT が持つ世界水準の品質と適応可能性を表す実例として用いられた．卸売アウトソーシング・サービスを通じて発展したインド企業の売り込み方式とは異なり，ブラジルの IT 産業はブラジルの IT サービスとソフトウェア開発者たちの"価値を集合させること"で差別化を行った．これは，IT サービスと共に創造的な"箱の外の"ソリューションを開発および実行できるよう，ビジネスの専門知識を同時に提供する方式であった．

ブラジル IT がアメリカで開催される大規模な貿易イベントに初めて参加したのは，2004 年のガートナー IT 博覧会であった．この貿易ショーには，約 30 のブラジル IT 企業が，初めて参加する企業のために準備された展示館で自社の商品を披露した．企業の観点からすると，この貿易ショーへの参加は非常に成功的なものであった．つまり，このイベントを通じ，シンポジウム参加者たちの興味を引くと同時に，新たな交流も生まれたのである．また，彼らは 2005 年の"マーケットプレイス・スポンサー"のような，より規模の大きいイベントにも参加し，ブラジルの IT 情報を提供する場として活用した．ここにはブラジルの IT 企業が準備した 5 つのブースも含まれる．この中の一部はアメリカですでにある程度の地位を確立した企業であり，またその他の企業もアメリカへの進出時期を具体的に検討している企業であった．

2006 年，ブラジル IT の戦略は，特定の産業分野に焦点を当て，ガートナーのイベントに複数回参加することで再び発展を遂げた．多様な活動への投資

により，マーケティング活動に対する投資額も増加した．具体的には，2005年にブラジルITのウェブサイトが再スタートし，新しいビデオが制作され，2006年にはブラジルITニュースが開始された．また，貿易ショーで宣伝されたブラジルITに関するニュースをまとめ，過去3年間，ガートナーのイベントに参加してブラジルITに接したIT担当者向けのニュースレターも発刊した．このようにガートナーのイベントは，ブラジルITの成功事例を影響力のあるIT担当者たちに伝える契機となった．2006年6月，ブラジルITは，ITチャネルビジョンが授与する"最高の企業賞"を受賞した．また，2006年，ガートナーIT博覧会で，IT（ソフトウェア）がフレックス燃料自動車の低コスト生産にどのように役立つのか，またこれに関連するIT技術がブラジルにおいてどのように成功的に使われたかについて事例研究を提示した．これは海外ではあまり知られていないケースであり，未だに多くの人々は，最適エンジン方式 vs フレックス燃料の問題はハードウェアを通じて解決されるべきであると信じている．

　APEXブラジルによるIT発展の努力と並行し，ブラジル内の他の産業団体もAPEXに協力している．サンパウロの郊外カンピナス（Campinas）に拠点を構える約10の小規模IT企業グループは，Stefanini，Politec，CPMといったアメリカで多数の企業顧客を持ち，複数地域に事業場を持つ大規模の企業と連携し，初めてアメリカに自らを紹介した．また，APEXによると，パライーバ（Paraiba）とペルナンブコ（Pernambuco）の北東地域に位置する他のITクラスターは，毎年30～50%程度のIT輸出成長を達成しているが，その大半の企業は一度も海外の貿易イベントに参加したことがないという．2004年IT輸出促進のため，ブラジルの6大ITサービス企業（CPM，Datasul，DBA，Itautec，Politec，Stefanini）が設立したブラジルソフトウェアサービス輸出協会Brasscomは，現在まで成長を成し遂げ，今はアクセンチュア，HSBC，Promon，Braxis，BRQ，CenPRA，Sun，そしてTIVITも加入している．彼らはA.T.カーニーを雇用し，国際市場における最善の方法と機会を分析させると同時に，ブラジルの世界市場進出のための案内役を務めさせた．

　徐々にブラジル企業は産業信用度を高めながら，待望であった業務能力成

熟度モデル（capability maturity model）の評価を達成しつつある．Stefanini，CPM，Politec のようにアメリカ市場において活発に活動している企業は，各々が独自の評価を得ている．すなわち，2006 年 StefaniniIT ソリューションは，ブラウン＆ウィルソングループが行った調査で世界 10 大アウトソーシング企業に選ばれており，CPM と Politec はグローバル・サービスマガジンが毎年選定するグローバル・サービス GS100 に入った．

　ブラジル IT 産業のこうした成功は，全体的に肯定的な結果をもたらした．2004 年，ブラジル政府によって策定された 20 億ドルの輸出目標を達成するため，ブラジル IT 産業は海外進出にさらに拍車をかけている．

　APEX ブラジルは，ブラジルの民間部門から IT への投資拡大を要求する一方で，貿易ショー参加および広報活動を通じたステップアップを図り，2007 年と 2008 年のブラジル IT プログラムに対する支援を継続している．

＊＊＊＊＊

はじめに

　原産国とナショナル・アイデンティティは，国家ブランディングのコンセプトを支えながら互いに密接な関係にある．しかし，この 2 つの分野は完全には統合されてはいない．この章で，我々は原産国とナショナル・アイデンティティの共通要素について識別し，国家ブランド発展の根幹になる独特なブランディング能力にそれらを関連づけてみる．国家ブランディングのための概念的フレームワークは，原産国とナショナル・アイデンティティという 2 つの分野で明らかになった重要な課題にアプローチし，カテゴリー・フローモデル（category flow model）の形で提示できる．ブラジルに対する国別ケース分析は，1 つの国が既存の固定観念を破り，どのように経済関連部門を発展させたかを明らかにしている．一方，専門家の視点においては，製品と国家アイコンというパラドックスに焦点を当てる．

ナショナル・アイデンティティと原産国：共通要素

　ナショナル・アイデンティティに関する文献は，原産国の研究者によって

はほとんど研究されてこなかった．原産国イメージを決定する要素のほとんどが，ナショナル・アイデンティティを構成する文化的，社会的，政治的背景に基づいていることを考えると，これは驚くに値する．原産国に対する既存研究は，主に国のイメージに影響を与えるナショナル・アイデンティティの文化的特性に関する考察なしに消費者の意思決定に影響を及ぼす"made in"ラベルの効果に焦点を当てていた．PapadopoulosとHeslop [1] は，原産国イメージに対する研究の大半は，国のイメージに伴う結果を同等視しながら，様々な国の商品を評価するための回答者を求めていると指摘している．多くの原産国関連の研究が持つ欠点は，国のイメージの構造が，商品のイメージと国のイメージを単純に同一視するといった狭量な考えでアプローチされてきたことである．国のイメージは，その国の製品やサービスのみならず，より広範の要素の組み合わせによって決定される．

　一方，伝統の創造，教育の役割，そしてスポーツといったナショナル・アイデンティティの決定要因を考慮することで，国家ブランディングと関連するマーケティング戦略に必要なより豊かで文化的な基盤を提示することが可能となる．マーケティング戦略のためのナショナル・アイデンティティの影響は，原産国の文献ではほとんど言及されていない．しかし，国家ブランディングというトレンドは，アイデンティティ統合（integration-of-identity）の諸問題をマーケティング戦略に絶対的に必要なものにすると考えられる．また，グローバル化が進む経済において，国家ブランドを戦略的に管理することに失敗した国々は，こうした問題に積極的にアプローチをしている国々と競争するために奮闘するであろう．ナショナル・アイデンティティと原産国の領域においては複数の共通要素が見られる．それは図6-1のように示される．これらの要素は，国のイメージ形成プロセスに影響を与え，国家ブランド戦略が開発される背景を提供し，国家ブランディングにおいて重要な役割を果たしている．

　ナショナル・アイデンティティと原産国の共通要素は，文化という一般的領域に位置づけすることができる．"文化"は，人々にとって多様な意味を持つ用語である．国家ブランドを構成する重要な要素として，また国のイメー

ジ認識の決定要因として文化に対する表現を明確にするためには，文化がどのように定義されてきたかを考えるのが有効である．DanesiとPerron[2]は，文化を代々伝えられる"1つの秩序に基づく生き方の様式"と定義した．彼らが言及した"秩序"という用語は，社会的集団が日常生活を送ったり，未来のため計画を立てたりするために創造および使用する諸記号（言葉，ジェスチャー，視覚的象徴など），諸コード（言語，芸術など），そして諸テクスト（対話，文学など）を集めたものである．

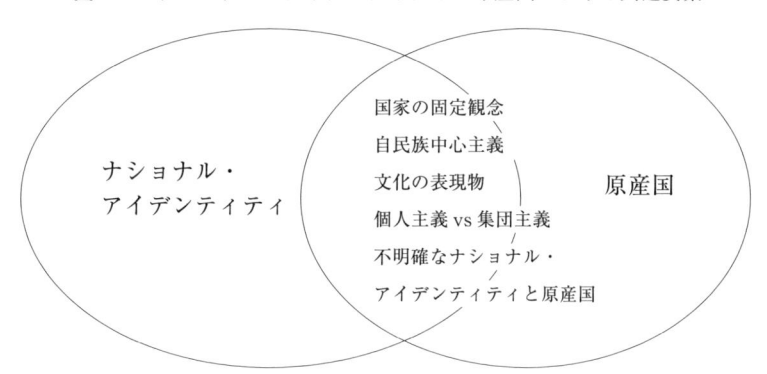

図6-1 ナショナル・アイデンティティと原産国における共通要素

ナショナル・アイデンティティ　　国家の固定観念／自民族中心主義／文化の表現物／個人主義 vs 集団主義／不明確なナショナル・アイデンティティと原産国　　原産国

　文化に対するその他の定義としては，Goodenough[3]の定義があげられる．彼は文化を人々の集団によって共有され，個人が何であるか，何ができるか，どのように感じるか，何をすべきか，そしてそれをどのようにやるべきかを決定する際の助けであると主張する．ChildとKieser[4]も文化に対し，類似した定義を提示している．彼らは文化人類学的な語彙を使用し文化を定義しているが，これはマーケティングのセグメンテーション分野と関連づけて検討することができる．つまり，文化を広く共有される思考や様式として規定しているのである．しかし，彼らは，こうした共有が発生する社会集団の境界は不明確であるため，1つの階層あるいは1つの地域の文化を国の文化と呼ぶことができると強調する．文化に対する上記の定義から，まだ明確になっていない多くの文化的要素が国家ブランディング活動と直接関係しているこ

とが予測できる．

また，1つの国のイメージは，その国の製品やサービスに対する消費者の認識にはよらず，主にその国の文化によって形成される．このような見解はKotlerとGertner[5]によって支持されているが，彼らは，1つの国のイメージはその国の地理，歴史，声明，芸術や音楽，著名人などによって確立されると主張している．

Handy[6]は，文化は組織というコンテクストにおいて正確には定義されないと述べているが，彼はその理由について，文化は認識されるものであり，感じるものであるからだと説明している．Handyによると，1つの組織において文化と構造に影響を与える要素は，歴史，オーナーシップ，規模，技術，目標と目的，そして環境と人を含む．したがって，国家ブランディング戦略は組織文化と同様に，メディアの関心を引ける大衆文化のような，よりわかりやすい表現物を考慮すべきであると考えられる．

そして，組織アイデンティティ（OI）を扱ったいくつかの文献も，国家ブランディングのための示唆を与えている．BarneyとStewart[7]は，多角化された組織体のOIに対する深い考察を行った．彼によると，価値ベースのOIは，目標を達成するために多様な知識ベースの手段（すなわち，コア・コンピテンス）をサポートする一方で，集約された目標を伝達するため十分に広くなければならないという．彼らの結論は，価値を生み出すためには多角化した企業が倫理哲学と関連したOIを作るべきだということである．つまりこれは，企業および社会の中で振る舞う善と悪の様式に関する説明である．マネージャーは，こうした倫理的義務を考慮採択し，特定のビジネスを管理する際に使用することが可能である．国家ブランディグと関連づけて考えると，BarneyとStewartが規定したように，1つの国は広い価値を必要とする多角化された1つの組織としてみることができよう．

Griffin[8]は，文化とは，ある特定地域が有する単純な文化遺産以上のものであるとしている．彼は，文化は生きている本質であり，多様な遺産（景観，建物，イベント），博物館，美術館（過去と現代），芸術（公演，音楽，ダンス，ドラマ），ライフスタイル（昼の活動，夜の活動，人々）を含んでいると説明した上

で，旅行（ツーリズム）という脈絡で文化を考察している．国家ブランディング戦略の多くが，過去の遺産と共に Griffin の言及した現在の文化を受け入れよう努力している．そうした努力は，古い時代のイメージが現代社会を生きる消費者の知覚を鈍化させることを阻止してくれるだろう．

ブランディングの差別化能力

この時点で，第1章から第3章にかけて言及してきたブランディング技法の本質と影響について再び言及する必要がある．我々はここで，国家ブランディングというコンテクストに適用できうるブランディングの特徴について焦点を当てる．世界各国の政府は，グローバルな舞台で自国を差別化するため，また国内および国際市場において他国と競争するため，ブランディング技法に関心を高めており[9]〜[16]，多くの研究者と専門家たちがブランディングの本質と影響を考察している．たとえば，Keller[17] は，ブランドは1つの製品であると同時に，他の製品との差別化を図るため，独自の特徴を加えようとする活動であると説明している．このような差別化は，合理的かつ具体的なものであり，また，象徴的かつ情緒的なものである可能性もある．Arker と Joachimsthaler[18] もまた，ブランディングの持つ差別性を認識しながら，最も強いブランドになるための鍵は卓越した実行力であると述べている．また彼らは，ブランドはこうした卓越した実行力を通じ，競合商品による攻撃から逃れることができ，さらにそのブランドを発展させ，時間と共に累積効果をもたらすことができると強調している．

Kapferer[19] は，ブランドは研究開発，消費者志向，能率追求の文化，従業員の参加，変化に対する受容と対応などに加え，持続的競争優位を求める企業が利用可能な数少ない戦略的資産の1つであるとしている．また，継時的にブランドの影響力も累積するという考えを支持している．Riezebos[20] は，こうした見解に同意しながら，ブランドは財務的価値のみならず，戦略的価値にもなるという認識がますます拡大していると述べている．サービス分野におけるブランディング原理の適用可能性に関する研究は，製品分野に比べると非常に不足している．これを前提にした興味深い研究が存在する．たと

えば，De Chermatony と Dall Olmo [21] は，概念的レベルにおいて，ブランディングの原理は製品とサービスに共通していると主張している．また彼らは，この両分野において，ブランドは企業が生み出した技能的かつ情緒的価値と消費者が認識する価値をリンクして開発されるべきだと述べている．CBBE（顧客中心のブランド資産）という観点からすると，1つのブランドは消費者の心に記憶されるものであり[22]，世界各国の政府も，自国のブランドを管理するために積極的にアプローチしている．そのため，消費者の心に平凡であると評価されてきた国もより好意的に認識されるようになる．

専門家の分析

ギリシャのオリーブオイル：製品と国家アイコンのパラドックス
Anthony Gortzis
Chairman of One Team Consuitancy;
Vice-President of the Hellenic Mnagement Association

　ギリシャにおいてオリーブオイルは神聖な商品である．オリーブの木はギリシャ風景の象徴であり，同時に，オリーブの枝がオリンピックゲームの優勝者の王冠として使われる時は，ギリシャの伝統との密接な関わりを表している．ギリシャ正教会も，洗礼儀式を含めた多くの宗教儀式に使用されているオリーブオイルを重視している．しかし，こうした高い価値にもかかわらず，ギリシャにおいてオリーブオイルは1つの平凡な商品に過ぎない．オリーブオイルの生産量からすると，ギリシャは世界第3位であり，国内の需要を満たすだけでなく，その相当量を輸出している．ギリシャのオリーブオイルは，その濃い緑色と優れた味により世界的に認められており，ギリシャ人は他国で生産されたオリーブオイルの消費には消極的である．

　ギリシャ内で消費されるほとんどのオリーブオイルが，産地から直接大量に買い付けされる．ブランドの付いたオリーブオイルは，ギリシャで販売および消費されている量の約30%である．ギリシャは，1人当たりのオリーブオイル消費量が最も多く，年間おおよそ13 kgを消費している．ギリシャのオ

リーブオイルが国内および国際市場の消費者から愛されているのは次のような理由のためである．

健康：健康に良いものとして知られている地中海式食事法は，オリーブオイルを多用するため，オリーブオイルが長寿に一助するという認識が広がっている．しかし，オリーブオイルが特定のブランド製品としてではなく，1つのカテゴリーとして認識されているため，個々のオリーブオイルブランドにとってはこのような認識が障害となりうる．

原産地：ギリシャには多くのオリーブオイル生産地がある．地域ごとに異なる気候と栽培条件は，多様な味のオリーブオイルの生産を可能にしている．オリーブオイル生産地の重要性は，"原産地保護商品"（PDO）表示によってEUから認定を受けている．この表示は，オリーブオイルが特定地域で栽培された特定のオリーブから抽出されていることを保障するものである．PDO表示を考案した背景は2つある．第1は，農家と生産者が高い質の商品を生産したことに対し公平に報酬を与えるためであり，第2は，高い品質の商品を求める消費者に保証を与えるためである．

味：これは原産地という概念より一歩進んだものだといえるが，その理由は，異なる味の商品の問題に直接焦点を当てているからである．さらにこれは，1つのブランドがオリーブオイルというカテゴリーが持つ一般的な特性を越え，それ以上のものを約束することを意味する．たとえば，あるオリジナルブランドが，ペロポネソス（Peloponnese）地域の成熟した強い味のエキストラヴァージンオリーブオイルを発売した．この商品によって同ブランドは，強い味わいのオリーブオイルを好む消費者に満足を与えることができた．同時に，ペロポネソスはオリーブオイルで有名な地域となった．

以上のように，ギリシャのオリーブオイルは単なる商品それ以上である．つまり，一見矛盾しているようであるが，単なる商品に見えるこの商品が実際にはギリシャのナショナル・アイデンティティを表すシンボルでもある．ギリシャのオリーブオイルは，消費者およびEU（PDA表示を通じ）の双方からその優れた品質を認められた．今後，ギリシャのオリーブオイルは，過去のどの時点よりも自らの原産国イメージを顕示するであろう．2005年4月，

ギリシャの経済部長官の George Alogoskoufis は，オリーブオイルがギリシャの経済の中で非常に重要な役割を担っていると強調し，500万ユーロの予算をオリーブオイルのブランディングに投じると発表した．彼はまた，"我々の目標は，オリーブオイルをギリシャとギリシャの観光，そしてギリシャ商品全体の発展のための１つの手段とすることである" と宣言した (Hatzidakis, 2006)．ギリシャのナショナル・アイデンティティのシンボルとしてのオリーブオイルは，2004年のアテネオリンピックの時のみならず，同年のヨーロピアン・フットボール・チャンピオンシップでギリシャチームの偉業を通じて獲得したギリシャの国家ブランドのためにも，効果的に活用されるべきである．すなわち，ギリシャのオリーブオイルは，国家アイコンと肯定的な原産国効果，そして優れた商品の融合体である．

＊＊＊＊＊

国家ブランディングの概念フレームワーク

第１章から第５章まで議論されてきたブランディング，COO，ナショナル・アイデンティティに関連する重要な課題に基づきながら，この本の全体を通じてみられる事例研究，学術的観点，そして実務的観点を統合すると図6-1のようなカテゴリー・フローモデルが提示できる．このように具体化された概念フレームワークは，国家ブランディングにおける以前の状況，特徴，そして結果の３つの関係を提示している．図6-2のように，国家ブランディング要素において，以前の状況に当たる部分は "予想" という領域に集中される．また，特徴の部分には，"複雑性" と "含蓄化"，"文化的表現物" というカテゴリーが含まれる．最後の結果の部分は "連帯性" というカテゴリーで表現できる．

このカテゴリー・フローモデルは，予想という初期のカテゴリーが複雑性と文化的表現物という，より拡張された２つのカテゴリーに流れていくことを表す．複雑性と文化的表現物は，含蓄化が必要とする国家ブランディング要素を含んでいるが，これは国家ブランディング概念フレームワークの最終段階である連帯性を達成するための国家ブランド戦略の開発を通じて可能に

図6-2 国家ブランディングのカテゴリー・フローモデル

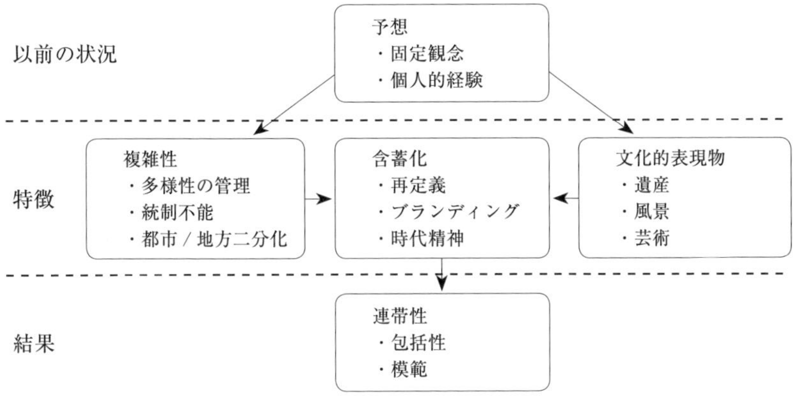

```
以前の状況          予想
                 ・固定観念
                 ・個人的経験
─ ─ ─ ─ ─ ─ ─ ─ ─ ─ ─ ─ ─ ─ ─ ─ ─ ─ ─ ─ ─ ─ ─
特徴    複雑性        含蓄化         文化的表現物
      ・多様性の管理  ・再定義       ・遺産
      ・統制不能     ・ブランディング ・風景
      ・都市/地方二分化 ・時代精神    ・芸術
─ ─ ─ ─ ─ ─ ─ ─ ─ ─ ─ ─ ─ ─ ─ ─ ─ ─ ─ ─ ─ ─ ─
結果              連帯性
                 ・包括性
                 ・模範
```

なる．

　予想というカテゴリーは，このモデルにおいて初期のカテゴリーを表す．このカテゴリーは，国家ブランドを意図的に形成する以前に，その国に対してすでに消費者が持っている認識のことを意味する．こうした認識は，個人がある国に対して持っている個人的経験と固定観念のことで，国家ブランディング・プロセスにおいては最初の段階で分析および研究されるべきものである．予想というカテゴリーは，皮相な固定観念，間違った情報や個人的経験に基づいていることが多く，これらはどれも，国家ブランドの本質を正しく反映するとはいえない．こうした理由で，2つの拡張したカテゴリーが，国のイメージを損傷しうる単純な固定観念を取り除きつつ，国家ブランディングの多面的性格を説明するために概念化されたのである．

　複雑性というカテゴリーは，政治的事件，戦争，自然災害，著名人の行動，国家代表スポーツチームの活動のように，国家ブランドに影響を及ぼす多くの要因が統制不可能であることを認識している．また，このカテゴリーは，多様性の管理と，ほとんどの国に存在する都市と地方の二分化に関連する概念をも含んでいる．

　文化的表現物のカテゴリーは，芸術，言語，歴史に加え，ナショナル・アイデンティティにも重要な影響を与えるさまざまな文化的要素を包含する．

このような文化的要素を認めなかった国家ブランドは，非常に浅薄で営利的な面だけを追求しているように思われるため，利害関係者の関心を得ることは困難である．

このように，複雑性と文化的表現物という2つのカテゴリーは，国家ブランドが持つ複雑で多面的な特徴を受容している．この2つのカテゴリーは含蓄化というカテゴリーに流れ，いずれ吸収される．具体的なブランディングの技法は，この含蓄化というカテゴリーで確認することができる．マーケターは国家ブランド要素における複雑性を認めつつ，高度の文化的表現物を統合することによって，多面的かつ一貫した国家ブランドに国家の本質を含蓄化することができよう．こうした含蓄化は，一般的に受け入れられている時代精神と調和しながら国家ブランドの価値を再定義する．また，含蓄化は特別な管理技法を必要とすると共に，製品，サービスあるいは企業ブランドをブランディングする時よりもさらに高次元の文化認識を必要とする．一度含蓄化が達成されると，最終カテゴリーである連帯性がその後に続く．しかし，広範囲にわたる利害関係者との連帯性がない場合，国家ブランドが成功する確率は非常に低い．含蓄化と連帯性の関係を確認することで，国家ブランドの再定義の可能性，時代精神のコンテクストにおけるブランドそれ自体，そして国家ブランドを支援することで得られる連帯性の連結状態が明らかになる．こうした連帯性に対する説明は，利害関係者の次元からみると，国家ブランドによって達成できる包括的なものとして認識できる．これは動機を付与する模範的な実例であり，国家ブランドを開発および管理する際に必要な合理的水準の透明性を提示するものである．このモデルにおけるカテゴリーとそれらの構成要素は以下で議論する．

予想：固定観念と個人的経験

国家ブランディングの要素における以前の状況の部分を確認する．予想というカテゴリーは，消費者が特定の国に対して抱く期待感に焦点を当てている．すなわち，消費者がその国に対して望んでいることや期待していることに関連がある．このような期待感を無視することは危険な方策である．しか

し，1つの国に対する既存の固定観念が否定的だとすれば，国家ブランドは固定観念がより肯定的な方向へ発展できるように管理する必要がある．したがって，予想というカテゴリーを強化することができる概念について理解しなければならない（図6-3）．

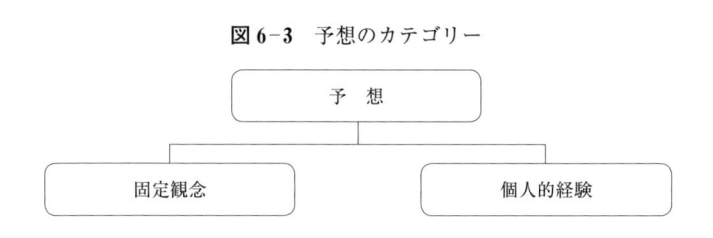

図 6-3 予想のカテゴリー

```
        予　想
       /      \
   固定観念   個人的経験
```

"固定観念"と"個人的経験"という概念は"予想"カテゴリーを構成する要素である．固定観念は原産国とナショナル・アイデンティティ関連文献で用いられる一般的概念の1つである[23)～25)]．一方，個人的経験は国のイメージを決定しうる1つの要素として，近年，原産国関連論文において注目を集めている[26)]．固定観念に伴う認識は，一般的に否定的な傾向にある．したがって，自国のイメージ向上のため努力している国々にとっては重要な課題となりうる．各国は，効果的な国家ブランド管理を通じ，自国に対し不適切な固定観念を作りだす有害なイメージに対抗するために努力している．Stephen Brown教授は，彼の学術的視点（第10章を参照）において，"国家ブランディング戦略はありふれた固定観念を乗り越えるもの"と主張している．固定観念は，受ける側には侮辱的なものに，情報通のオブザーバーには退屈なものに，そして国の経済的繁栄には有害なものになりうる．したがって，各国の政府がこうした固定観念を打破するためにブランディング技法を使用していることは驚くに値しない．たとえば，ボリビアは長い間，貧困と不幸というイメージにより苦しめられてきた．これは，その国が持つ豊富な文化と美しい自然を覆い隠してしまうものである．しかし，調整された国家ブランディング活動を通じ，古臭くて否定的なイメージをより肯定的なイメージに変えられる方法が提示される（第7章，国別ケース分析—ボリビアを参照）．

しかしながら，固定観念が常に否定的であるとは限らないことも理解しておく必要がある．実際，1つの国に結びついているイメージは肯定的であることも多い．国家ブランド開発の観点からすると，構成要素における課題は国家ブランドが狭小な領域の中に留まることなく，すでに保持している肯定的なイメージをいかに広く活用するかに集約される．また，国家ブランディングは，人々がすでに持っている予想イメージを越えるように作らなければならない．

予想カテゴリーの中の2つ目のコンセプトである"個人的経験"は，国家ブランディング要素の重要な側面を表す．個人的経験は，個々人の特定国への訪問から他国の人々との個人的交流までを範囲とする．また，個人的経験は特定国で製造された製品やサービスを消費することからも派生されうる．これは，輸出増進委員会などが自国の輸出業者の国際マーケティング活動をサポートすることの重要性を強調している．スイスはこの問題に関連し，革新的なアプローチを実行した．スイスに対するある認識調査によると，"スイスは政治的決定において国民の影響力が大きい"という他国人からの見解が明らかになった．スイス連邦政府は外国の大学内の調査委員会を支援しながら，自国の連邦システムついて説明を行っていたのである．このように，スイスの連邦システムを説明する教授たちとの交流，つまり個人的経験を通じ，外国人学生や教授たちはスイス政府に対する否定的認識を改めることができる．

複雑性：統制不能，都市／地方の二分化，多様性の管理

国家ブランディングが持つ複雑かつ難解な特性は，成功的な国家ブランドの開発を望むマーケターにとって大きな挑戦となっている．1つの国家ブランドが持つ複雑性は，1つの製品，サービス，そして企業ブランドが有する複雑性よりもはるかに大きい．なぜなら，国家ブランドは多面的性格をもつと共に，関心と利益を必要とする利害関係者が多いからである（図6-4）．

多様性の管理は国家ブランド要素の重要な部分である．グローバル化の進展に伴い，現在，国境を越えて高いレベルの移住が行われている．これにより，多くの国では以前より混血人が増加し，多様な文化が生まれてきている．

図 6-4　複雑性のカテゴリー

```
         複雑性
    ┌──────┼──────┐
多様性の管理  統制不能  都市／地方の二分化
```

　文化的，社会的多様性は，国家に対する一貫したイメージを開発し，ブランディング技法を適用する際に大きな課題となる．さらに，国家ブランディング活動における組織の多様性は，無駄な重複を避けたい場合や効率的な調整を達成しようとする際，管理上の問題として現れる．最後に，国家ブランドを構築する際に必要とされる多様な人々の存在は，多様性の管理において深刻な問題となっている．

　すべての国は，外部の人々に加え，内部の多様な利害関係者とも争う．De Chernatonyは"国家ブランドを構築するにあたり，多数の利害関係者が影響力を発揮しようとするため，国家ブランドもこうした利害関係者に上手にアピールする必要がある"と述べている（第1章，学術的視点を参照）．スイスは，国の宣伝活動に関連する問題は多様であり，その中でも異なる観点から自国を宣伝しようとする機関や団体が増える可能性があることに気付き始めた．それにより，国の広報活動を最適化するために監督機関を設立する必要があると考えた（第4章，国別ケース分析―スイスを参照）．一般的に，多様な民族から構成される国の場合，多様性の管理に大きなウェートを置くことになる．たとえばインドでは，"一部の中東の国々で見受けられる宗教対立よりも更に長い対立状態が続いているにもかかわらず，団結した国の姿を見せようと努力している．すなわち，インドの大統領は地方の人々の所へ行き，国家ブランディングについて議論までしている"のである（Jack Yan，専門家の視点，第7章）．

　多様性の管理のために各国が採択する戦略は，その国が何を最も必要としているかによって異なる．たとえば，エストニアは，このような多様性を念頭に置きながら，エストニアの様々な組織が特定の人々に向けて発信できる

ように調整された国家ブランドモデルを開発した（第9章，国別ケース分析―エストニアを参照）．国家が多数の利害関係者および大衆の管理に成功しようとする場合，すべての国に必要とされる一般的な原理として，CRM技法を使用することが望ましい．CRM専門家のFrancis Buttleは，"マーケティング，販売，サービスの職務従事者が，多くの顧客を効率的かつ効果的に理解し，満足させられる方法は，CRMシステムを使用することである"と述べている（第3章，学術的視点を参照）．

　統制不能という概念は，多様性の管理と密接な関係にある．国の多様性が拡大されれば，その構成要素を統制することは困難になり，幅広く受け入れられる国家ブランドを開発することも難しくなる．一方で，経済分野におけるブランドは，予想外の環境因子から影響を受けやすい．しかし，すべての国民の行動と態度が，国家ブランド認識に寄与する因子になると仮定するならば，国は個々の製品，サービス，そして企業ブランドよりも広い領域から影響を受けることとなる．また，一夜にして1つの国家イメージを深刻に傷つけるような突然の事件が発生することも考えられる．これは，デンマークが自国の新聞にイスラムの預言者Mohamedに対し無礼な漫画を掲載した際，数多くのイスラム教徒が過激な反応を見せたことからもうかがえる．国家ブランディング活動に影響を与えうる統制不能の要素は，日々のあらゆる場面の中に存在する．たとえば，エジプトのビジネスイメージユニットは，次のような要素を統制不可能なものとして規定している．すなわち，不道徳，通関手続，製品の品質，政治の硬化，そしてインフラなどである（第2章，国別ケース分析―エジプトを参照）．

　都市／地方の二分化は，ある国の都市と地方の間に存在する大きな格差を意味する．都市と地方が持つ魅力と国家のイメージは，相反するのではなく相互補完的であり，こうした二分化の管理は非常に複雑である．たとえば，国家ブランディングを管理する専担機関の存在は，ある国を投資先として適切であるとポジショニングする際，その妨害要素となりうる観光振興組織の地方イメージ強調による国家イメージの低下を防止することができよう．その国により適合するイメージは，牧歌的な田舎のイメージではなく，現代的

なインフラや最先端技術などかもしれない.

　多様性の管理と統制不能に関連し,上記に記された問題点に対する解決策は,国家ブランド戦略を開発することで見つけることができる.この国家ブランド戦略は,セグメンテーションというマーケティングの基本的技法を採択および実行することである.国をブランディングするにあたり,ありのままの単一的なアプローチは失敗する可能性が大きい.なぜなら,明確に区分された各部門が持つ特定のニーズとウォンツを把握する感覚が欠如しているからである.国家ブランドに使用されうる市場セグメンテーションは多様であり,国家ブランド管理に参加しているマーケターの発想によってのみ制限される.原産国関連の文献で明らかになったセグメンテーション変数には,消費者の自民族中心主義[27],ジェンダー[28],地政学的境界ではなくむしろ文化的境界によるセグメンテーション[29]などが含まれる.どのセグメンテーション変数が採択されても,国家ブランドは選択された市場に対し適切な魅力を作り出すことが重要である.このような重要な考慮事項を無視する場合,資源を効率的に使用することはできなくなる.

文化的表現物：遺産,風景,芸術

　遺産,風景,そして芸術は,文化的表現物というカテゴリーを構成する要素である.Anholt[30]は,成功的な国家ブランディングには,その国の文化とユニークかつ持続的に差別性を獲得するための芸術的表現を統合することが必要であると主張した.文化的表現物というカテゴリーは,3つの概念,つまり,遺産,風景,そして芸術から上記の提案に対応している（図6-5）.

　"遺産"は,1つの国の歴史,伝統,そして建築といったものを含んでいる.

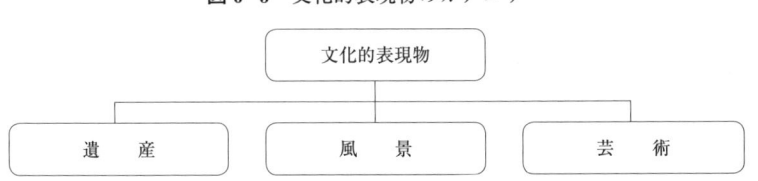

図6-5　文化的表現物のカテゴリー

この点で，現在の国家を作り上げた遺産を捨てることなく，同時代の大衆の共感を得られる現代的な国家ブランドを開発することが課題である．世界的なコンサルティング企業であるインターブランドは，エストニアの国家ブランドを開発する際，この点を考慮した．つまり，エストニアの遺産，優れた特性，そしてこの国が世界に提供すべきものが何かについて知らせることで，エストニアというブランドに活気を与えようと努力したのである（第9章，国別ケース分析—エストニアを参照）．

　現在の分析において"風景"は，単なる物理的な存在よりむしろ1つの概念として現れる．なぜなら，多くの人が風景に対し強い情緒的かつ象徴的価値を付与しているからである．これはGrayの主張[31]を支持しているが，彼は風景と地質学がナショナル・アイデンティティを構成するにあたり，決定的な役割をしていると主張する．たとえば，ネパールとボリビアの場合，自国が持つ独特で美しい風景は両国の国家ブランドを構成する重要な要素になっている（第2章の学術的視点と第7章の国別ケース分析を参照）．しかし，伝統的な田舎のイメージを誇張しなければ，その国が観光客を魅了する自然景観を持ち，内部投資にも意欲的な現代国家であることを十分に知らせることができる．

　文化的表現物カテゴリーの最後の概念は"芸術"である．文学，音楽，そして文化芸術品などは，ナショナル・アイデンティティを構築する際，重要な役割を果たしている芸術の要素である．中でも，文学と音楽は文化的表現物として非常に重要な要素であるといえる．しかし，創造的芸術分野で活動している人々が一般的に持っている個人主義的で独創的な気質は，構造化したマーケティング活動と簡単には調和できない．作家や音楽家が国の文化代理人として活動することを強要された場合，彼らから露骨な敵対心が表出される可能性もある．したがって，国家ブランド戦略開発者にとっては，文学や音楽のような文化的表現物をいかに国家ブランド戦略に統合させるかが大きな課題である．日本の国家ブランディング努力は1つの国の文化資産—この場合，主に音楽，映画，食文化—がどのように国家のイメージと評判を改善するための戦略として利用されるかを表している（第9章，国別ケース分析—エ

ストニアを参照).

イギリス,フランス,ドイツなどの国は,イギリス委員会,フランス協会,ゲーテ協会のような組織を通じ,彼らの文化的表現物を国家ブランドの中に統合しようと努力している.これら文化組織の活動の一部が表6-1に要約されている.

表6-1 文化的表現物の媒体

国	芸術組織	活動
フランス	フランス協会	フランス語講義,フランス映画上映,マルチメディア図書館の運営,フランス文化人との交流
ドイツ	ゲーテ協会	海外のドイツ語研究振興と世界文化交流の奨励,ドイツ文化,社会,そして政治に関する情報提供による知識共有
イギリス	イギリス委員会	外国人との関係持続のため,イギリスの創意的思考と学びの機会を提供,教育と学習に必要な英語の重要性を強調

すべての国は独自の文化的表現物を有しており,国家ブランド管理からすると,こうした文化的表現物は国家ブランド戦略の開発に統合しなければならない重要な要因である.したがって,芸術家を国家ブランド大使として任命するよりは,芸術に対する国の補助金の支援や創造的芸術のための環境作りへの助成が,国家ブランドの文化的表現物の発展のためにはより効果的であると考えられる.フランス協会,ゲーテ協会,イギリス委員会のような組織は,自国の文化を伝えるにあたり,重大な役割を果たしている.

含蓄化：再定義,ブランディング,時代精神

含蓄化は国家ブランド構造において重要な要素である.国家が有する多面的な特性を考えると,ターゲット大衆に向けてブランドの特徴を含蓄化することは必要となる.意識的な含蓄化の過程がない場合,煩雑で一貫性のないメッセージを国家ブランドがそのまま受ける可能性もある.

国家に対する再定義,ブランディングと統合,そして時代精神に対する認識は,"含蓄化"カテゴリーを構成する概念である.含蓄化のカテゴリーでは,国家ブランドに必要な多岐にわたる分野のブランド価値を圧縮および獲得す

ることに焦点を当てる．また，このカテゴリーを強化する概念の1つである時代精神との関係についても軽く触れる．我々は1つの国家ブランドを"独特かつ多面的要素の混合物で，すべてのターゲット大衆にその国の文化に根付いた差別性および妥当性を提供するもの"と定義した．

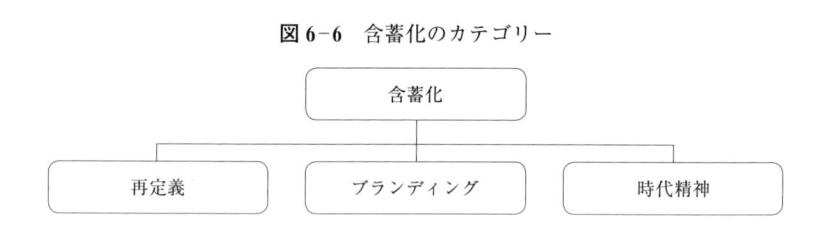

図6-6 含蓄化のカテゴリー

```
        含蓄化
   ┌──────┼──────┐
  再定義  ブランディング  時代精神
```

　この定義では，国家ブランドが持つ多面的な特性と，差別化された方法で含蓄化を目指すマーケターが持つ諸課題を認識している（図6-6）．

　含蓄化カテゴリーを補強する概念の1つである"再定義"は，国家が内外の大衆に自らをどのように紹介するかを再評価する時に必要な努力を意味する．再定義は，国家が大衆に伝えようとする価値がどのようなものかを考えさせるものである．また，その価値を意図的に再定義することは非常に重要である．これが国家ブランディングの中心となる考え方である．もし，ある国が自らを積極的に定義づけようとしなければ，人々は否定的かつ軽蔑的な固定観念などからその国を定義してしまうであろう[32]．ロシアは，主体性確立への不安が強く，将来の方向性が定まらなかった1990年代にこうした再定義の必要性に気付いた（第5章，国別ケース分析─ロシアを参照）．その後，ロシアは世界の舞台において自国の肯定的な評判を確立するために努力した．再定義を必要とした他の国としては，ボリビアとブラジルがあげられる．過去，ボリビアは，ペルーに隣接したアンデス山脈の国としてしか知られていなかったが，今はペルーの隣国としてではなく，独自の条件で自らを伝えなければならない時である（第7章，国別ケース分析─ボリビアを参照）．一方，ブラジルは，世界ITサービス分野で信頼される魅力的な国として自国を再定義しなければならなかった（第6章，国別ケース分析─ブラジルを参照）．

再定義のプロセスは，含蓄化カテゴリーを補強する2つ目の概念であるブランディングを通じて明確化される必要がある．ブランディングの課題は価値の含蓄化に非常に重要である．しかし，これは国家のように多面的な実体を含蓄化する際，非常に難しい問題となる．De Chernatony によれば，ブランドの概念は国に適用することができるが，その場合，ブランドの概念は"独特かつ楽しい経験が約束される価値の集合体"として提示される（第1章, 学術的観点を参照）．一部の国においては，国家のステータスに関する曖昧さによって混乱が生じている．たとえば，北アイルランドは，紛争が継続しており，望ましくない多くの属性を持つこととなった（第10章, 学術的視点を参照）．強力なブランド確立のために必要な属性を明らかにするプロセスは，アメリカ市場を目標としたブラジル IT の事例で確認することができる．ブラジルが用いた主要な属性としては，優れた国内の IT 市場，アメリカと類似した文化および事業環境，地理的な近接さ，時間帯の一致，地政学的安定性，ブラジル IT エンジニアの優秀性などがあげられる（第6章, 国別ケース分析—ブラジルを参照）．

　第4章で確認したように，国のイメージは静的というより動的なものである．これは，国家ブランディング戦略を通じ，自国に対する認識を向上しようとするマーケターには，1つの動因として作用する可能性もある．国家のイメージが固定していないならば，有効なブランディング技法を使用し，自国のイメージを管理することは不可避な行動であろう．

　含蓄化カテゴリーの3つ目の概念は"時代精神"で，1つ目の概念の"再定義"と密接な関係を持つ．時代精神という概念における国家ブランドの開発は，製品，サービス，そして企業ブランドのケースのように，社会的トレンドを発展させ，市場状況を変化させると同時に，世界経済と政治をも考慮しなければならない．時代精神の概念は含蓄化カテゴリーを構成する概念の中で3番目の概念であるが，この時代精神は"歴史上，ある特定時期に現れる特徴的な精神や雰囲気"として定義される[33]．時代精神を厳密に定義することは難しいが，何もない真空の状態で国家ブランディングを運営することはできないため，国家ブランド要素においても時代精神は重要な概念である．国

家ブランドが社会の中で強い共感と妥当性を持っている場合，時代精神に寄与している社会的トレンドおよび現象は，モニターされ，また反映される必要がある．

　ある国は，こうした時代精神を利用することで，他国より有利にポジショニングされる可能性がある．たとえば，有機農食品と飲料を好む現在の消費者トレンドは，この分野で競争力を有している国の原産地とうまく調和できる．この場合，国家ブランドの開発は，全体的な国家ブランドの中に"自然"というブランド価値を統合させるものになる必要がある．つまりこれは，ナチュラルな製品に対するトレンドと関連し，現在流行中の時代精神から，国家ブランドがこれを最大限に利用できるようにチャンスを与えるものである．一方，地球温暖化に関する関心が高まる中，再生可能なエネルギーに対する関心も同時に高まっている．ブラジルのITキャンペーンは，ブラジルのITソフトウェアがいかに低コストの柔軟燃料自動車の生産を可能にしたかを国際会議で説明することによって，現在の世界的関心に対応することができた（第6章，国別ケース分析―ブラジルを参照）．

　また，時代精神のさらに深い側面は，特定社会のマーケティングとブランディングに対する態度の中にも存在する．我々は，どのような態度が望ましいかを判断することは困難である．Naomi Kleinが執筆したアンチ・ブランディング関連書籍No Logo[34]は，先進世界におけるマーケティングとブランディングに対し激しい反発を展開している．しかし，こうした反発は，グローバルな競争下で，差別化したブランディング技法を採択する多くの国の出現によって相殺される．Kleinが主張するように，ブランディングが本質的に搾取のプロセスであるかどうか，あるいはブランディングそれ自体が善か悪かは未だ進行中の議論であるが，この問題はブランディング技法がどこに使われるかによるといえる．規模が小さく貧しい新興国の場合，世界の舞台に自国を知らせるためにブランディング技法を採用することになる．もしブランディング技法が貧困を減らし，これらの国の持続的成長のために貢献するとすれば，ブランディングを適用することが搾取的であると主張することは難しい．

したがって，国家ブランド要素は，広く受け入れられている時代精神というコンテクストを無視できない．国家にブランディング技法を適用するにあたって強い抵抗がある場合，国家ブランド戦略は，世界各国のビジネスネットワークの開発や移住民の活用といった目立たない側面にも注意を払う必要がある．

連帯性：包括性と模範

"連帯性"カテゴリーの概念には，包括性と模範，そして透明性が含まれる．連帯性は，国家ブランディングの主要な基盤となっている．連帯性がない場合，国家ブランディングの基礎を構築することはできず，政治決定権者や国家ブランド開発のために採用されたマーケティング専門家のような社会全領域からの共感を得ることもできない（図6-7）．

"包括性"は，広い領域の利害関係者が国家ブランドにどの程度参与するか，その基準を確立する必要があることを意味する．したがって，一部の利害関係者が国家ブランドの開発から除外されたと感じた場合，その関係は断絶するだろう．しかし，ここにも課題は存在する．なぜなら，国家ブランドにすべての利害関係者を参加させることは非常に困難であるからである．また，そのブランドが，彼らの価値を反映していないと感じる人々からは相当な抵抗が生じると思われる．Delphicブランド・ビジョニング技法は，このようなジレンマに対する解決策になるだろう（第1章，学術的観点を参照）．エジプト，ロシア，アイスランド，フランスのような国が自国をブランディングするにあたり，包括的なアプローチを試みたことは，第2章，5章，8章，10章の国別ケース分析で確認できる．

一方，移住民について考えてみると，包括性に対するより深い意味を理解することができる．たとえば，ギリシャとイタリアの場合，アメリカやオーストラリアのように地理的に遠く離れた国に多数の人が移住している．移住民ネットワークに属している人々は，遠隔にもかかわらず，一般的には愛国的であり，祖国の経済発展のためにも献身する．したがって，国家ブランドを発展させていく場合，既存の海外移住民ネットワークの存在は肯定的な評

判を確立する重要な手助けとなる．戦略的に海外移住を開発することは，高価なTV広告を行うよりも強力な国家ブランド確立のための効果的方法になる．

また，包括性の概念は，全体的な包括性という理想的な状態と，プログラム上の特定の包括性という実際的な状態を識別するため洗練化されなければならない．こうした重要な区別法については，第8章で議論する．

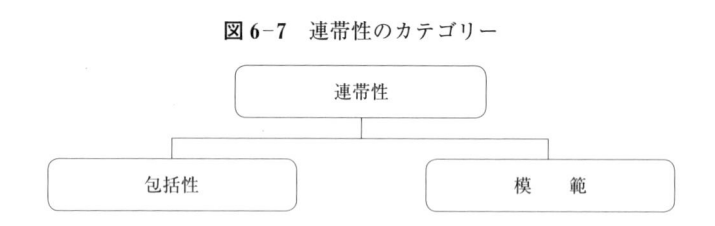

図6-7 連帯性のカテゴリー

```
            連帯性
           /      \
        包括性    模　範
```

連帯性カテゴリーの2番目の概念は"模範"である．ベストプラクティスや成功事例の形をとっている模範は，冷淡，冷笑主義，敵対感に屈せず，国家ブランドとの約束を明確にすることが重要となる．公的資金によって支援される国家ブランディング活動は，メディアから集中的な監視を受けるであろう．したがって，こうしたブランディング活動から派生する，実態のある便益の一部を直接見せることも重要である．また，特定の国は国家ブランドに対する確信を植え付けるため，妥当な根拠を持った成功事例を提示する必要がある．たとえば，"新たなフランス"キャンペーンは，フランスに対する人々の認識を内部投資に適合した国として改善する際，フェデックス，トヨタ，ゼロックス，GE，ソニーのような国際的企業の経営陣を見本とした．

透明性の問題は，"包括性"の概念と密接な関係がある．国家ブランディングプロセスの中で，透明性の必要性については異なる見解が存在する．したがって，透明性という問題は，国家ブランドを開発する際に重要な課題となりうる．もし，国家ブランド開発に関係する政府や代行業者が透明な方式で仕事を進めていく場合，国家ブランドの目的と目標を伝えることは，国家ブランドとしての購入を可能にするだろうか，もしくは反対の効果としてクレー

ムのような不協和音を露わにするだろうか．透明性が欠如する場合，国家ブランド戦略を購入しようとする利害関係者がほとんど現れない可能性もある．同時に，国家ブランドを樹立するに際，国家ブランド戦略が最初の便益を生み出す前の段階で，その戦略を変更しうる反対意見を避けるため，不明確なアプローチが採択される可能性もある．

国別ケース分析—ドイツ
ドイツのブランディング—国内外における国家イメージ管理

Gianfranco Walsh and Klaus-Peter Wiedmann
Professor of Marketing and Electronic Retailing,
University of Koblenz-Landau and Professor of Marketing,
Leibniz University of Hanover and Reputation Institute
Country Director for Germany

最近，ドイツは国内外の利害関係者にアピールできる過去と現在の経済，社会，文化的成果を，再び紹介する機会に直面した．2006年夏，ドイツはサッカーのワールドカップを主催することになったのである．ドイツの哲学者，Gunter Gebauer は，ワールドカップがドイツ人に，彼らがどんな人物になりたいか，またどんな人物になれたのか，またどんな人物であるかを考える機会を提供したと述べた．過去，ドイツのイメージは，頑固でユーモアに欠けるというものであったが，ドイツ・ワールドカップ開催中，面白くて親しみのある印象を与えることができた．ドイツの外務長官の Frank-Walter Steinmeier は，他の国々は，ドイツ人から完璧な体制を期待したけれども，4週間のサッカーゲームを通してドイツ人が見せた情熱と開放的な側面，そして寛容さは驚くものであったと述べた．このような背景の中で，イギリスの首相 Tony Blair は，ワールドカップは"驚異的なものである……ドイツに対するそれまでの古い固定観念が，新しくて肯定的で魅力的なものに変わった"と強調した．実際，ドイツ人は自分たちの国を徹底的に再ブランディングす

ることに成功したようにみえる.

　Anholtの国家ブランド指数（2007）によると，"ドイツ"ブランドがおよそ46億米ドルに達するが，これはアメリカ（179億米ドル）と日本（62億米ドル）に次いで世界3位の国であり，高いブランド価値を持つと提示している．さらにドイツは，2005年～2006年の間に最も上昇した国の1つである．Anholtの最近の報告書には，これに関連した内容が言及されている．"ワールドカップを成功的に主催することにより，ドイツは世界の中での自国のイメージを押し上げることができた．この期間中，ドイツのポイント上昇率は2.3%に達する．これによりドイツは，2005年末の6位から最近の2回の調査では2位に飛躍した．2006年4四半期までのドイツの年間成長率は3%以上に達した"（Anholt 国家ブランド指数2007, p.9）．

　このような数値は，1つの国のブランド資産が正しく活用され有効に管理される場合，多くのものを獲得できることを示唆する．もし我々が，ドイツが数週間のイベントを通じ，古いイメージを捨てて自らの再ブランディングに成功したと認めるならば，包括的な国家ブランディング・プログラムがドイツのイメージを継続的に変えるための牽引車になれると言うこともできる．しかし，もちろん，成功的なイベント・マーケティングだけで，1つの国のブランド資産を劇的に増やせると信じることはやや近視眼的である．このように世界的に注目されたスポーツイベントは，効果的なコミュニケーション・プラットフォームを作ることができ，これに伴う多くの活動も確実かつ持続的なブランディング効果を獲得するために必要である．1つの国の評判を管理するためには，国内外の大衆と利害関係者の観点から，その国の評判が有する多様な側面を理解する必要がある．全般的に，国家ブランディング・プログラムは，他国の人々の目に映るその国のイメージを改善するためのものであり，ターゲットは外国人である（Fan, 2006）．しかしながら，自国民を対象とした国家ブランディング・プログラムを開発することも同様に重要である．なぜなら，長期的観点からすると，国家ブランドは自国の個々人を通じても認識されるからである．

　ドイツで開催されたサッカーのワールドカップが成功的であったことを疑

う人はいない．しかし，何がドイツ人を脱皮させ，素晴らしいスポーツイベントの開催を可能にしたのか．また，何が暴力的な民族主義行動を防ぐようにしたのか．我々はワールドカップを前に発せられたドイツに関する警告を忘れてはならない．特にドイツ東部の都市について，"Rough Guide"，"Frommer's Germany"，"Cultureshock"，オーストラリア—イギリス旅行ガイド "Lonely Planet"，イギリスの "Time out" などの旅行ガイドブックやメディアは警告をしていた．とりわけ，"Skinheads"，"Glatzen"，"Neo Nazis" は，外国人にとって明白な危険として全世界に紹介された．

　国家ブランディングにおいて，ブランディング戦略を計画，実行，コントロールするのは１つの機関だけではない．個人を始めとする多くの組織が，国家ブランディング・プロセスに参加し，各々の対象物は自国の国旗を掲げ，また製品は "Made in Germany" のラベルを付けることで１つの国家ブランドが誕生するのである．国家ブランディング活動は，次のような項目から影響を受ける国家ブランド・アイデンティティである．

1. 経済，技術，政治，文化，自然インフラ，全国民と団体の活動，すべての偉業，生産物（製品，建築，芸術品など）で構成される過去と現在，そして潜在的未来における国家現実
2. 国内外の多様な利害関係者の観点からブランドイメージを構成しなければならない国家現実に対する認識
3. 現実と連携した多様なブランドイメージの相互作用の結果として生じた国家の全体的な評判と，すべての利害関係者のサポート活動

　１つの国のブランド・アイデンティティを構成する多様な要素に対するこうした説明は，国家ブランド管理が非常に複雑な課題であることを表している．こうしたブランド管理は，現実的かつ統合的イメージ向上を目標としており，影響力のある国として生まれ変わる方法も模索している．これらは１つの国の発展および他国との関係構築にも役に立つであろう．こうした背景によって，ブランド管理は国家の発展をもたらし，支援するためのすべてのプロセ

スと準備を包括する活動として概念化されるべきである．さらに，国家ブランディング戦略は，多様な視点から望ましい国家発展を確保するために支援活動を行う利害関係者の観点に注意を払う必要がある．

　もちろん，ある1つの団体だけが，こうしたプロセスと準備過程に影響力を発揮しようとする訳ではないが，我々は国家ブランディング戦略を開発するにあたり，多様な目標を考えるべきである．なぜなら，こうした調整がない場合，我々はこのブランド戦略を非効率的で非効果的な政策に終わらせてしまう可能性もあるからである．しかしながら，実際，国家ブランドは意識的に開発されるだけではない．むしろ，目的を持ったブランド管理活動はそれほど多くない．にもかかわらず，ブランドイメージというものは現れる．なぜなら，結局のところ，すべての認識，連想，印象などが国家ブランドの構成に寄与するからである．

　国家ブランディングプロセスに参加する団体について簡単に要約するため，政府団体，経済団体（たとえば，企業，協会，貿易連合），そして科学，文化，宗教，メディア，スポーツ分野の社会団体を区別することにする．最近の"Du bist Deutschland"（あなたはドイツ人である）キャンペーン（表CS6-1参照）で明らかにされたように，2つ以上の団体がお互い協力する場合，自らに対する認識を改善するための努力は加速化される．共通プロジェクトを実現するために一時的に力を合わせた"ジョイント・ベンチャー"は，彼らの目的達成後には解散されよう．

　たとえば，"ドイツ―アイディアの国"というスローガンは，海外の多様な集団と利害関係者に焦点を当て，ドイツを詩人と哲学者の国として伝えると同時に，"made inドイツ"の革新的製品を生産する科学と文化の国として知らせるため，継続的に努力してきた．このメッセージは世界的に有名なドイツ製品の品質を象徴している．つまり，ドイツ人の独創性と創造に対する情熱を反映しているのである．こうした豊富なアイディアの証拠は，グーテンベルクから今日に至るまでの歴史と現在を通じて十分にみることができる．一方，"イノベーションのためのパートナー"というスローガンは，これを補強かつ支援するために誕生した．このスローガンの主な目的は，若い科学者

第6章　原産国とナショナル・アイデンティティから国家ブランディングまで　197

表 CS6-1　狩猟キャンペーンの概略

タイトル	キャンペーンの要約
Perspektive Deutschland （希望のドイツ）	**主要目標**：情報公開と議論を通じた社会変化，特に，傾向の変化と新たな主導権の活性化．特定のターゲット集団はないが，ドイツ国内でのみ実行． **概念の核心構成要素**：a) 社会問題と関連した世論を把握し分析するため，2001年から毎年大規模なオンライン調査を実行，b) 改革案の開発，c) 出版，イベントなど． **発起人とパートナー**：マッキンゼー，スターン，ZDF，WEB.DE；民間企業スポンサーと前大統領 Richard von Weizacker． **詳細な情報**：www.perspektive-deutschland.de.Status を参照．**状態**：進行中
Du bist Deutschland （あなたはドイツ人）	**主要目標**：傾向の変化，国民のプライドの向上，ドイツの未来のため革新的に活動するすべての国民．ターゲット集団：全国民，全国のメディア，主要広告代理店，企業，非営利組織，主導権者．主要活動期間：2005年とワールドカップが開かれる2006年．しかし，低いレベルでは現在も進行中． **概念の核心構成要素**：広範囲に広がっている広告と PR 活動．この概念は3つの段階で構成される．— 1. デトネーション：無報酬で参加する著名人との出会い，2. 効果：すべての団体は，各代理店が支援している彼ら自身のテーマと実例を持って参加する動機付けをする，3. 成功の伝達：プレゼンテーション，イベント，新聞記事などを利用した成功的コミュニケーション，また団体の代表や市民をより多く参加させるための努力．この3つの段階と共に，交流の選択権および情報を提供するインターネット講演も重要な役割をしており，今も進行中． **発起人とパートナー**：Bertelsmann A.G. が着手および主催，25の主要メディア企業の支援を得ながら，徐々に多くの企業と非営利団体，一般国民が参加． **詳細な情報**：www.du-bist-deutschland.de．**状態**：2007年以降低いレベルで進行中．
Deutchland-Land der Ideen （ドイツ，アイディの国）	**主要目標**：国内外でドイツのイメージをアイディアの国として維持および強化．特に，科学と文化の国，詩人と哲学者の国，Made in ドイツという革新的製品の製造国であることに焦点を当てる．ターゲット集団：ドイツ内外のすべての人々，特にドイツを支援しドイツへの投資を考えている各種企業と非営利団体の意思決定者に集中． **概念の核心構成要素**：イベント，プレゼンテーション，講演，書籍出版を始め，広い領域のメディアを対象とした広告 PR 活動．これはグーテンベルクから今日に至るまで，過去と現在の証拠物としてドイツが主張するアイディアの国というスローガンを支援する．すべての革新的活動を支援する人々と団体ネットワークを構成．特に，情報交換の場であるインターネットポータルを扱うベンチャー企業に注目． **発起人とパートナー**：ドイツ政府とドイツ産業協会（BDI）を代表する主要企業．ドイツ大統領 Horst Kohler．FC Deutschland GmbH は，ドイツアイディアの国を実行するため設立． **詳細な情報**：www.land-der-ideen.de を参照．
Partner furInnovation （革新のためのパートナー）	**主要目標**：ビジネスと政治，科学の関連機関から協力を得て改革を推進．特に，市場発展のためのアイディアを可能な限り早く獲得するようにサポート．ターゲット集団：すべての機関の専門家と意思決定者，成功的な未来のため潜在力を持つ中小企業と若者． **概念の核心構成要素**：すべての改革活動を支援するため，団体および個人で構成されたネットワークを構築．特に，コンサルティング資金支援を通じて新たなベンチャー企業を育成．広告と PR 活動の中，情報交換の場であるインターネットポータルと共に，イベント，プレゼンテーション，講演，書籍出版を展開． **発起人とパートナー**：2004年，前首相 Gerhard Schroeder が開始し，労働経済部と200を超える企業・機関，団体が支援． **詳細な情報**：www.innovation-fuer-deutschland.de を参照．**状態**：進行中．

と中小企業が，自分たちのアイディアを開発および実行するため役に立つ効果的なネットワークを構築し，維持することであった．

　要約すれば，1つの国家ブランドは複雑なシンボルとしてではなく，特定の国家現実に対し，国内外の多様な利害関係者が持つ認識と評価の結果として理解できる．したがって，国家ブランドは非常に複雑なブランド・アイデンティティを持っているといえよう．また，国家ブランドは多様な大衆が持っている"善意"と共に"悪意"をも含んだ全般的な評判によって形成される．1つの国の評判を管理するためには，国の現実と国内外の評判の間のギャップを調査し，理解することが必要である．1つの国の国民が共有している自国に対する認識は，潜在的投資者や観光客といった多様な外部集団が持っている認識とは異なる可能性もある．したがって，国家ブランディングを効果的に管理するためには，説得力ある国家の現実を確立することと，国内外の視点のギャップのみならず，現実と認識の間のギャップを埋めることが必要である．

要　　約

　従来において，個別に扱われるほど豊富な内容を有する原産国とナショナル・アイデンティティの概念は，実際には多くの共通した要素を持っている．こうした共通要素は，姿を現しつつある国家ブランディングの概念とその実践に活力を与えている．原産国（COO）研究が主に"Made in"ラベルの効果に焦点を当ててきたのに対し，ナショナル・アイデンティティは国の本質や文化の特性に注目している．したがって，国家ブランドは，国家の現実を構成しているこうした要素によって基礎を形成しなければならない．カテゴリー・フローモデルは，予想，複雑性，含蓄化，文化的表現物，連帯性を含んだ1つの連結したカテゴリーに基づき，国家ブランディングを理解するための概念的フレームワークを提示している．

（訳・金　炯　中）

注

1) Papadopoulos, N. and Heslop, L. (2002) Country equity and country branding: Problems and prospects. *Journal of Brand Management*, **9**, 294-314.
2) Danesi, M. and Perron, P. (1999) *Analyzing Cultures: An Introduction & Handbook*, Indiana University Press, Indiana.
3) Goodenough, W.H. (1971) *Culture, Language and Society*, Modular Publications, 7, Addison-Wesley, Reading, MA.
4) Child, J. and Kieser, A. (1977) A contrast in British and West German management practices: Are recipes of success culture bound? Paper presented at the *Conference on Cross-Cultural Studies on Organisational Functioning*, Hawaii.
5) Kotler, P. and Gertner, D. (2002) Country as brand, product, and beyond: A place marketing and brand management perspective. *Journal of Brand Management*, **9**, 249-61.
6) Handy, C. (1999) *Understanding Organizations*, Penguin Books, England.
7) Barney, J.B. and Stewart, A.C. (2000) Organizational identity as moral philosophy: Competitive implications for diversified corporations, in *The Expressive Organization: Linking Identity, Reputation, and the Corporate Brand* (M. Schultz, M.J. Hatch and M.H. Larsen, eds.) Oxford University Press, England.
8) Griffin, J. Making the most of culture and tourism, http://www.locumdestination.com/lf2jg.htm (accessed 09 May 2003).
9) Leonard, M. (1997) *Britain ™ : Renewing Our Identity*, Demos, London.
10) Olins, W. (1999) *Trading Identities: Why Countries and Companies are Taking Each Others' Roles*, The Foreign Policy Centre, London.
11) Gilmore, F. (2002) A country-Can it be repositioned? Spain-the success story of country branding. *Journal of Brand Management*, **9**, 281-93.
12) Gnoth, J. (2002) Leveraging export brands through a tourism destination brand. *Journal of Brand Management*, **9**, 262-80.
13) Chisik, R. (2003) Export industry policy and reputational comparative advantage. *Journal of International Economics*, **59**, 423-51.
14) Gardner, S. and Standaert, M., Estonia and Belarus: Branding the Old Bloc, http://www.brandchannel.com/features (accessed 23 April 2003).
15) Jaworski, S.P. and Fosher, D. (2003) National brand identity & its effect on corporate brands: The nation brand effect (NBE). *Multinational Business Review*, **11**, 99-113.
16) Quelch, J. (2003) The return of the global brand. *Harvard Business Review*, **81**, 22-6.
17) Keller, K.L. (2003) *Strategic Brand Management: Building, Measuring, and Managing Brand Equity*, Second Edition, Prentice Hall, USA.

18) Aaker, D.A. and Joachimsthaler, E. (2000) *Brand Leadership*, Free Press, USA.
19) Kapferer, J.-N. (2004) *The New Strategic Brand Management: Creating and Sustaining Brand Equity Long Term*, Kogan Page, UK.
20) Riezebos, R. (2003) *Brand Management: A Theoretical and Practical Approach*, FT Prentice Hall, UK.
21) De Chernatony, L. and Dall Olmo, F.R. (1999) The Challenge of Financial Services Branding, www7.open.ac.uk/oubs/research/pdf/WP00_6.pdf
22) Kotler, P. and Keller, K.L. (2006) *Marketing Management*, Twelfth Edition, Pearson Prentice Hall, USA.
23) Harrison-Walker, L.J. (1995) The relative effects of national stereotype and advertising information on the selection of a service provider: an empirical study. *Journal of Services Marketing*, **9**, 1, 47-59.
24) Higson, A. (1998) Nationality: National identity and the media, in *The Media: An Introduction* (A. Briggs and P. Golbey, eds.), Longman.
25) Lotz, S.L. and Hu, M.Y. (2001) Diluting negative country of origin stereotypes: A social stereotype approach. *Journal of Marketing Management*, **17**, 105-20.
26) Jaffe, E.D. and Nebenzahl, I.D. (2001) *National Image & Competitive Advantage: The Theory and Practice of Country-of-Origin Effect*, Copenhagen Business School Press.
27) Lantz, G. and Loeb, S. (1996) Country-of-origin and ethnocentrism: An analysis of Canadian and American preferences using social identity theory. *Advances in Consumer Research*, **23**, 374-8.
28) Heslop, L.A. and Wall, M. (1985) Differences between men and women in the country of origin product images. *Administrative Sciences of Canada Proceedings*, Montreal, Canada, pp. 148-58.
29) Duany, J. (2000) Nation on the move: The construction of cultural identities in Puerto Rico and the diaspora. *American Ethnologist*, **27**, 5-26.
30) Anholt, S. (2002) Foreword, special issue: Nation branding. *Journal of Brand Management*, **9**, 229-39.
31) Gray, A. (1997) *Why Scots Should Rule Scotland 1997*, Canongate Books, Edinburgh.
32) Papadopoulos, N. and Heslop, L. (2002) Country equity and country branding: Problems and prospects. *Journal of Brand Management*, **9**, 294-314.
33) *Concise Oxford Dictionary* (1999) Tenth Edition, Oxford University Press, UK.
34) Klein, N. (2000) *No Logo*, Flamingo, London.

参考文献

Hatzidakis,G.(2006) "Greece Targets Olive Oil Branding to Help Boost Demand, Economy", http://www.bloomberg.com, updated April 17, 2006.

Fan,Y.(2006) Branding the nation: What is being branded? Journal of Vacation Marketing, January 1,12, 1,5-14.

第 III 部
国家ブランディングにおける倫理的および実践的問題

第7章 国家ブランディングにおける倫理的責任

国別ケース分析―ボリビア
トリクル・ダウン・ツーリズムから国家ブランディングへ

Ximena Alvarez Aguirre and Ximena Siles Renjel
*General Director of Discover the World Marketing in Bolivia,
former Vice Minister of Tourism in Bolivia（2004～2005）and
Risk Analyst and Relationship Manager in different industries and
sectors in Bolivia and Ecuador*

　ボリビアは南米の心臓部に位置する．天然資源が豊富で多様性に富み，ぜひとも訪れてみたい国の1つである．アマゾンからアンデスにかけて国土が広がり，気候条件もそこで生活する人々もバラエティー豊かで，旅の目的地も実にいろいろである．文化的にも生態学的にも非常に多様性に富むというこうした特徴によって，ボリビアは他に類をみない旅の目的地となっている．ボリビアは，以下に示すような比類なき自然の魅力を基礎として，世界に向けて自国をアピールしようとしてきた．

- ウユニ塩湖：世界最大の塩湖．色鮮やかな湖や，不思議な形の岩，多種多様な動物，火山の噴火口や噴気孔に囲まれている．
- チチカカ湖：ペルーとボリビア両国をまたいで位置する世界でもっとも標高の高い場所にある航行可能な湖．全ての高地／アンデス文化圏の人々の文化と宗教の中心だったことで有名である．
- チキタニア：1691年～1767年の間にイエズス会のミッションによって建てられ，その後何百年の間ほぼそのままの状態を保ってきた教会群が存在する．
- マディディ国立公園：ボリビアのアマゾン地帯への入り口であり，珍し

い動植物をみることができる．世界最大の生態学的多様性を誇る国立公園である．
・コロニアル風の市街地：ポトシ市やスクレ市のような美しい歴史的町並み．

　ボリビアのアイデンティティは，文化と自然を基礎としている．文化面に関して，ボリビアの真のアイデンティティは先祖伝来の文化のなかにある．これは時代を超えて受け継がれ保持されてきた文化であり，近隣諸国と比べてもボリビアを際立たせているポイントである．ボリビア文化の最大の特徴は，フォルクローレや服装，食などに見られるように，何代にもわたって受け継がれてきた先住民の伝統が今も非常に重んじられていることである．また自然面では，ウユニ塩湖やマディディ国立公園のような他には類を見ない自然を基礎とし，この国をユニークな旅の目的地にしている．
　何十年もの間，ボリビアは貧しくネガティブなイメージで見られることが多く，自国の美しさや特質，そして資源を世界に示すことができずに苦しんできた．この国は確かに貧困国ではあるが，それと同時に，世界に誇るポジティブな側面ももつ．豊かな自然があり，旅行者には魅力的な国だ．しかし，この国にあるそのようなすばらしさは，諸外国の人々に対しては依然として"秘められた"ままである．ボリビアは従来，潜在的観光客に対して自らの豊かさを示すためのプロモーション戦略を欠いてきた．そのような状況は近年の社会不安や政情不安が観光セクターの発展を脅かしたことにより，さらに悪化することを余儀なくされている．しかし，観光セクターに焦点を当てた国家ブランディング・キャンペーンを採用することで，ボリビアはこれまでのネガティブなイメージを払拭し，よりポジティブでバランスのとれた有効なイメージ作りをできるようになるかもしれない．
　ボリビアには，自国の誇る多様性と魅力を前面に押し出したイメージを世界に提示するためのマーケティング・プランを立てる必要がある．そうすれば，世界中の人々がボリビアを魅力的な旅の目的地の1つとして考えてくれるきっかけとなり，あるいはボリビアに対する興味を従来よりも高めてくれ

るかもしれない．観光産業にはボリビア経済の発展に大いに寄与する高いポテンシャルがあるが，さまざまな社会政治経済的要因によって，このポテンシャルは未だ知られていない．観光分野の専門家によれば，ボリビアはそのすばらしい自然や文化そして歴史的魅力を基礎とした観光業だけで，十分にやっていけるという．しかし，同産業は未だに適正に開発されていない．

いくつかの調査によれば，潜在的観光客の間で旅行先としてのボリビアの認知度は非常に低い．多くの人々は，ボリビアがどの大陸にあるのかさえも知らない．この原因の1つには，ボリビアがこれまで国として明確で継続的なマーケティング戦略をもたず，さまざまなステーク・ホルダーの参加や協働がほとんどなされてこなかったことが挙げられる．さらに，国のプロモーションに対する資源がほとんど当てられてこなかった．

KotlerとGertner（2002）によれば，国のイメージとは，歴史や芸術，音楽等，多くのものから形成されるが，時としてそれは社会的病理からも影響を受けるという．残念ながらボリビアのイメージは，後者のパターンで形成されているようである．すなわち，ボリビアのイメージとしてこれまで世界に示されてきたのは，常に貧困であり，最近では政治社会紛争があったために，安定性や治安に関するネガティブな印象を与えてきた．このことからも，消費者や観光客に対してメディアが与える影響の強さ，そして同時にメディアの情報が適切に発信されるようにすること，さらにその影響力をコントロールし，これを測ることがいかに重要であるかがわかる．多くの人々がもっているボリビアに対する認識は，汚職，麻薬，のんびりした暮らしぶりといった南米全体に対して持たれている一般化された認識と重なる．

ボリビア観光協会（Bolivian Tourism Institute：IBT）という独立組織が，これまで同国の対外的プロモーション活動に取り組んできた．だが，より効果的にそのイメージを売り込んでいくためには，明確な戦略を立て，ターゲットを絞った市場開拓をしていくことが求められる．これまでボリビアは，チリと，ペルーのマチュピチュ遺跡とを結ぶアンデスの一国として位置づけられてきた．ペルーを訪れたついでにボリビアにも足を伸ばそうという旅行者もいて，いわゆるペルーからボリビアへの「トリクル・ダウン」効果があるの

だが，ボリビアは単なるペルーの隣国としてだけではなく，ボリビアそのものの魅力に基づいて自国をプロモーションするべきである．ここ数年エコ・ツーリズムとアドベンチャー・ツーリズムがブームとなっており，ボリビアはとりわけこうしたトレンドに乗るのに打ってつけの国である．

マーケティング戦略や情報発信手段に関していえば，ボリビアは「本物は今も存在する (lo auténtico aun existe -‘the authentic’ still exists -)」というフレーズをロゴやタグに使用してきた．これはボリビアのアイデンティティと通ずるものであり，ボリビアが世界に向けて発信したいメッセージ，すなわち本物の自然と文化を体験できる国であるというメッセージである．

かつての観光副省は，観光に関する重要かつ的確な情報を載せたウェブサイト（www.turismobolivia.bo）を開発したが，政権交代後には，このウェブサイトは放置されてしまった．観光産業においては，それまで用いられてきた情報発信の手段や原理に関する継続性が欠如しているようである．

ボリビアが今，潜在的観光客の抱くイメージを変えるためには，自国の置かれている状況を分析し，必要な策を講じることがきわめて重要である．Cromwell (2006) によれば，自己分析が国家ブランディングにかかる一連の活動の出発点となる．ボリビアは内的な強みと外部環境の強みを認識し，さらに分析し理解する必要がある．自国の内部および外部環境の強みの両方をさらに引き出していくために，まずはそれを自覚していなければならない．またそれと同時に，自らの弱みと向き合い克服するために，これを認識しておく必要がある．外部環境についていえば，マーケットに存在する機会を認識し，これを利用していくことがきわめて重要になるが，それとともに，ボリビアにとって何が脅威となるのかを認識し，いざという時に備えておくことも重要である．表CS7-1は自己分析のプロセスの一部として認識された内的および外的要因を示している．この自己分析はブランディング・プロセスにおいて非常に重要であり，またCromwellも指摘するように，信頼性の高いブランドを開発する上でも有用である．

表 CS7-1　SWOT 分析結果—ボリビア観光セクター

強み (Strengths)	弱み (Weaknesses)
・ユニークな自然の魅力 ・独特な文化 ・先祖代々の歴史 ・安価に行ける場所	・観光産業振興のための資源不足 ・様々なステーク・ホルダーの参加不足 ・世界に発信されたネガティブなイメージ
機会 (Opportunities)	脅威 (Threats)
・世界中でエコ・ツーリズムへの関心が高まっている ・最近の大統領選挙によるボリビアへの注目 ・観光客をひきつけるにも諸々の国際会議を招致するにも有利となる南米における戦略的立地	・観光の魅力に関して，近隣諸国との激しい競争がある ・南米への旅費の高さ，南米内での移動コストの高さ ・ボリビアの政治社会状況の不安定性

出典：ウィキペディアより[2].

ま と め

　国としても，また観光の目的地としても，ボリビアに対する認知度はきわめて低い．このことは，外国でのボリビアに対するネガティブなイメージや，ボリビア自身がマーケティング戦略およびブランド戦略を欠いているということと相まって，世界の潜在的観光客にボリビアを1つの目的地候補として考えてもらうことを難しくしている．そこで，ボリビアが引き寄せたいターゲット層を明確にした上で，まずはボリビアにおける観光の戦略的ビジョンを明確にすること，ボリビアのアイデンティティを再定義し，そのイメージを作り変えることが何よりも必要である．ボリビアは自然と文化に富んだ国であり，近年注目を高めるエコ・ツーリズムやアドベンチャー・ツーリズムに関して市場に存在するチャンスを有効に活用することができる．

　そこで重要となるのは，世界に向けてボリビアのプロモーション戦略を立てることである．これは諸外国におけるボリビアのイメージを創造し，または変化改善させるような適切なプログラムを進めながら，わかりやすく現実をありのままに伝えたボリビアのメッセージを発信していくことによって実現する．ただし，そのためには行政だけでなく民間セクターや一般市民を含む観光振興にかかわる多様なステーク・ホルダーの積極的関与が必要不可欠

となるだろう．時間はかかるだろうが，ボリビアのブランディングあるいは修正ブランディングのための第一歩を踏み出すことは，同国にとって絶対に必要であり，経済および社会発展のための最重要課題である．

＊＊＊＊＊

はじめに

　国家ブランドにおいては，全ての国民がこれに関連した活動の影響を受け，そのステーク・ホルダーとなるため，国家ブランディングを倫理的責任の数々から切り離すことは不可能である．国家ブランディング戦略にはほぼ確実に公的な財源が充てられるということは，戦略の厳しい精査がハイレベルで行われることを意味する．国家ブランディングを取り巻く倫理の問題には，単なる製品ブランドではなく国民国家全体に対して採用されるブランドのマネジメント手法の総合的な正当性や，国家のブランド価値を見極め，選択する権利をもつのは誰かという問題，さらに国家のブランド戦略がその国の持続的開発に寄与することを保証されているかという問題が含まれる．

国家ブランド・マネージメントの妥当性

　国家ブランドが政府と市民双方にとって受け入れられるようになったならば，それ自体が社会的にも政治的にも受け入れられる活動として確立されなければならない．カギとなる倫理的問題の主なものは次のとおりである．もし国家がブランドとして扱われるようになるのならば，そのブランド・マネージメントを行う権利をもつのは誰か．国家ブランド・マネージャーの責を負うことのできる民主的な権利を有する唯一の個人といえば，選挙で選ばれた国のトップなのは明らかである．しかし，一方でほとんどの政治家はブランド・マネージャーとして求められるビジネスやマーケティングのスキルをもっておらず，他方でマーケティングやブランド・マネジメントのプロは（少なくともある程度の）必要なスキルをもっているが，彼らは民主的な権限をもたない．このジレンマによって，国家ブランディングはそもそも実現不可能であり無駄な取り組みだとみなす人もいる．

しかし国家ブランディングそのような大雑把な否定は短絡的だろう．この正当性のジレンマに対する解決策は，公選の政治家によって市民の利益が代表される公的セクターと産業界の個人や組織によって商業的利益が代表される民間セクターの協力構造の中に見出すことができる．この官民協力モデルは，実際にはいかなる個人も国家ブランディングのマネージャーとはみなされ得ないという現実を反映している．つまり，非常に幅広い国家ブランディングの活動を唯一適切に進めていくことができるのは，ステーク・ホルダーを巻き込んでいくアプローチなのである．

国家ブランディング・マネジメントの正当性について議論する際に考えておかなければならないさらなる倫理的責任とは，すべての市民に影響を及ぼす問題についてである．すなわち，いかなる国家も，不正確で時代遅れでしかも侮辱的なステレオタイプや風刺画に表現され続けることに耐えるべきではないのである．国家自らがそのようなネガティブなステレオタイプに何も反論しなければ，その結果もたらされるであろう悪影響を断ち切ることはできない．国家にはブランディングされるかどうかの選択肢はない．そうではなく，他者が無知なステレオタイプによって自国をブランディングするのをよしとするか，自らの手で，より真実みがあり正確で明るい国のイメージを世界に対して伝えていこうとするかの二択があるだけである．

本章「専門家の分析（Practitioner Insight）」にある Jack Yan も指摘するように，国家のブランディングを正当化するもうひとつの倫理的責任は，グローバルな経済では大国やより経済力のある国との競争では勝ち目のない小国や後進国であっても，その恩恵を受けることができるということである．より小さな新興国には大国が備えるような経済・外交・軍事力はない．しかし，そのような国にも，ユニークな文化や環境に配慮した持続可能な開発政策，幅広いネットワーク等の強みがあり，それらを創造的に組み合わせることによって，不利な状況に立ち向かうことができる．すなわち，国家をブランディングすることは，あたかもこれが国家ブランドの全てであるというような，誰かにでっちあげられたくだらない広告キャンペーンをはるかに凌駕するものなのである．国家のブランディングは，文化的なセンシティブさはあるも

のの，正しく実行することによって商業ベースに乗せることができる技術でもありまた戦略でもあり，それをもっとも必要とする国にとって，確かな社会経済的利益をもたらしてくれるものである．

専門家の分析
国家のブランディングによって小国はグローバルな舞台に躍り出る

Jack Yan
CEO of Jack Yan & Associates, and
a Director of the Medinge Group

　国家ブランディングは，きわめて現実的な概念である．20世紀，私たちはブランディングが概して機能するということを知った．時にそれはまったくの誤った理由や原因によって機能してきたが，誰しも，何らかのブランドを見せることによって集団への帰属を欲する人間の性質や，集団心理でそれらのブランドが示す記号論を使用することから無関係でいることはできない．

　しかし他方で，国家ブランディングには，組織のブランディングや個人のブランディングのように直ちにこれが広く受け入れられるわけではない．そこにはある種の論理がある．個人のブランディングは，聴衆との相互関係における個人の振る舞いや評判によって決められるため，容易にコントロールできる．組織のブランディングは，組織という数に限りのある人々の集団であるが，それでもなお彼らを1つのまとまりとして扱い，それに関するメッセージを伝え，シンボル化し，他との差別化を図ることは可能である．またブランディングを担当する伝統的な部署が存在し，良かれ悪しかれ，組織のブランディングはきわめて容易である．

　国家ブランディングは，これらのブランディングのようにはまったくいかない．定義からして，これは政府によって出資されなければならないが，政府が選挙で選ばれる任期は短期間であり，ブランド・キャンペーンに要する期間よりもはるかに短い．さらに，政府は常にすばらしいプロモーターというわけではない．ではどの部局が国家ブランディングを指揮すればよいのか．

集団思考は概して硬直しやすく（あるいは悪くすれば腐敗し），その結果としての国家ブランドは，結局代わり映えのしないものとなる．

しかし，多くの確立した，たいていは西欧の国々が有する国家ブランディングの実際の弱点は，世界の舞台に躍り出ようとしているより小さな国々にとっての強みである．Simon Anholt は，国から提供されるであろういかなる財にも増して，いかに国家ブランディングが元々そこに住んでいた人々の損益に影響するかということを，幾度となく指摘してきた．

スリランカは，きわめてまとまりのある住民と，国を強くし，グローバル・コミュニティに仲間入りすることを願う情熱的なリーダーに恵まれている．政府はそのようなリーダーらに自由にアプローチする機会をもっており，彼らを通して，地域コミュニティに政府からの質問も届くようになっている．グローバル経済でうまくやっていきたいという統一された願いがあるため，どの部局が国家ブランドの開発を担うかということに関する論争もほとんどない．

インドは実際にツーリズム・ブランディングにきわめて成功しており（インクレディブル・インディア），いかにして先端技術の利益が，貧しい農村部に使われるのかを実感し始めているところだ．インドでは，長く宗教の違いによる争いがあり，それは一部の中東諸国よりも長きに及んでいるが，それでもなんとかして統一戦線を張ることに成功した．大統領が国民に対して国家ブランディングについて論じる程である．繰り返すが，これは国家として成功したいという統一された願いによって達成されたものである．また特に中東や米国でのインド系移民のことを含めて考えたとき，市民や資本の移動の自由が部分的にその成功に寄与した．21 世紀後半までに，インドはおそらく西側が国家ブランドの手本とする国となるだろう．

おそらく国家ブランディングは，ブランディングがビジネスの世界で機能したのと同様に，すばらしい道具になるだろう．一ビジネスマンが大企業を打ち負かすことを可能にした民主化の道具はインターネットだったと言う者もいるかもしれないが，それでは Richard Branson や，ニュージーランドの Angus Tait の成功を説明することはできないだろう．二人とも後にナイトの

称号を得ている．両者ともに一定のブランド力を梃子にして，大企業と互角に渡り合った．つまり国家にとってのブランドであれば，より小さく，おそらくより開発が遅れた国が，グローバルな対話の場や経済に参加し，G7の国々と互角に戦うことを可能にしてくれるだろう．

21世紀の市民として，私たちには自然が私たちに与えてくれるものの他にも，ブランドの発するメッセージを読み，それを解釈することが習慣づいている．私たちは多くの場合，何が良いブランドで，何が悪いブランドかということをわかっている（悪いブランドとはたとえば，企業市民としての意識に乏しく，約束を守れないものであり，良いブランドとはたとえば，組織が約束を果たし，その存在意義を示すためにあるものである）．従来のブランドを評価してきたのと同様の訓練が，良い国家ブランドと悪い国家ブランドを公正に評価することを可能にしてくれるだろう．2007年時点において，西側の国々の中に，インドのように素早くその責任を引き受けた国は未だ存在しない．

国家ブランドの価値の同定と選択

国家ブランディング・キャンペーンを進めるには，適切なブランド価値を同定し，それを選択していくことが必要となる．では，誰がそのブランド価値を同定し，諸々の価値の中で国家のブランド戦略の基盤として採用する価値を決めることができるのか．価値に関して，国家は白紙の状態でスタートするわけではない．広告代理店やブランディング・コンサルタントは，その国に広く浸透している文化的規範や期待を無視した価値を自由にでっちあげることは許されない．国家のブランド価値を同定するためには，質量ともに広範なリサーチが必要となり，またそれは国家の全てのステーク・ホルダーを巻き込んだ包摂的なアプローチでなければならない．これらのプロセスに透明性が確保された事例として，台湾における2005年の経験が挙げられる．台湾ではこの時，24項目の台湾のイメージからどれを世界に向けて発信する台湾ブランドとして採用するかということを，政府が市民に投票で選ばせている[1]．

国家ブランドの基礎となる価値について広範な意見の集約が行われない場

合，そのような価値に根差したブランドの位置づけやイメージに対する支持も乏しくなるだろう．多くの国には既に国家に内在する特定の価値を詰め込んだ標語がある．これは国家のブランド価値を同定し選択しようとし始めて間もない国にとって，非常に有効な出発点となる．既存の標語の例をまとめたのが，表7-1である．

　カギとなるステーク・ホルダーに，彼らがどのようなブランド価値のビジョンをもっているのかを明らかにしてもらうことが，国家のブランド価値を同定し，選択する際には役に立つだろう．またその際には，デルフィックのブランド・ビジョニング・テクニックを活用し，その中でコンセンサス・ビジョンに到達するようにするとよい（第1章，学術的視点を参照）．国家ブランディング・キャンペーンの土台となる価値の一例として，エジプト・ビジネス・イメージ・ユニットによって導かれた価値は，統一感，守護（guardianship），包摂性，行動力，チームワーク，アカウンタビリティ（第2章，国別ケース分析—エジプトを参照）であった．

表7-1　各国の標語例一覧

国	標語
コロンビア	自由と秩序
フランス	自由，平等，友愛
アルゼンチン	統合と自由
ボツワナ	雨
スコットランド	我に触って無事に帰るものはいない
パキスタン	統合，規律，信頼
チュニジア	秩序，自由，正義
オーストラリア	進めうるわしのオーストラリアよ
キューバ	祖国か死か
ギリシャ	自由か死か
ノルウェー	全てはノルウェーのために
アルメニア	ひとつの国家，ひとつの文化
セネガル	ひとつの国民，ひとつの目標，ひとつの信念

出典：Wikipedia[2]．

「ブランド」は許容されるか

　国家をブランドとして扱うこと自体に強い反感を覚える人々も中には存在する．これには「ブランド」という用語に対する嫌悪感に由来する部分があり，別の表現を使えば，国家ブランディングという概念に対する懐疑的な見方はおそらく緩和されるだろう．たとえば「ブランド」と言う代わりに，国家の「名声」を作るにはといういい方である．近年では，ブランド・マネジメントに倫理的な配慮を含めることがトレンドになっている．消費者がより倫理に敏感になってきているため，他社との差をつけるために，多くの企業が倫理的ブランディングに関心を示すようになったのである[3]．ブランディングが有する開発に寄与する力も重視されてきた[4]．特に国家ブランディングの文脈においては，「ブランディングは地域文化の商業化ではなく，多様性を守り推し進めていくことである」と論じられる[5]．

持続可能性と国家ブランディング

　近年，かつてない程に，大気汚染や温室効果ガス等の産業化によってもたらされた現象による環境への深刻な脅威への懸念が高まっている．環境意識の高まりは，伝統的な保守主義の運動から経済や政治のメインストリームへと広まった．企業の社会的責任（Corporate Social Responsibility：CSR）が，人々の関心を企業の倫理的行動に向けさせたのと同様に，環境への高い意識に根差した国家運営は，国が環境資源管理に対して負っている重い責任を示す機会となる．環境に対して責任ある態度をとる国と，持続可能な開発への責務を果たすことに失敗している国はどこか．様々な機関の努力によって，現在では多様な持続可能性指数が存在し，各国の環境政策の質を順位付けすることが可能となっている．本書ではそれらの指数から環境持続性指数（Environmental Sustainability Index：ESI）について詳しく取り上げ，これと代替の持続性指数との比較を簡単に行う．こうした指数に見る国のパフォーマンスの良し悪しは，その国の国家ブランドのイメージに影響する．パフォーマンスの良い国は国家ブランドのイメージ向上が期待できるが，パフォーマン

スの悪い国はイメージを悪くする．持続性指数の結果が一般の人々にもはっきりと示され，メディアを通じて広く報道されるとすれば，政府の政策立案者らも持続可能な開発への信頼を高めることにより前向きになるだろう．

　おそらく今や環境運動の最先端であるとは見なされていないが，近年，特に2005年に出版された『国富の行方』という報告書を通して，世界銀行は持続可能な開発アジェンダに顕著に貢献してきた[6]．この報告書は，最近の開発政策の決定に用いられてきた指標，国内総生産（GDP）のような国家財政にかかわる数値が，資源の枯渇や環境へのダメージを無視してきたと論じ，さらに天然資源や人的技術力および能力の価値を含むより総合的な冨の測定基準を提案する．また，多くの貧困国が持続可能な開発へは向かっていないと指摘する．報告書の結論は，多くの国の開発政策には全般的に持続可能性が欠如しているというものだが，持続可能な開発原理を採用することに成功している国の例も紹介している．たとえばモーリタニアは，水産資源管理の改善によって開発政策の持続可能性を高めていると評価される．またボツワナも，鉱物資源からの収入を支出に回すのではなく，将来的な投資とダイアモンドの価格変動による政府予算の緩衝財源に充てるという，独自の予算配分を採用している．このような成果はモーリタニアやボツワナによって世界に推奨されるべきであり，そうすることによってこれらの国の国家ブランドは，持続可能な開発への積極的取り組みに相当する評価を得ることになる．

　世界銀行と同様に国連環境計画も持続可能な開発を推進するため，各国に，たとえば土壌の浸食を緩和する段々畑など，環境への十分な投資を要請している．そのような環境への投資は，1ドルあたり3ドル以上の還元率が見込める[7]．国の政策立案者の間では，適切な環境管理についての経済的視点の方が，純粋に倫理的な視点よりも重きを置かれる傾向がある．このような世界規模の現象についての重大時には，国家ブランドが持続可能な開発アジェンダの適用を促すためのカギとなり得る．新興国であろうと，先進の経済大国であろうと同様に，環境政策が成功していれば国のイメージを向上させることができる．近年アメリカ・ブランドの劣化に関する議論がある[8],[9]．最近25カ国の2万6,000人以上を対象に実施された世論調査に依拠して，BBC

ワールド・サービスは米国のイメージの悪化を指摘する．同調査によれば，現在米国が世界規模の事象に対してポジティブな影響を及ぼしていると感じているのは，回答者のわずか29％であった[10]．数々の要因が米国の国家ブランドのイメージダウンを引き起こしており，この傾向を好転させる唯一絶対の手段が存在するわけではないが，米国が地球環境政策に対して再度積極的にアプローチしていくことが，その傷ついたイメージを回復させていくことにつながるのは確実である．米国は京都議定書への批准に失敗した．そのことを正当化する理由はいくらか存在していたとはいえ，世界はそのような米国の態度を前に，同国が地球環境に対して負っている責任を放棄しているという見方を強めた．しかし，世界をリードしていこうとする国ならば，国際的な環境イニシアチブにもっと積極的に参加していくべきであり，そうすることで，米国が近年失いつつある倫理面での威厳を再構築するための一助となりうるのである．

環境持続性指数

おそらくもっとも明確な持続可能な開発のための国別ランキングは環境持続性指数（ESI）である．これはエール大学とコロンビア大学の環境専門家のチームによって作成され，2005年1月27日にスイスのダボスで開催された世界経済フォーラムから始まったスコアカードである[11]．報告書のエグゼクティブ・サマリーは，ESIが持続可能性に関する5つの基本項目を設け，それによる国ごとの比較を可能とし，今後数十年にわたって国家の環境保護能力を測る基準となることが期待されると説明している．

・環境システム（大気の質，生物多様性，土地，水質，水量）
・環境ストレスの削減（大気汚染，生態系ストレス，人口，廃棄と消費，水ストレスの削減，天然資源）
・人間に対する影響の削減（健康，食糧，自然災害）
・社会と制度の能力（環境施策，環境の効率，民間企業活動，科学技術）
・国際貢献（国際プロジェクトへの参加，温室効果ガス，環境負荷物質の越境）

ESI と他の広く使用されている持続可能性指数—エコロジカル・フットプリント指数 (Ecological Footprint Index: EFI) と環境脆弱性指数 (Environmental Vulnerability Index: EVI) の比較をまとめたものが表7-2である．

ESI の分析から，各国の環境への取り組み基準に関して，次のようなことがわかる．たとえば，完全に持続可能な開発を実現している国は存在しない一方で，あらゆる開発段階にある国の中で，環境をより上手く管理している国

表7-2 持続可能性指数

持続可能性指数	ソース	内容
環境持続可能性指数 (ESI)	エール大学環境法政策センター，コロンビア大学国際地球科学情報ネットワークセンター，世界経済フォーラム共同プロジェクト（スイス・ジュネーブ），欧州委員会共同研究センター（イタリア・イスプラ）	ESI は76項目のデータ—天然資源の埋蔵量，過去および現在の汚染レベル，環境管理努力，環境パフォーマンスを向上していく社会の能力—を21の環境持続性指数にまとめたものである．各国政府がより具体的なデータに基づいて実証的なアプローチで政策立案することを可能にすることを目的とする．
エコロジカル・フットプリント指数 (EFI)	ESI と同じ	EFI は一国で消費された資源量を，生物生産可能な土地の面積に換算し，これを人口で割り，ひとり当たり何ヘクタールになるかという形で最終値を出したものである．高いレベルの資源消費は長期的に見て持続可能ではない．ただし，経済活動が少なく，貧困が広く蔓延しているためにフットプリントが小さくなっているような国の場合は，必ずしもこれによって持続可能性がないということにはならない．
環境脆弱性指数 (EVI)	南太平洋応用地球科学委員会，国連環境計画等	EVI は，一国の物質的側面（人間，建物，生態系），経済面，福利厚生面に悪影響を及ぼす内的および外的ショックとなる環境条件に関する意識化を促すことを目的とする．ここには，自然災害や海水面の上昇，天然資源の枯渇，脆弱な生態系，地理的隔離が含まれる．環境脆弱性の高さは，持続可能な開発のさまざまな障害となる．

出典：2005 Environmental Sustainability Index [11].

もあれば，そうではない国もあるということである．また，規制の厳格さや国際的な政策努力に対する協力度などのガバナンスの指標は全体の環境政策の成功と高い相関関係にあるということも明らかとなった．さらなる重要な結論として，環境を守ることによって，競争を犠牲にする必要はないということがいえる．これは将来の持続可能な環境ために意義ある政策へのインプリケーションである．ESI の提案者，エール大学の Daniel C. Esty エスティ教授は次のように語る．

　ESI という基準によって，国別，指標別に環境パフォーマンスを比較でき，価値ある政策ツールを得ることが可能になります．ESI は環境パフォーマンスにおけるリーダー国と，その後を追う国，つまり行動を起こすことに慎重な政府の存在を明確に示すことによって，より良い成果を達成するためのプレッシャーを生み出すのです[12]．

　このようなより良い成果を求めるプレッシャーの増大が，グローバルなレベルで持続可能な開発アジェンダを実行していくことを後押しする．エスティ教授がリーダー国として触れた国家は，環境への積極的な取り組みによって国家ブランドが受けるポジティブなハロー効果を最大化する一方で，「後を追う国」はグローバルな評価の低さによるネガティブな結果として自国のブランド価値が下がらないようにするために，環境パフォーマンスを改善せねばならない．このことについて，ESI ランキング上位 20 位までの国と Anholt-GMI 国家ブランド指数（表 7-3）の上位 20 位までの国の比較は興味深い．これらを比較することによって，将来的に環境持続可能性を国家ブランディングに統合していくことの可能性が見えてくるだろう．

　ESI ランキングと国家ブランド指数ランキングの上位 20 位までの国々は，いずれもきわめて多様である．ただし，2 つのランキングの比較から拙速な結論を導いてしまう前に，ESI が全部で 146 の国を対象としているのに対し，国家ブランド指数ランキングはわずか 25 か国しかその対象に含まれていないため，この 2 つのランキングを比較することには明らかな限界があるというこ

とを認識しておかなければならない．それでもなお，これら2つの指標の上位20か国のリストに基づいて，ある程度の観察を行うことは可能である．

　より小さな国や後進国あるいは新興国にとって，ESIの上位を狙う方が，国家ブランド指数のランキング上位を狙うより達成し易い．たとえば，ボリビアのような国々には，現在国家ブランド指数に対してインパクトを及ぼせるだけの知名度はないが，そのような国であってもESIランキングでの上位獲得によってきわめて大きな恩恵を受けることができる．倫理的消費者が登場した時代にあって，ボリビアのような国は，そのESIランキングを国のイメージ向上に使うことができ，それによって環境意識の高い消費者を対象としたツーリズムの拡大へつなげることができ，また倫理的消費者のボリビア製品への購買意欲を高めることも可能となる．環境持続可能性における良いパフォーマンスは，国家ブランド全体に対してポジティブなハロー効果を生み

表7-3　環境持続性指数，国家・ブランド指数 上位20カ国

順位	環境持続可能性指数	国家・ブランド指数
1	フィンランド	オーストラリア
2	ノルウェー	カナダ
3	ウルグアイ	スイス
4	スウェーデン	イギリス
5	アイスランド	スウェーデン
6	カナダ	イタリア
7	スイス	ドイツ
8	ガイアナ	オランダ
9	アルゼンチン	フランス
10	オーストリア	ニュージーランド
11	ブラジル	アメリカ
12	ガボン	スペイン
13	オーストラリア	アイルランド
14	ニュージーランド	日本
15	ラトビア	ブラジル
16	ペルー	メキシコ
17	パラグアイ	エジプト
18	コスタリカ	インド
19	クロアチア	ポーランド
20	ボリビア	韓国

出所：環境持続性指数[11]，GMI Poll[13]．

出すことに寄与する．コストのかかるイメージ作りのための広報活動に充てられる資金を持たない後進国や新興国にとって，持続可能な開発アジェンダに取り組むこと，そしてその取り組みを世界に向けて発信していくことは，強い国家ブランドを築いていくための絶好の機会となるだろう．

　僻地にある国々にとっては特に，大市場からの距離というハンデを乗り越えるための手段として，持続可能な環境政策に取り組んでいくことが効果的である．そのような政策が提唱されてきた国，たとえばアルメニアのケースのように，環境にやさしい製品として他国製品との差異化を図り，その証明を付した製品を厳格に市場に売り出せるのならば，その製品が国際市場にアクセスする機会を拡大することができるだろう[14]．

要　　約

　本章では国家ブランディングに関する重要な倫理的責任について議論してきた．国家ブランディングの概念は，まだまだ一般に広く受け入れられているとは言い難い．未だに，国家がはたしてブランドとして扱えるものなのか，あるいは扱われるべきものなのか，ということに懐疑的な見方が存在する．国家ブランディングのコンセプトと実用が，広範なステーク・ホルダーによって広く受け入れられ，支持されるためには，国家ブランディングの正当性が確立されなければならない．

（訳・舟子律子）

注

1) Li, L. (2006) Branding Taiwan. *Taiwan Panorama,* April, p. 14.
2) Wikipedia, http://www.wikipedia.com, accessed 5 April 2007.
3) Fan, Y. (2005) Ethical branding and Corporate reputation. *Corporate Communications,* **10**, 341-350.
4) Ind, N. (2003) A Brand of Enlightenment, in *Beyond Branding* (N. Ind, C. Macrae, T. Gad and J. Caswell, eds.), Kogan Page, UK.
5) Freire, J.R. (2005) Geo-branding, are we talking nonsense? A theoretical reflection on brands applied to places, *Place Branding,* **1**, 347-362.
6) The World Bank (2005) Where is the wealth of nations? http://www.web.worldbank.org, (accessed 15 September 2005).

7) *The Economist* (2005) Greening the books, September 17, p. 96.
8) Anholt, S. and Hildreth, J. (2004) *Brand America: The Mother of All Brands,* Cyan Books, UK.
9) Martin, D. (2007) *Rebuilding Brand America,* Amacom, USA.
10) Frost, R. (2007) Brand America: Taming Wild Perceptions, http://www.brandchannel.com, 2 April.
11) Environmental Sustainability Index (2005) http://www.yale.edu/esi
12) Esty, D.C. (2005) Finland Tops Environmental Scorecard at World Economic Forum in Davos, *Yale News Release,* http://www.yale.edu/opa/news, January 26.
13) GMI Poll Press Release (2005) Australia Is The World's Favorite Nation Brand, http://www.gmi-mr.com/gmipoll/release. August 1.
14) Pant, D. (2005) A place brand strategy for the Republic of Armenia: 'Quality of context' and 'sustainability' as competitive advantage. *Place Branding,* 1, 273-282.

参考文献

Cromwell,T. (2006) Why Nation Branding Is Important For Tourism, EastWest Communications. www.eastwestcoms.com [Online][Last accessed May 27th, 2006]. http://eastwestcoms.com/Whya-Nation-Branding-Is-Importanto-For-Tourism.htm

Kotler, P. and Gertner, D. (2002) Country as brand, product, and beyond:A place marketing and brand management perspective, *Journal of Brand Management,* 9 (4/5), 249-262.

Vice-Ministry of Tourism –Bolivia (2006) (Vice-Ministerio de Turismo de Bolivia) www.desarrollo.gov.bo [Online][Last accessed April 24, 2006].
http://www.desarrollo.gov.bo/turismo/Bolivia-Travel/setframeING.htm
http://www.turismobolivia.bo/loader_en.php?n1=1&n2=1&n3=&n4=

第8章 国家ブランディングの概念をめぐる実際的問題点

国別ケース分析—アイスランド
スローガン「自然そのままのアイスランド」の事例
—国家イメージの影響力促進と維持のための
アンブレラ・ブランド構築

Inga Hlín Pálsdóttir
Project Manager, Trade Council of Iceland

アイスランドは,世界で最もお粗末なマーケティング・キャンペーンを展開した国であろう.探検家の レイファー・エリクソン（Leifur Eiríksson）は,その大地をアイスランドと命名し,誰もそこに行きたいと思わなかった.その後,自分の間違いに気づいた彼は,すべてが氷に覆われた土地に行った.そして,「その土地がより良い名前を持つなら,人々はそこに行くはずなのに…」と思いながら,その氷の土地をグリーンランドと名づけた. …

イルヴェス・トーマス（Ilves, Toomas, 2003）

この文言は完全に正確とはいえない.また,実際にこの国をそのように命名した人も Leifur Eiríksson ではなかった.本当の命名者は西暦860年頃の「カラスのフローキ」（アイスランド語で Hrafna-Flóki）と呼ばれる人物であったとされる.しかし,この説にも疑問の余地がある.アイスランドの人口は,約30万人である.このためアイスランドは,世界で最も少ない人口をもつ国家のひとつに数えられる.しかし,このような小規模の国にもかかわらず,アイスランドは高い生活水準を享受している豊かな国である.アイスランドという名は,ある程度国にポジティブまたはネガティブな影響を与えてきたと思われる.多くの人がアイスランドを「氷と寒さ」の国というステレオタイプをもって連想している.しかし,それは今のアイスランドの姿ではない.

一方，アメリカ市場を対象にアイスランドのマーケティング専門家であるBaldvin Jonsson によれば，アイスランドという名がアイスランドの一部の産業には，ポジティブに作用すると言う．彼は次のように述べる．「アイスランドは良い名前だ．アイスランドという名は，観光と食品生産にすべてに良い影響を与える．すなわち，寒さと新鮮さが同時に連想されるからである」(Morgunblaðið, 2005 年 6 月 26 日)．

アイスランドは，外部から多くの関心を得ることができなかった．しかし，2006 年末，アイスランド政府は世界各国の反発を呼び起こしうる状況で，捕鯨を再び許可することを決定した．予想通り，世界各国から激しい反発があった．多くのネガティブな反応の中の 1 つは，アメリカの食品卸売市場の総支配人である Kenneth J. Meyer が 2006 年 12 月，アイスランド漁業相 Einar K. Gudfinnson に送る布告文であった．彼が送ったのは，アメリカの商店がマーケティング戦略でアメリカの商店で販売されるアイスランドの商品を含まないことを決定したという内容であった．再度始まった捕鯨は，明らかにマイナスの影響を与えるものであり，食品卸売市場の商店に対する消費者がもっていた良い感情は打撃を受けざるを得ない状況であった (Fréttablaðið, 2007 年 2 月 8 日：Morgunblaðið, 2007 年 2 月 7 日)．

アイスランド政府と産業界は，こうしたネガティブな反応に対処する準備ができていなかった．捕鯨事件でアイスランドの国家イメージは明らかにマイナスの影響を受けたことに間違いない．2007 年 2 月，アイスランドはアンホルト GMI 国家ブランド指数で 19 位を占めた．これは，北欧諸国のなかで最下位であり，OECD 諸国のなかでも最下位で，アイスランドにとって衝撃的なものであった．これによって，最近アイスランド政府と民間企業はどうすればポジティブかつ戦略的な方法でアイスランドのイメージを保護し，プラスの影響を与えるかについて苦心している．アイスランド政府がグローバルな経済市場で認められるために選択した初期の方法の 1 つが「自然そのままのアイスランド (Iceland Naturally)」というプログラムである．このプログラムは，1999 年，北米で開始され，今でも行われている．このプログラムがアイスランド政府と団体により，国家ブランディングとしては具体化されて

いなかったが，アイスランドの統合されたアイデンティティ形成の一環として認められるだろう．

2000年，アイスランド外務大臣のHalldór Ásgrímssonは，ある演説で「自然そのままのアイスランド」プログラムがアイスランドの明確なイメージを構築するための第一歩になると述べた．「自然そのままのアイスランド」プログラムは，観光とビジネス両方に適合したマーケティング・プログラムである．これは，アイスランド産製品がもっている自然さを広く知らせ，その商品の需要を促進し，さらに観光を奨励するために開発された．このプログラムは，アイスランド観光庁ニューヨーク事務所とアイスランド海外ビジネス・サービス (OBS) の努力を結集したもので，交通・通信部と外務部がアイスランドの主要企業8社と協会，政府を代弁している．アイスランド・グループ，アイスランド・エア，アイスランド農業，アイスランド温泉天然水，レイファー・エリクソン・エア・ターミナル，北緯66度，青い珊瑚礁，グリトニル銀行の主要企業8社と協会である．

「自然そのままのアイスランド」キャンペーンが始まる前の1999年，北米市場でアイスランド政府は自国に対する認識調査を行った．調査の目的は，アメリカ人がアイスランドについて，平均的にどの程度知っているかを把握するためであった．結果が残念ながら，アイスランドとその製品について知っているアメリカ人は少なかった．また，調査結果では，市場には同じ業界内の多くの企業から出てきたバラバラのメッセージが相当数あることが明らかになった．したがって，これは影響力と維持能力の不在を招いた．こうした結果を通じて，公共・民間セクターの協力のみが一貫したメッセージを生成し，国益に恩恵をもたらすという判断が下された．この調査は，「アイスランドの強力なブランド・イメージ構築のため，企業と政府が一緒に努力することで良好なパフォーマンスを得ることができる」ということを示唆している (Ministry of Communication, 1999)．

このような調査を終えた後，アイスランド政府は「自然そのままのアイスランド」プログラムを使って，国の広報キャンペーンを開始することにした．このプログラムの主な目標は，イベント，観光と生活関連刊行物の中の広告，

ウェブサイト，月刊ニュースレター，景品，広告手法などを用いて，アイスランドとその製品及びサービスの認知度を高めることである．

　企業には，5年間このキャンペーンに参加できる機会を与えた．アイスランド政府はキャンペーン予算の3分の2を準備し，残りの3分の1は参加企業が充てた．「自然そのままのアイスランド」キャンペーンのスローガンは，国の多様性を反映しなければならなかったし，アイスランドのイメージをより暖かいものに設定した．「自然そのままのアイスランド」ブランドは，そのナチュラルさと汚れていない自然環境と関連して，アイスランドの本質をそのまま表現するように考案された．航空会社，ビジネス，観光，食品などを広告する際，アイスランドに関連するほぼすべてのものを広報するにあたり，「自然そのままのアイスランド」のロゴを使用するようにした．そうすると，すぐに北米市場で最大のアイスランド企業がこのプログラムに参加するようになった．「自然そのままのアイスランド」というロゴの最後のバージョンは，図 CS8-1 に示されている．「自然そのままのアイスランド」プログラムをアンブレラ・ブランドとして考える場合，それはアイスランドの多くの主要な産業を抱えており，アイスランドのブランド創造において第一歩として考えられる．

図 CS8-1 「自然そのままのアイスランド」のアンブレラ・ブランド

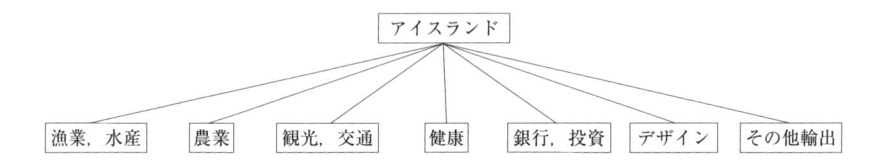

```
                    アイスランド
    ┌──────┬──────┬──────┼──────┬──────┬──────┐
 漁業，水産  農業  観光，交通  健康  銀行，投資  デザイン  その他輸出
```

　アイスランド政府と民間セクターは，「自然そのままのアイスランド」プログラムを計画して，どのような種類のメッセージを送り出すべきかを監督するか，少なくとも軽く管理することにより，全体的な基調を設けることができた．しかし，「自然そのままのアイスランド」プログラムの展開過程で見落としがちな重要な側面は，国に対する自覚である．すなわち，国に対する内

部的観点はどのようなもので，企業と協会がブランドのなかに何を具現するかである．このプログラムは，アイスランド政府が戦略的な方法で国のイメージに影響力を行使するための最初の試みである．

　このプログラムが始まった後，アイスランドとアイスランドの製品に対するアメリカ消費者の認知度を測定するため，1999 年，2000 年，2003 年，2004 年にわたって，大々的な調査が行われた．調査の結果，アイスランドのイメージは概ねポジティブな回答が多かった．観光地としてのアイスランドに対しても，若者とアウトドアを楽しむ人々の間で多くの関心を集めていることがわかった（2007 年「自然そのままのアイスランド」）．2006 年，このプログラムには以前と全く同じ企業が参加することになったわけではないが，同じスローガンを掲げてヨーロッパへの市場拡大を図った．これにより，主要 3 か国が選ばれたが，フランス，ドイツ，イギリスである．北米で展開したように，ヨーロッパ市場でも同じアプローチが効果があるか見守ることだ．

　このように，戦略的な活動の過程を通じてアイスランド政府は国のイメージと評判を高めるための努力がいかに重要であるかに気づき，これに応じた適切な段階を着実に実行してきた．「自然そのままのアイスランド」プログラムに参加した企業も多くの関心と努力を見せてくれた．2007 年初め，アイスランド首相の Geir H. Haarde は，政府が能力のある人材を集めて，アイスランドの評判とイメージを調査するようにし，どうすればより良い成果を得ることができるかを研究することを発表した（Fréttablaðið，2007 年 2 月 8 日）．一方，アイスランドの主要な公共・民間セクターの利害関係者は，観光客と投資家，企業人，消費者を誘致するため，アイスランドが世界からどう見られているか，また，世界にどのようなメッセージを送り出すかなど，確実な戦略を取ることが重要であると判断した．

＊＊＊＊＊

はじめに

　経営上の観点からは，国家ブランディングの概念にはいくつかの実際的な問題点がある．利害関係者の参加程度は，これに関する大きな問題点の 1 つ

である．しかし，これより大きな問題点は，国家ブランディングの接点作りや一貫した国家ブランドの構築と開発の必要性，高度に政治化された国家ブランディングの性格などである．

誰が関与すべきなのか？

国家ブランディングの幅広い特性は，国家ブランド戦略を構築し実行する上で多くの関係者の参加が必要である．包括性という原則によって，すべての利害関係者は，キャンペーンの開発に参加しなければならない．しかし，包括性という概念は，個々の国々が持つ環境という独特な因子によって調整されることも可能である．したがって，2つの形式の包括性を使い分けることが重要である．まず第1に，理想的で完全な状態，または完全な包括的アプローチである．第2に，実際的な状態，またはプログラムで具体化された包括性である．

理想的で完全な状態：完全な包括的アプローチ

戦略に対する包括的なアプローチがもつメリットは，職員の動機付けが可能であり，受容と参加を促進し，創造力を刺激する．さらに，一貫したビジョンの下で利害関係者を集められることである．これに関する問題は，内部及び雇用者によるブランディングの論文において体系的に紹介されている[1],[2]．De Chernatonyは，国家ブランドと関連する重要な利害関係者として，政府をはじめ，商業，非営利組織，観光，メディアなどを取り上げている（第1章，学術的視点を参照）．一方，スリランカは自国をグローバル社会の一員として認識させるために情熱的なリーダーを持つ代表的な国として挙げられてきた．すなわち，これは政府にとって再び地域社会に議題を返すリーダーに接する機会が多いということを意味する（第7章，実務家の視点を参照）．

包括性の必要については，ボリビアの事例から学ぶことが多い．すなわち，ボリビアの国家ブランディングの目標は，「政府だけでなく民間分野や国民など，その過程において関連のあるすべての利害関係者の献身的な参加がある場合」のみ実現可能である（第7章，国別ケース分析—ボリビアを参照）．同じく，

ロシアは満足できなかった海外でのイメージを改善するため，3,000万に達するロシアの海外移住者と連携を組むと同時に，政府やビジネス社会，メディア，市民社会団体を含むすべての利害関係者の努力を結集する必要があった（第5章，国別ケース分析―ロシアを参照）．

図8-1に示されているように，完全な包括的利害関係者アプローチである包括性の原則を国家ブランディングに適用することで，国家ブランドにおいて潜在的な利害関係者の領域を示す1つの枠組みが作られる．この枠組みは，すべての国が自国のみの独特な利害関係者領域をもつことができるため，完全なものとはいえない．しかし，この枠組みは国家ブランド開発において論議されるべき様々な利害関係者を分析する際の根拠となっている．

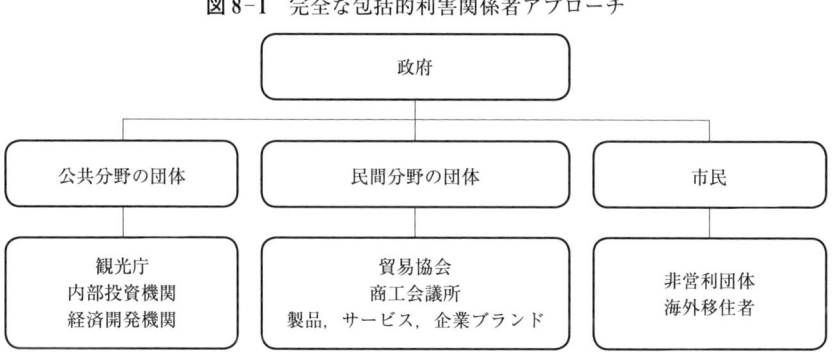

図8-1 完全な包括的利害関係者アプローチ

```
                    政府
        ┌────────────┼────────────┐
   公共分野の団体   民間分野の団体      市民
     観光庁         貿易協会        非営利団体
    内部投資機関    商工会議所       海外移住者
    経済開発機関  製品，サービス，企業ブランド
```

完全な包括的利害関係者アプローチは，国家ブランディング戦略を構築するうえで，利害関係者の包括水準を考える場合，実際の状態よりは理想的で完全な状態を表すものといえる．実際に多くの国々は突然の侵略のような外部からの脅威に対応するために一致団結する場合が多い．そして，そのような脅威がなくなると，国は政治的及び社会的な分裂状態に戻ることになる．平和と繁栄の時期に一国の関係者ら（団体，政党，企業，個々人の市民など）は，自分だけの安楽な生活と安全地帯から抜け出し，あえて国家ブランドの共感とビジョンを確立しようと努力する必要がない．しかし，他の多くの開発途

上国や過渡期に置かれている国，新興国は，低開発と貧困の問題を解決するため，すべての利害関係者の参加と共感の下でより決断力のある行動をしなければならない．

団結した行動が必要となる場合，政府は包括的なプログラムなどを計画することで，国の利害関係者を結集することができる．Yanは，これについてスリランカの事例を取り上げて説明している．すなわち，スリランカでは「世界経済で成功しようとする諸市民の一致した願いのおかげで，特定の部署が国家ブランド開発を主導すべきかについての論争はみられない」(第7章，実務家の視点を参照)．

完全な包括的利害関係者アプローチでは，政府は国の主要な関係者の中の1つであり，すべての領域の利害関係者と共にしながら，国家ブランド活動を管理していることがわかる．多様な利害関係者による活動の重複や分裂を避けるため，管理機関を設置することは重要である．政府がその管理機関を設置しなければならないが，管理機関もある程度の政治的独立性を維持することで，長期的な任務といえる国家ブランド戦略が，新たな大臣が任命されるたびに，その方向を変えないようにしなければならない．第8章の後半部でまた触れるが，国家ブランディングは高度に政治化された活動であり，個別の政治家の盛衰と浮き沈みによって，国家ブランディング活動が混乱に陥らないよう注意を払う必要がある．

公共セクターの団体は，完全な包括的利害関係者アプローチにおいて重要な構成要素である．観光庁と内部投資機関，経済開発機関などは，すべて自らの計画と目標を持っており，多くの国は重要な経済目標を成し遂げるため，こうした諸機関の活動をうまく管理している (例：フランス，アイスランド，ブラジルの研究を参照)．公共セクターの多くの機関は，民間セクターの機関と密接に協力して仕事を進めている．たとえば，輸出促進機関は，国の重要な輸出企業と必然的に密接な関係を維持することになる．しかし，市民社会の代表者が全体的な国家ブランディング活動に参加しているのはほとんど見られない．国家ブランディング活動を支援する多くの基金が，納税者である国民から出てくると仮定すると，政府は国民が国家ブランド戦略の開発に参加で

きるよう複数の方法を考えなければならない．

実際的状態：プログラムで具体化された包括性

　完全な包括性という理想的状態は，深刻な経済的脅威に直面している国や世界舞台に第一歩を踏み出す国，または世界舞台でイメージを変えようとする国などによって用いられる．一方，他の国の現実的な願いは，国家ブランディング活動においてプログラムで具体化された包括性という方法を採ることであり，これは，多様な国々によって既に実現された．したがって，ここではプログラムで具体化された包括性を「理想的」な状態としてではなく，「実際的」な状態と呼ぶ．もちろん，これはすべて国が実際的状態のプログラムで具体化された包括性を実現したということではない．一方，多くの国の国家ブランディングに対する努力は，政治的腐敗や権力争い，または国を統治するエリートの戦略的ビジョンの不足などで挫折する可能性がある．国は，こうした好ましくない環境の中でも，プログラムで具体化された包括性を実現する国家ブランディング活動を主導していかなければならない．

　次に，プログラムで具体化された包括性の概念を示す3つのキャンペーンを検討する．すなわち，「ブラジルIT」や「自然そのままのアイスランド」，そして「新たなフランス」などがそれである．この3つのキャンペーンに参加した利害関係者は，表8-1に示されている．

　ブラジル，アイスランド，フランスは，非常に異なる国であり，国家ブランディング活動でもそれぞれ違う問題に直面している．しかし，表8-1に示されているそれぞれ3つのキャンペーンは，世界経済の中で彼らの国が経済発展のどの段階にあるかとともに，その規模にかかわらずプログラムで具体化された包括性を育てていくことが非常に重要であることを示している．キャンペーンの目標に関連して「ブラジルIT」と「新たなフランス」は，キャンペーン戦略が一国の国際的なイメージの改善を示唆している．「ブラジルIT」の事例をみると，このキャンペーンが始まる前にはブラジルをITサービスとIT製品の供給者として認識している国はほとんどなかった．ブラジルは，サッカーや音楽をはじめ，有名な観光スポットなどのポジティブな要素から多く

の利点を享受してきた.しかし,こうした要素がブラジルのIT産業に原産地効果をもたらすことはできなかった.また,別のタイプでは,「新たなフランス」というキャンペーンの事例がある.このキャンペーンの主な目標は,新たなビジネスを誘致し,内部投資を促進させるため,フランスに対する外国人投資家の評判を向上させることであった.キャンペーン以前のフランスのイメージは,魅力的な観光地,素晴らしい食べ物と飲み物がある国として,

表8-1 国家ブランディング・キャンペーンに参加した利害関係者

キャンペーン	「ブラジルIT」	「自然そのままのアイスランド」	「新たなフランス」
主要目標	世界最大IT製品の消費国であるアメリカなどで,ブラジルのIT産業が優れたITサービスと製品を生産していることを知らせる.	北米市場でアイスランド製品の需要促進.アイスランド製品の自然さを広報.アイスランドへの旅行を奨励.	アメリカ,イギリス,ドイツ,日本,中国など5か国の主要投資国でフランスの経済的地位を高める.新たなビジネスを誘致し,内部投資を促進させるため,フランスに対する外国人投資家の評判を向上.長期的なコミュニケーションを通じて外国投資家との強い関係を構築.
参加した利害関係者	ブラジルの輸出増進委員会APEXを通じたブラジル政府.ブラジルIT企業群.アメリカの消費者と世論形成者にブラジルを知らせるためのアメリカ内非営利貿易機構であるブラジル情報センター.	アイスランド政府の外務部,交通通信部,アイスランド外交局(海外ビジネス局),アイスランド観光庁,8つの主要アイスランド企業と協会:アイスランド・グループPlc,アイスランド・エア,アイスランド農業,アイスランド温泉天然水,レイファー・エリクソン・エア・ターミナル,北緯66度,青い珊瑚礁,グリトニル銀行.	政府団体.フランスの投資機関が開発・運営するキャンペーン.ビジネス開発機関のUBI.国際旅行者機関であるMaison de France.情報部.外務部.フランス経済使節.国立農業マーケティング・コミュニケーション・コンサルタントのSopexa社.教育振興国のEDUフランス.財務理事会.フランス国家委員会.広告会社アバスの元社長であり,コミュニケーション専門家のピエール・ダウジエール.

出所:第6章,第8章,第10章の国別ケース分析.

とてもポジティブな評価で満たされていた．ところが，フランスをビジネスの場として考えることは多少無理があったため，このような国家イメージの不足を改善するためフランスは「新たなフランス」というキャンペーンを開始した．一方，「自然そのままのアイスランド」というキャンペーンは「ブラジル IT」や「新たなフランス」というキャンペーンとは明らかに異なる．当時アイスランドが直面した問題は，既存の評判を克服するのではなく，アイスランドの認知度を効果的に高めるプログラムを開発し，ターゲット市場でアイスランドの製品と「純粋」や「自然」というアイスランドのイメージを1つにまとめることであった．

　国別ケース分析（第6章，第8章，第10章を参照）からみると，この3つのキャンペーンすべてが，セグメンテーション（Segmentation）やターゲティング（Targeting），ポジショニング（Positioning）というマーケティングの基本原則を守っている．まず「ブラジル IT」キャンペーンは，アメリカ市場を対象とし，「自然そのままのアイスランド」もヨーロッパ市場に進出する前は北米市場を対象とした．一方，「新たなフランス」キャンペーンは，アメリカ，イギリス，ドイツ，日本，中国など5つの主要な投資国を対象とすることを決めた．それぞれのキャンペーンが持つ明確な戦略は，広範な領域で利害関係者の参加を確固たるものにしていることが重要である．

　キャンペーンの目標達成を念頭において，この3つのキャンペーンに政府が関与したのは，すべての利害関係者の参加を持続させるために必要な対策であった．しかし，政府の参加水準は各キャンペーンの性格がどのようなもので，どの段階にあるかによる．一方，政府の参加は初期段階で最も活発である．これは，キャンペーンに力を入れ，利害関係者の参加を促せるためである．以後，民間セクターの企業がキャンペーン発展のため，より積極的に参加するようになると，政府の参加水準はより減少傾向が続く．「ブラジル IT」，「自然そのままのアイスランド」，そして「新たなフランス」というキャンペーンは，特定のキャンペーンに参加できるさまざまなタイプの公共セクターの姿を見せている．

　また，彼らのキャンペーンは国家ブランディング・キャンペーンを展開す

るうえで厳密で詳細な青写真はないということを示している．これは，国家ブランディング・キャンペーンがもつ多様性が，簡単かつ容易な分類作業を可能にしてくれないからである．すなわち，国家ブランディング・キャンペーンに参加する利害関係者の決まったリストはない．したがって，適切な参加者の範囲は，各キャンペーンがもつ特定の戦略目標によって異なる．

　国は，特定のキャンペーンに参加する利害関係者と関連して累積効果から利益を得なければならない．また，キャンペーンに参加することで，社会的なネットワークを構成することができなければならない．この社会的ネットワークは，キャンペーンの寿命に関係なく持続可能であり，将来のキャンペーンに助けを与えることができる．企業の立場からみると，社会的ネットワーク理論は，国家ブランディング・キャンペーンに参加した人々に興味深い観点を提供する．すなわち，この理論によれば，企業は戦略を単純な市場の機能や内部から生じるパワーとして受け入れるよりは，自社の戦略を差別化するための独特な社会的関係ネットワークとして用いる．したがって，管理者は「資源が豊か」で，「真似できないほどユニーク」なネットワークを開発し，みつけなければならない[3]．国家ブランディング・キャンペーンにおいてこのネットワークは，ここで紹介された3つのキャンペーンに積極的に参加する利害関係者の領域で具体化されている．国が扱うことができるもう1つのネットワークは海外移住者である．各国の政府は，強い国家ブランドを開発する上で，海外移住者ネットワークと協力することで得られる利益に大きく注目している（第9章を参照）．

国家ブランディングの接点管理

　ブランド接点（Touch Points）は，利害関係者やオーディエンスがブランドを経験するたびに，所々に存在する．また，ブランド接点は，多様な方法と状況を通じて消費以前と消費以後にも存在するが，ブランドを消費する過程で最も明確に発生する．接点は，広告，販売促進，PR，顧客サービスなどの企業が統制できるブランド構築活動と，ブログやオンラインコミュニティ，ブランドに関する個人活動などといったブランドマネジャーが統制できない

接点で構成されている．製品，サービス，または企業ブランドにも様々なブランド接点がある．すなわち，幅広い分野の国内外の利害関係者とオーディエンスを持つ複雑で多面的な国家ブランドにおいて，ブランド接点はほぼ無限にあるといえるだろう．ブランド接点が重要な理由は，オーディエンスの心の中で起こるポジティブまはたネガティブな認識と関連して考える場合，ブランド接点の経験に対する満足度の評価によって，それらがすべてブランド資産に貢献したり，ブランド資産に悪影響を及ぼしたりする可能性があるからである．ブランド接点のすべてを管理することはできないが，ブランド接点がある瞬間にそれを把握し，評価する現在の調査方法を通じてある程度は管理可能である．ブランド専門家のIan Ryderは，「皆さんは接点がどこに存在するのかを知らなければならない．そうなれば，ブランド受容または管理において差別化を成すことができる」と指摘した[4]．国家ブランド接点は，捕鯨を再開することでアイスランドの国家のイメージに与えた悪影響（第8章，国別ケース分析—アイスランドを参照）から，エジプトをビジネス場として認識するほどポジティブな影響（第2章，国別ケース分析—エジプトを参照）に至るまで驚くほど非常に多様である．ブランドエストニアの場合，コンサルティング企業のインターブランド社は，「1つの新しいブランドが接すべきより明確なコミュニケーションのポイントや公共インフラと公共サービスは，訪問客とその国に働きに来る人々にとって最も目立って記憶に残る国の象徴である」と指摘した（第9章，国別ケース分析—エストニアを参照）．

このように，企業ブランディングと国家ブランディングは類似しているところが多い．また，これらは，製品ブランドよりも遥かに複雑である．企業ブランディングと国家ブランディングがもつこのような複雑な性質は，ブランドがもつ広範な利害関係者とそのオーディエンスに至るためのさまざまなコミュニケーション方法，企業または国という多面的な総合体を1つのブランドに濃縮，意味化の困難さ，ブランド認知に影響を及ぼす統制不可能な無限の要素に起因している．

Hankinson[5]は，目的地ブランド（destination brand）管理と関連して，企業ブランディング理論にしたがって5つの原則を提案した．目的地ブランドが，

単独村，都市，リゾートまたは比較的限られた場所になるかもしれないが，それは国全体になる可能性もあるため，多くの目的地ブランディング・キャンペーンが国レベルで運営されている．したがって，ハンキンソンの5つの原則は国家ブランディングでも適用可能である．彼の5つの原則は，次のようになる．第1に，強力で洞察力を備えた指導力，第2に，ブランド志向の組織文化，第3に，部門別管理とプロセス整合，第4に，広範な領域の利害関係者に向けた一貫したコミュニケーション，第5に，強力で調和のとれたパートナーシップ．企業ブランディング理論を国家ブランディングという文脈に適用させる問題に関しては，後述の学術的観点でより深く論じている．ハンキンソンが述べた広範な領域の利害関係者に向けた一貫したコミュニケーションの必要性は，南アフリカ共和国の事例で詳しく説明されている．誤った認識によって苦境に陥った南アフリカは，誤ったメッセージの拡散によってさらなる苦境に立たされていた．すなわち，「…世界中に広まっている多くの噂が南アフリカの市場状況をさらに悪化させ，いろいろなところから出てきたこのような噂は，南アフリカに対する既存の認識を変えるのに何の役割も果たしていなかった．こうした南アフリカ状況は，苦境に立たされた南アフリカをさらに悪化させる原因となった」（第1章，国別ケース分析を参照）．

学術的視点

金融サービス産業における企業ブランドの差別化
―国家ブランディングで最も重要な共通要素の概念適用―
Olutayo B. Otubanjo and T.C. Melewar
Former Account Executive, CMC Connect Lagos, Nigeria; and
Professor of Marketing and Strategy at Brunel University, London, UK

　企業ブランドの差別化は，企業ブランド管理において最も難しい業務の中の1つである．これは，企業が自社を競合他社と差別化できる基盤になる．理論的にも実際的にも，企業ブランドの差別化を通じて企業は利害関係者の心の中に特別な位置を占めることができる．一方，企業ブランド管理は1950

年代以降，企業マーケティングの一分野になったが，1980年代初期までは，マーケティングの実行と原則として完全な発展を見せていなかった．ヨーロッパの多くの企業，特にイギリスの金融サービス産業に携わる企業は，1990年代はじめから，企業化を図るための企業戦略ツールとして企業ブランディングを使っている．しかし，多くの国がこのようなブランディング手法を採択し始めたのはつい最近のことである．

　数年間，強力で包括的な企業ブランドがイギリスの金融サービス産業を支配してきた．1980年代のビジネスと経済混乱をうまく乗り越えた多くの金融サービス企業は，自社を競合他社と差別化するためさまざまな方法を積極的に探し始めた．この産業を支配していた包括的な特性をなくすために，豪華で優れた可視的な要素が配置された．しかし，これらの企業ブランドの間に実際的な違いはないという考えがいつも頭の片隅にあった．

　このような困難を打開するために成功した企業サービスの差別化は，自発的意思決定と意志力，創造力，イノベーションを必要とする．金融サービス産業の差別化された企業ブランドは，多様なビジネス・ポートフォリオ（すなわち，少額銀行，商業銀行，企業銀行，投資銀行）が持つ普遍的な特性を1つに束ねている「最も重要な共通要素」（HCCF）を探して伝えることで発展することができる（図8-2を参照）．最も重要な共通要素は1つであるかもしれないし，企業のメンバーに一体感を与える要素の総合体であるかもしれない．それは，公式／非公式的ルールであったり，企業内の独特な歴史，または雇用条件になることもある．また，最も重要な共通要素の概念は，国家ブランドにも適

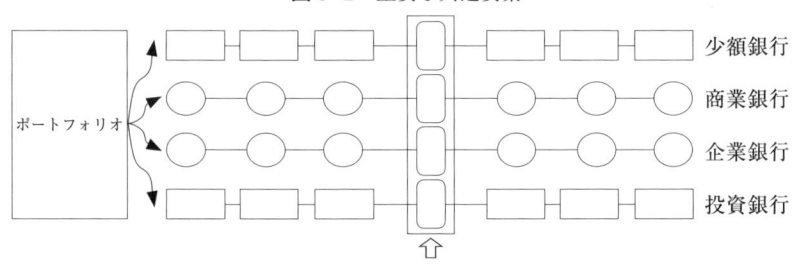

図8-2　重要な共通要素

用可能である．企業の金融サービス・ブランドの多様なビジネス・ポートフォリオ（少額銀行，商業銀行，企業銀行，投資銀行）は，国家ブランドに関連する様々な機関，たとえば内部投資機関，観光庁，輸出促進機関などによって反映される．

　最も重要な共通要素の概念は，企業とその文化がどの程度の多様性を持っているかにかかわらず，すべてのビジネスにおけるポートフォリオには，共通の文化的アイデンティティが存在する．企業を1つに束ねる接着剤の役割を果たすことが共通の特性である．最も重要な共通要素は，下位ビジネス文化（sub-business cultures）に幅広く広がっている，最も大きな共通分母になる特性の反映物である．これが下位文化体系に主に根を下ろし，蔓延しているユニークな特性である．これが完全に概念化された場合，競合他社によって模倣されない企業の明確な集合的特性になる．

　最も重要な共通要素は，4つの段階で企業ブランドの差別化過程を経る．これは，すべてのビジネス・ポートフォリオの共通した特性を把握した後，その企業の多様なビジネス・ポートフォリオにある企業の特性を綿密かつ広範に及ぶ調査から始まる．3つ目の段階では，特性の内部吸収が起こる．図8-3に示されているように，その過程は多様なパターンの企業コミュニケーションを通じて外部の利害関係者にその特性を提示することで完成される．

　国家ブランドの持つ多様なオーディエンスを十分に説明するためには，統合マーケティング・コミュニケーション（IMC）という理論を適用しなければ

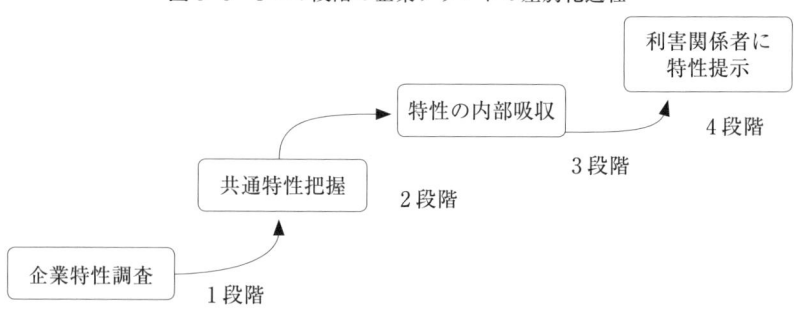

図8-3　4つの段階の企業ブランドの差別化過程

ならない．IMCは，デジタル時代が到来して新たなメディア・チャンネルが拡大することで，また，これまでの同質的な大衆という「大きな塊」が小さくなり，多くの別のグループ単位で分割されることで，その姿を現すようになった．

　IMCは，「ターゲット顧客に企業目標を示す一貫した説得力のあるメッセージを伝えるため，広告から包装に至るまで使用されるすべてマーケティング・コミュニケーション手段を統合すること」と定義されている[6]．ブランドに使用されるマーケティング・コミュニケーション手段としては，TV，ラジオ，新聞，雑誌といった伝統的メディア広告とオンライン広告，イベント・マーケティング，パブリシティ，貿易関連の雑誌広告，総会や博覧会などがある．国家ブランドは，製品，サービス，または企業ブランドが行うものと同様の方法で，その目標を実現するため，このようなマーケティング・コミュニケーション手段を利用することができる．たとえば，国家ブランディングにおけるIMCを用いた事例は，「新たなフランス」キャンペーンである．このキャンペーンは，次のようなコミュニケーションの手段を用いた．フィナンシャル・タイムズ，ウォールストリートジャーナル，ハンデルスブラット，日経のような有名な経済ニュース誌の広告，アメリカ，イギリス，日本，中国，フランスの主要な空港内の掲示板広告，多様な映像，5か国の言語になっている本 *France means business* を制作して60か国に1万部を配布，フランスでのビジネス情報を扱うマイクロサイト（www.thrnewfrance.com），ダボス世界経済フォーラム，ForbesのCEOカンファレンス，Business Weekのリーダーシップ・フォーラム，Fortuneのイノベーション・フォーラムのような重要イベントで，経済分野のリーダーや潜在的な投資家を直接に会ってIMC活動を行った（第10章，国別ケース分析—フランスを参照）．

　アイスランドとブラジルの国家ブランディング活動も，やはりターゲットオーディエンスに一貫した説得力のあるメッセージを伝えるため，マーケティング・コミュニケーション手段を統合するIMC活動を実行していた．たとえば，「自然そのままのアイスランド」プログラムは，このキャンペーンのために新しいロゴを製作したり，イベントや旅行およびライフスタイル雑誌広告，

ウェブサイト，月刊ニュース誌，景品，その他広告技法などを含む多様なマーケティング手段を利用した（第8章，国別ケース分析—アイスランドを参照）．また，「ブラジルIT」キャンペーンも新しいロゴを制作し，アメリカでブランド商標登録を終えた後，ビデオ，ウェブサイト（www.brazil-it.com.），伝統的な印刷広告，トレードショー参加など多様なコミュニケーション手段を用いた（第6章，国別ケース分析—ブラジルを参照）．国家ブランド接点の視覚的管理は，すべての国家ブランドのもつコントロール不可能な多くの接点管理と比べてみると，比較的簡単である．たとえば，ニュージーランドは長期にわたり，スポーツ，教育，貿易，観光広報の視覚的側面を一体化するために銀シダのロゴを使用してきた．しかし，「ワラビーのように原産地を物語るシンボルは，その国の国民や文化，伝統，プライド，民族遺産などと深い絆をもつことができる」ということが明らかになった[7]．

したがって，国家ブランド接点を管理することは複雑でかつ難しい問題であるが，必ず必要である．たとえば，ラトビアのブランド開発について，オックスフォード大学サイードビジネススクールが発行した報告書は，国家ブランドにおける管理の役割はブランド資産の管理人によって行われるべきであり，その活動はブランド管理に止まらず，国家ブランドのために働く多様なグループに「国の共通のビジョンを確保しながら，他の舞台で活動する人々の努力がうまく調和しているという確信を植えつけなければならない．」[8]．一方，ロシアが現在に直面している問題は，過去に国家ブランディング活動をうまく管理していなかったため発生しているものである（第5章，国別ケース分析—ロシアを参照）．また，同様の管理不足の事例がスイスの過去のブランディング活動でも発見された．すなわち，「過去のスイスのイメージ広報は，多様な公共及び民間セクターの機関によって個別に管理された」．こうした状況のなかで，プロヘルベティア，スイスインポ，ロケーションスイス，OSECビジネスネットワークスイス，スイス観光といった多くの機関の活動を管理するため，「プレゼンス・スイス」というコントロールタワー的な中央管理機関が設立された（第4章，国別ケース分析—スイスを参照）．

国家ブランドのアーキテクチャ

　国家ブランディングの実際的な難しさは，どのようなものが適切な国家ブランドの体系なのかを決定することである．ブランド体系は，ブランド理論で核となる概念である．それは，「ブランドと多様な製品—市場のブランドの状況において，ブランドの役割と関係を規定するブランド・ポートフォリオの構造」として定義されている[9]．Temporalは，「ブランド体系はブランド管理において最も難しい分野である．そこには単純な法則が存在しないため，数多くの変形物を絶え間なく実験してみなければならない．いくつのか変形物は適切に使えるものもあるが，他は全く使えないものとして判明される」[10]と述べた．南アフリカの国際マーケティング委員会の委員長であるYvonne Johnstonは，南アフリカがどのような方法でマザーブランド（mother brand）と多様なサブブランド（sub brand）との関係を究明するブランド体系を開発したかを説明した．

　Olins[11]は，ブランド体系と関連して最も明確で有用な表現の1つを提示している．オリンズは，基本的なブランド・ポートフォリオの構造を3つに分類している．すなわち，単一構造（monolithic），保証構造（endorsed），ブランド化された構造（branded）がそれである．単一構造には，単一の支配的な統合アンブレラブランド（umbrella brand）が存在する．保証構造における個別ブランドは，独自のブランド名とアイデンティティを持っているがマザーブランドによって明らかに保証を受けている状態である．ブランド化された構造における各ブランドは，独自のアイデンティティを持って独立しており，ここでマザーブランドは見えない．たとえば，単一ブランドの構造は，キヤノン（ここでのマザーブランドは，プリンター，ファックス，カメラなどや三菱（金融サービス，自動車，家電製品）のような企業が挙げられる．一方，保証ブランドの構造は，ゼネラル・モーターズ（シボレー，ビュイックなど）によって使用されている．最後に，ブランド化された構造は，ジョニー・ウォーカー・赤ラベルによって使用されており，ここでマザーブランド（ディアジオ）は，消費者に見えず，個別ブランドは独立している．こうしたオリンズの単一

-保証-ブランド化された構造という3つの観点は，ブランド体系分析と開発において理論的枠組みとして使用されている．

　企業は，異なるブランド体系を使用しており，自社独自のブランド・ポートフォリオと市場に最も適したブランド体系を決定する際にどのような行動をとるのか？　単一ブランド構造の理論的根拠は，異なる市場で一本化され，強力で一貫性のあるイメージを構築する単一ブランドの能力にある．ヤマハのような企業ブランドは，バイクと他の多くの製品カテゴリーに進出しているように，共通点のない分野にも進出できるほどの強いブランド力を持っている．しかし，単一構造が持つ危険性は，サブブランドの1つの評判が悪かったり，好ましくなかったりする場合，ポートフォリオ内の他のブランドにも悪影響を与えることである．保証ブランド構造の理論的根拠は，保証ブランドが独自の個別ブランドのアイデンティティを確立することと同時に，マザーブランドのもつ影響力からも恩恵を受けることで，両方のメリットを享受することができるということである．保証ブランド構造がもつデメリットは，ターゲット市場でポジショニングを行う際，サブブランドはマザーブランドのポジショニングに従わざるを得ないということで自由が限られているということである．最後に，ブランド化された構造の理論的根拠は，ブランド化された構造がマザーブランドと提携せず独自に発展していくほど，明確に差別化されたブランドを開発できる大きな潜在力をもっていることにある．ブランド化された構造は，一般的にアルコール飲料分野でよく使われている．この分野には，奇抜でありながら伝統に焦点を当てたブランド，他にもユニークなブランドが多く存在する．これらのブランドが正体不明の多国籍企業と提携された場合には，恩恵を受けられないだけでなく，実際にブランド資産をほとんど失うこともある．したがって，ブランド化された構造の一番大きな弱点は，強力なマザーブランドのもつポジティブな影響を受けない可能性があるということである．

　Douglas et al. [12] の研究者は，企業の国際マーケティング戦略は，企業にとって強力なブランドを他の市場でも活用し，その市場に使われる戦略を統合することができるよう仕組みを提供するため，適切な国際ブランド構造を

確立するのは，企業の国際マーケティング戦略において重要な要素になると主張する．ブランド構造の概念を南アフリカの国家ブランディングという特別な事例に適用した場合，南アフリカが企業のマザーブランドであるように，各々のサブブランドを連結させる目的を持つ「国家マザーブランド」をどのように開発したかについて Dooley & Bowie [13] は説明している．ここでの「サブブランド」とは，地域と都市に伴って観光，輸出，外国人直接投資のような産業分野をいう．

　自社のブランド・ポートフォリオに適したブランド構造を選択しようとする企業に普遍的なガイドラインは存在しない．彼らの持つ問題を一気に解決してくれることを切実に望んでいた怠慢な管理者には，このような事実がおそらく気に食わないだろう．しかし，国家ブランド開発にプライドを持って活発に働いている国家ブランディング・チームにとっては，より良い方法が別にないということが良いかもしれない．または，これは国の経済的かつ社会的な福祉を増進させるため，独創的で創造的であり，効率的な仕事ができる素敵な機会でもある．

　万能薬といえるブランド構造は存在しないが，一般的レベルで経営者は進出しようと思っている市場と現在活動中の市場の観点から，自社のポートフォリオにおける既存の統合資産とサブブランド資産を分析しなければならない．このような資産は，マザーブランドとサブブランドが現在貢献している価値と将来の潜在的価値を十分考慮した上で評価されるべきである．国家ブランディングについては，統合ブランド，またはマザーブランドが国家ブランドとなる．国の「サブブランド」は，都市，地域，代表的シンボル，あらゆる分野の製品・サービス，または企業ブランド，観光，外国人直接投資家と輸出促進機関，国とクラブ次元のスポーツチーム，文化人と政治家などを含む．ブランド構造概念の目的は，何より重要な国家ブランドを発展させ，シナジー効果を得るために，このようにバラバラになっているサブブランドに秩序や体系を与えることである．図8-4に示されている国家ブランド体系モデルは，これを通じて国がサブブランドの管理者に戦略的管理とコントロールをするようにしている．国家ブランド体系モデルにおける国家ブランドは「マザー

ブランド」を示しており，次の下位段階では，観光，輸出，内部投資，人材誘致，スポーツなどのような「保証ブランド」である．さらに，次の段階では，「保証ブランド」と「独立ブランド」が混在している．

効果的で一貫した国家ブランド体系を開発することが知的な刺激になるかもしれないが，知的ゲームではない．国家ブランド体系の戦略的な目的は，長期にわたり最大限のシナジー効果を得るために，マザー国家ブランドと国のすべての「サブブランド」を活用することである．

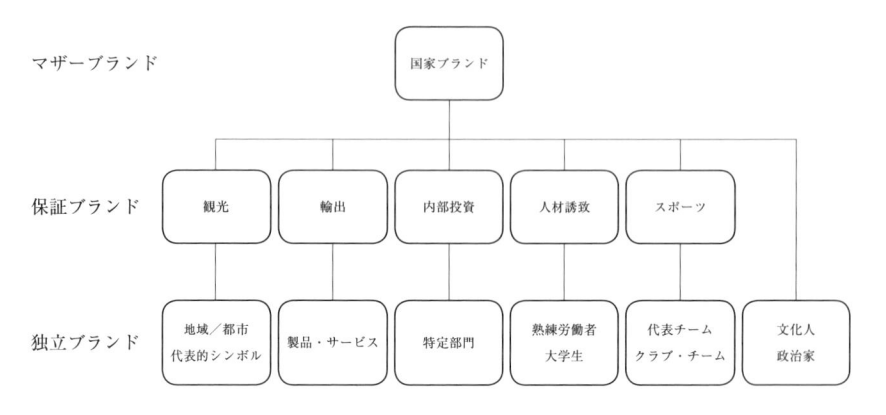

図8-4 国家ブランド体系モデル

マザーブランド	国家ブランド				
保証ブランド	観光	輸出	内部投資	人材誘致	スポーツ
独立ブランド	地域／都市 代表的シンボル	製品・サービス	特定部門	熟練労働者 大学生	代表チーム クラブ・チーム / 文化人 政治家

多くの大手企業を苦しめるサイロ思考（silo mentality）を克服するためには，創造的で一致した努力が必要である．また，企業がマーケティングや研究開発，経営，財務などについて機能横断的な参加と協力が不可欠であるように，国は観光庁や内部投資機関，サービス部門の教育者，輸出促進機関などのような組織間の協力を容易にすることである．

国家ブランド体系モデルは，上部構造と保証構造，独立構造を含む1つのブランド体系を提案している．このモデルは，たとえば観光と人材誘致，または輸出とスポーツのように異なるサブブランドが互いに連携して，シナジー効果を創出するように助ける．

また，これはターゲットオーディエンスに混乱を与えることもあり，潜在

的なシナジー効果を減少させる中途半端な視覚的ブランディング・システムが増殖することを防ぐために，考案される場合もある．マザー国家ブランドの下にある保証ブランド構造は，主要な機関と分野，観光，輸出，内部投資，人材誘致，スポーツ，文化／政治家といった国家ブランドの多様な側面を扱っている．しかし，保証ブランド構造には1つ注意すべきことがある．すなわち，マザーブランドから受けた保証のビジュアル表現は，ニュージーランドのシンボルであるワラビーのように1つのロゴで表現される国家ブランドのシンボルでなければならない．一方，一国の本質を一行のスローガンに集約するということはつまらないことかもしれない．こうしたスローガンはあまりにも広範囲かつ包括的であり実際には空虚で無意味であるかもしれない．各サブブランドが独自のターゲット市場に適したスローガンを作るように，サブブランドレベルの保証ブランドもその仕事をしなければならない．

高度に政治化された活動

誰も国家ブランディングが高度に政治化された活動という事実を否定することはできないだろう．また，政府は一国の国民を代表していることから，国家ブランディング戦略で重要な役割を果たすべきである．一方，民間セクターの団体は，独自で国家ブランディング戦略を牽引していく法的根拠を持たない．たとえば，国別ケース分析―ブラジル（第6章を参照）は政府が国家ブランディング戦略をうまく実行するため，公共及び民間セクターの利害関係者とどのようにうまく効率的に交流したかを説明している．しかし，Jack Yan が強調するように，「政府は非常に短期間のために選出され，ブランディング・キャンペーンが必要とするものより遥かに短期間のみ権限を行使する．さらに，政府が国家広報を常にうまく実行したわけでもない」（第7章，実務家の視点を参照）．

国別ケース分析—ハンガリー
国家広報とイメージ管理—ハンガリーの事例

Gyorgy Szondi
Senior Lecturer, Leeds Business School

　ハンガリーは，成功的な目的地ブランド（destination brand）になったが，国内外の経済，貿易，政治の面において体系的発展を扱うより広範の国家ブランディングでは成功しなかった．一貫性のある戦略的な国家ブランド開発は，長い時間を必要とし，管理的で統合的アプローチが求められる．しかし，ハンガリーを含む多くの国がブランディング作業に取り組む際，このような基準を満たしていなかった．

　国家ブランディング開発と発展を分析する際，国家ブランディングが登場した背景と状況を理解してから調査に臨むことが望ましい．中央ヨーロッパでは，潜在的EU加盟国になることと，「ヨーロッパが承認する」アイデンティティを開発することにより，共産主義という古いイメージから抜け出し，西欧世界で販売が可能なブランドになることであった．

　1998年，ハンガリー政府は海外におけるハンガリーの評判を管理するため，「国家イメージ・センター」を設立した．このセンターは，ハンガリーの新しいイメージに対する概念を開発して，国内外にこの新しいイメージを確立する任務を引き受けていた．このセンターの目標は，国内外でハンガリーのイメージを調査及び評価し，ハンガリー独自の価値とメリットを見つけ出し，それを関連機関と協力して世界に知らせることである．

　国家イメージ・センターが発足して以来，国家広報とイメージ管理はハンガリー国内でとても敏感な事案になっている．国家イメージ・センターが国自体よりは，政府を広報することにより多くの関心を払う場合には反対派により厳しく批判されることになる．結局，国家イメージ・センターは2002年，新しい政府が設定されると廃止された．このような現象は，東ヨーロッパではよくあることである．東ヨーロッパで国家ブランディングと国の評判管理

は，多くの場合国内政治の犠牲になっている．特に，多様な政党の間で誰がどのような方法で海外での国の評判を管理すべきかをめぐり意見が分かれる場合，より激しくなる．

　他の多くの中央ヨーロッパの国と同様に，ハンガリーでも新たに選出された政府は前政権の努力の成果を引き受けなかった．そのため国家広報は脈が切れてしまった．しかし，間もなく新政権は海外に対して「イメージの問題」があることを気づき，それに関連団体を設立して国のイメージを扱うための新しい戦略を開発する．全世界に広がっている19のハンガリー文化協会，ハンガリー投資貿易開発機関，ハンガリー国立観光事務局のような団体と外務部，文化教育部は，海外にハンガリーを広報するため各自の役割をもっている．しかし，ハンガリーに対する戦略とメッセージは，統合や調整されないまま，ほとんど漂流しているのが実情である．

　政府機関だけではなく，営利団体も国家ブランドの成功に貢献することができる．1999年，4つのハンガリー企業は，ハンガリーへの「招待カード」(calling card) を作るための目的で，ハンガリー・クラブを創設した．創設企業は，各社独自のメリットと共同の努力を通じてハンガリーのイメージ改善に寄与した．彼らは，「ハンガリーという伝統的アイデンティティを維持する一方，ヨーロッパ連合の加盟国になるためのハンガリーの発展と努力」に力を入れようとした．ハンガリー・クラブの会員企業は，ヘレンド陶磁器，ピック・サラミ・ソーセージ，トカイ・アスズ・ワイン，ズウェック・ウニコム酒，ハラス手工レースなど自国の製品から選んだサンプルで構成した「ハンガリーの風趣」というセットを用意したが，これらはすべて伝統的な食事と関連したものであった．重要な遺物であるこれらは，典型的なハンガリーの製品としてハンガリーを象徴するものといえる．

　ハンガリーの国家ブランディングは，いわゆる「対照の土地」(land of contrast) というアプローチを適用しなかった．このアプローチでは，国の過去と現在を対比させながら，この国の特徴に含まれているさまざまな逆説的要素が重要なテーマとなっている．西洋のブランディング・コンサルティング企業が提案した旧態依然とした方法を後にして，ハンガリーは別のアプロー

チを適用した．すなわち，ハンガリーは国をブランディングする際，国の自然と物質的特性をより強調した他の国のアプローチとは異なり，実際の「顔 (faces)」で国を知らせる人間的な側面を強調した．2005年，ハンガリーの国立観光事務局は，「楽しみのための才能」(Talent for entertaining) というスローガンを作って，ハンガリーの新しいブランド・アイデンティティを開発した．このアイデアは，ハンガリーをリゾート地として選択した外国人を対象にした調査に基づいて，ある広報機関が開発した．この調査によれば，ハンガリーはスローガンに反映されているように，親切な人または才能のある人として連想されることが明らかになった．このキャンペーンの核となるアイデアは，ハンガリーの戦略的観光商品と各分野で成功を成した11人の著名人を前面に出して，国を広報することであった．このキャンペーンは，また他のキャンペーンが他のスローガンとビジュアルで国内韓国を広告したため，外国人のみを対象として広報活動を広げていった．「楽しみのための才能」キャンペーンの始まりは，両親がハンガリー人であったアメリカの俳優Tony Curtis がアメリカにハンガリーを知らせた最初のキャンペーン方式を適用した．

より一貫したハンガリーの国家ブランドを開発するため，「ハンガリー討論会」が2005年に設けられ，ハンガリーの国立観光事務局が管理監督の役割を受け取った．「楽しみのための才能」というテーマがハンガリー国家ブランドのコアとなるコンセプトとして提案され，その周りにはサブブランドが多様な利害関係者グループに合わせて開発された．しかし，このような動きは2006年の全国選挙によってこのような動きは中断された．しかし，関連団体はこの活動を再度実行することに合意した．

大多数の中央ヨーロッパの国が政府のウェブサイトを運営しているが，このようなウェブサイトはその国に対する情報を得られる「ワンストップ商店」にもなる．ハンガリー政府が運営するウェブサイト (http://www.hungary.hu) はハンガリーの全般的な情報を提供しているが，これは価値のある公共外交の手段になると同時に，重要な国家ブランディングになっている．ハンガリーの国立観光事務局が運営するウェブサイト (http://www.hungary.com) は，観光と関連したすべての情報を取り扱っている．

2005年末に発表したGMI国家ブランド指数によると，ハンガリーのブランド価値は780億ドルで，調査対象の35か国の中で21位であった．ハンガリー国立観光事務局が委託したブランド指数は，ハンガリー国立観光事務局が過去に行った調査結果を再度確認するものであった．したがって，新たな情報はほとんどないことがわかった．ここで最も重要な価値は，ハンガリーを競合相手国の前方に明確なポジショニングを行ったということである．すなわち，チェコ共和国は29位で，ポーランドは30位であった．ブランド指数調査は，ハンガリーを「とても素晴らしい」と評価した．これは非常に好成績であると思われる．なぜなら，ハンガリーは外国（普通は，イギリス）のブランディング会社，またはコンサルタントを起用せず，ただ自国の持つ資源のみを活用した数少ない中・東ヨーロッパ諸国の中の1つであるからである．ハンガリーは，その歴史が共産主義の時代に遡るほど目的地ブランディングにおいて長い経験を持っている．共産主義の時代でも，ハンガリーは東部地域の「最も幸せな兵営」に知られているなど比較的ポジティブなイメージをもっていたが，ベルリンの壁崩壊後，このようなポジティブなイメージを利用しなかった．

ハンガリーの国家ブランディングのもう1つの特徴は，ハンガリーを知らせることが広報活動の役割として段々と大きくなっていることである．一方，第三者保証，イベント管理，効率的なメディア利用，海外新聞の探究旅行，投資誘致のため大使館が用意したロードショー，効率的な危機管理などは，最もよく使用される広報手段である．重要な利害関係者とオーディエンスとの関係をより発展させ維持していくことにおいて既に重要になった広報活動は，多様なコミュニケーション活動を統合していくことである．

投資誘致は，国家ブランディングのもう1つの重要な目標である．2007年，中国はハンガリーをヨーロッパ進出の橋頭堡として選択，ブダペストに10億ドルの貿易ハブを建設することで，中国企業がヨーロッパ連合の加盟国に中国製品を販売できるようにした．一方，中央ハンガリーは *The Financial Times* FDIが開催した「2006-07 未来の地域」の授賞式で2位を獲得，ビリーウスとカウナスが受賞した．中央ハンガリー地域だけで2004年に100件を超

える外国人直接投資の取引が締結された．この地域は，1,255 個以上の公共・民間の研究開発機関を持っていた．外国人直接投資は，評価基準の1つであり，ビリーウスとカウナスは外国人の直接投資が目立っていたが，中央ハンガリーはそれが弱いということが明らかになった．

　国は，立派なブランドをもつことができるが，政治や政治家によって脅威を受けることもある．社会主義ハンガリーの首相である Ferenc Gyurcsany は，2005 年と 2006 年にわたって何度も世界的に有名になった．2005 年2月，当時のハンガリーのサッカー代表チームは，サウジアラビアのサッカー代表チームと親善試合を行ったが，同首相は，次のような言葉でハンガリー選手の試合を褒めた．「サウジアラビア選手の中には，テロリストがとても多かったようだ．わが選手たちは死ぬ勇気でこのテロリストと戦った．」この言葉は，世界に広く知られ，同首相個人の評判だけでなく，アラブ諸国でハンガリーの評判にも大きな損を与えた．サウジアラビア大使はすぐにハンガリーを離任し，ハンガリー政府はサウジアラビア大使に謝罪して戻ってくるように懇願しなければならなかった．2006 年，あるビデオテープで同首相は，自分と自分の社会主義政府が数年間，「朝嘘をつき，夕方にも嘘をついた」と告白した．それは，政府に対する抵抗の波とハンガリー政治において道徳的な危機をもたらした．ハンガリー政府に対する抵抗は，1956 年ハンガリー革命 50 周年の時に頂点に達した．当時，抵抗市民と警察の間に激しい争いが行われ，再びハンガリーは世界の注目を浴びながらイメージを失墜した．このような状況では，どのようなブランディング努力も世界の見解と批評に対抗して国を守ることはできない．

　こうした事例が示しているように，ハンガリーは一貫性と整合性のバランスがうまくとれた戦略的国家ブランドを獲得するための道がまだ遠い．しかし，現在パズルのピースは徐々に合わせられている状況である．

要　　約

　第8章で，我々は国家ブランディングの概念をめぐる実際的な問題点を検討した．包括性という観点からみる国家ブランドは，国家ブランドにかかわ

るすべての利害関係者が国家ブランディング戦略に参加する完全な包括的アプローチを望むだろう。また，他にも「ブラジルIT」や「新たなフランス」といったキャンペーンの場合と同様に，プログラムで具体化されたアプローチが適用されるケースもある。一方，ブランド体系の概念が国家ブランド概念と関連して議論された。また，国家ブランディングは高度に政治化された活動で，国家ブランドの目標を実現するためには，政府の活発な動きが求められるという主張もあった。

(訳・姜 京 守)

注

1) Ind, N. (2003) *Living The Brand: How to Transform Every Member of Your Organization into a Brand Champion,* Second Edition, Kogan Page, UK.
2) Barrow, S. and Mosley, R. (2005) *The Employer Brand: Bringing the Best of Brand Management to People at Work,* John Wiley & Sons, Ltd, UK.
3) Hung, S.-C. (2002) Mobilising networks to achieve strategic difference. *Long Range Planning,* **35**, 591-613.
4) *Brand Strategy* (2007) Roundtable: Russian reputation, February, pp. 44-47.
5) Hankinson, G. (2007) The management of destination brands: Five guiding principles based on recent developments in corporate branding theory. *Journal of Brand Management,* **14**, 240-254.
6) Burnett, J. and Moriarty, S. (1998) *Introduction to Marketing Communications: An Integrated Approach,* Prentice Hall, USA.
7) Dooley, G. and Bowie, D. (2005) Place brand architecture: Strategic management of the brand portfolio, *Place Branding,* **1**, 402-419.
8) Frasher, S., Hall, M., Hildreth, J., and Sorgi, M. (2003) A Brand for the Nation of Latvia, Oxford Said Business School, available at www.politika.lv (accessed 17/10/06).
9) Aaker, D.A. and Joachimsthaler, E. (2000) *Brand Leadership,* The Free Press, New York, USA.
10) Temporal, P. (2002) *Advanced Brand Management: From Vision to Valuation,* John Wiley & Sons, Ltd, Asia.
11) Olins, W. (1989) *Corporate Identity,* Thames and Hudson, UK.
12) Douglas, S.P., Craig, C.S., and Nijssen, E.J. (2001) Integrating branding strategy across markets: Building international brand architecture. *Journal of International Marketing,* **9**, 97-114.

13) Dooley, G. and Bowie, D. (2005) Place brand architecture: Strategic management of the brand portfolio, *Place Branding*, 1, 402-419.

参考文献

Frettabladid (2006) *Marketing campaign cancelled because of whaling* [Markaðssókn hætt vegna hvalveiðanna], 8 December, p. 2.

Frettabladid (2007) *The debate showed that actions were needed,* [Umræðan sýndi að aðgerða var þörf], Interview with Mr. Erlendur Hjaltason and Mrs. Halla Tómasdóttir, February 7, p. 13.

Frettabladid (2007) *Whaling ill-judged decision* [Hvalveiðar misráðin ákvörðun], 8 February, p. 2.

Frettabladid (2007) *The country low in image comparisons* [Landið neðarlega í ímyndarsamanburði], 8 February, p. 22.

Ilves, Toomas (2003) *Marketing Estonia: Making Estonia's image mean business,* http://www.balticsworldwide.com/news/features/selling_estonia.htm (accessed 23 May 2005).

Morgunbladid (2005) *Sustainable and Satisfying* [Sjálfbært og Seðjandi], Interview with Mr. Baldvin Jónsson, June 26, pp. 18-21.

Morgunbladid (2007) *Icelanders Whaling Taunt to the Environment* [Hvalveiðar Íslendinga storka umhverfinu], 8 February, p. 4.

The Ministry of Communication (1999) *Fleishman Hillman Company Research*. Sent via e-mail from Ms. Helga Haraldsdóttir, Director at the Ministry of Communication.

Iceland Naturally (2007) *What we have achieved*. Presentation sent via e-mail from Mr. Hlynur Guðjónsson, Trade Commissioner, Consulate General of Iceland.

The Iceland Chamber of Commerce (Viðskiptaráð Íslands) (2007) Anholt Nation Brands Index, Iceland 2006, February, Reykjavik, Iceland, p. 1.

The Ministry of Foreign Affairs (2000) *Ræður Halldórs Ásgrímssonar; Ræða Utanríkisráðherra um utanríkismál á Alþingi (13 April)*. Speeches of Mr. Halldór Ásgrímsson: The speech of Minister of Foreign Affairs at Althingi (13 April), http://www3.utanrikisraduneyti.is/frettaefni/raedurradherra/nr/867 (accessed 18 July 2005).

第 IV 部

国家ブランディングの現況
ならびに将来的展望

第9章 国家ブランディング戦略の要素

国別ケース分析—日本
日本ブランディングの方向と主要要素

Satoshi Akutsu
Associate Professor, Hitotsubashi University

1. はじめに

2004年に，日本の知的財産戦略本部（戦略本部）のコンテンツ対策委員会は日本ブランディングの方向と主要要素を議論するために日本ブランド・ワーキンググループを構成した．

この国家ブランディングの努力の目標は，"日本のイメージと評判を向上させ，世界中の人々に愛されて尊敬される国家に生まれ変わることである"（知的財産戦略本部（2006），知的財産推進計画2006）．したがって，当然，日本の文化財産の総合的な力とライフスタイルを活用することに焦点を当てた．また，日本のワーキンググループの論議では，以下のような食文化，ファッション，ローカルブランドの3つの分野を強調し，焦点を当てることにした．

2. 背景

2002年，日本は知的財産立国（知財立国：*chizai-rikkoku*）になるために最初の重要な一歩を踏み出した．具体的には，当時，日本の小泉純一郎首相は，国会政策の演説で，日本は知的財産を創造，保護および戦略的活用によってより競争力のある国家に生まれ変わるために新たな目標を設定したことを宣言した．この演説により，日本政府は首相，関係閣僚や民間分野の専門家を含

む知的財産協議会を設立した．この知的財産協議会は，知的財産に関する基本法の制定を勧告し，その後国会に提出して承認された．この新たな法案により2003年に知的財産戦略本部が設立された．それ以来，日本では凝集された知的財産政策を策定して上記の目標を達成するために実装されている．

まもなく，知的財産戦略本部は知的財産を創造，保護および有効活用のための戦略的プログラム"知的財産推進計画2003"を採用した．本来，約270の法案から成っているこのプログラムは，毎年増加する追加法案により毎年改正されている．

これらの法案は，科学的な発明や技術開発からアートやデザインに至るまでの広い範囲の創作活動を奨励している．特に技術，デザイン，ブランドとメディア・コンテンツのような無形資産の創造と管理に重点が置かれている．知的財産戦略本部は，これらの法案を開発するためにコンテンツ対策委員会と同様に，他の3つの対策委員会を設立した（他の3つの対策委員会は権利保護のための基礎緩和対策委員会と，医療関連特許権保護対策委員会，知的創造サイクル (Intellectual Creation Cycle) 対策委員会である）．コンテンツ対策委員会は，主にメディアコンテンツと日本ブランドに関する論点を議論した．

2003年に設立されたコンテンツ対策委員会は，最初に音楽，映画，ゲームソフトやアニメーション（初期論議はこれによる法案に対する"コンテンツ事業発展政策"により報告されている．）などのメディアコンテンツの管理に関する議論に焦点を当てた．その後，コンテンツ対策委員会は，食文化とローカルブランド，ファッションに関連した知的・文化的資産の日本ブランディングの重要な資源を含めることに，その管理対象領域を拡大した．2004年に，対策委員会内で構成された日本ブランド・ワーキンググループは，魅力的な日本のブランドを構築するための関連政策を制定するとともに，食文化とローカルブランド，ファッションの3分野に焦点を当てた．したがって，日本ブランディング（コンテンツ対策委員会は2007年まで2つのワーキンググループを構成してメディアコンテンツに関する深い論議を提案した．；デジタルコンテンツワーキンググループとブランディングワーキンググループ）に関連したより具体的な法案が登場した．

3. 日本ブランドの取り組みの開発

　知的財産戦略本部は，コンテンツビジネスを強化し，食文化とローカルブランド，ファッションに反映されたユニークで魅力的なライフスタイルを育成し，文化外交や観光産業との協力を通じてブランドイメージを同化することによって戦略的に構築された強い日本ブランドのビジョンを提供した．ここで重要な前提は，日本はエンターテインメント・コンテンツとライフスタイル，文化において魅力的で影響力のある国家への転換を意味する知的財産立国になることを目指していることである．

　知的財産戦略本部は，日本ブランディング活動能力をハブとして機能している．この戦略本部の毎年恒例の戦略プログラム報告書は，民間組織や関連する官公庁にとって指針となっている．コンテンツ対策委員会は，日本ブランディングの方向性の指針を提供し，議論の中で指導的役割を果たしている．最初の報告書である"コンテンツビジネス開発政策"では，コンテンツ対策委員会は日本を世界トップクラスのコンテンツ大国にすると提案し，コンテンツビジネスの開発を中核国家政策として行うことを提案した．

　コンテンツ対策委員会はまた，この目標を達成するために法案を考案した．日本ブランド・ワーキンググループは，3つの目標を設定している"日本ブランド戦略の推進"と題する報告書をまとめた．これら3つの目標は，(1) 豊かな食文化の醸成，(2) 多様性と信頼性のあるローカルブランドの確立，(3) 日本のファッションのグローバルブランド化である．同ワーキンググループは，日本の魅力的な特徴を公表するための戦略的アプローチを採用する第4の目標をすぐに追加した．再度，これらの目標の各々は，追加法案を伴っている．また，報告書は全部で12の提案が含まれている．

　日本ブランド・ワーキンググループとコンテンツ対策委員会，戦略本部が全体的な目標と法案を制定したが，実際には政府機関と民間部門の様々な関係機関がこれに対して実行しなければならなかった．実際に，毎年恒例の"戦略的プログラム"は大幅に日本でいくつかの政府組織や著名な組織に影響を与

表 9-1　日本ブランド関連の取り組み年表

	戦略本部（特にコンテンツ対策委員会）の 背景，活動，結果	政府機関活動
2002		
2月	小泉首相の政策演説	
2月	知的財産戦略会議発足	
7月	知的財産戦略会議第5回会議 知的財産戦略概要採択	
12月		国土交通省によるグローバル・ツーリズムの策定
2003		
3月	知的財産基本法施行，知的財産戦略本部発足 内閣事務局内知的財産政策事務局発足	
7月	知的財産戦略本部第5回会議 知的財産の創造，保護，有効利用のための戦略的プログラム採択 コンテンツ対策委員会設立	
2004		
4月	コンテンツ対策委員会の報告書によるコンテンツ事業の開発政策を採択	
5月	知的財産戦略本部第8回会議 知的財産戦略プログラム2004採択	
11月	コンテンツ対策委員会の日本ブランド・ワーキンググループ第1回会議	
2005		
2月	コンテンツ対策委員会の日本ブランド・ワーキンググループの報告書による日本ブランド戦略推進採択	
4月		農林水産省による製品輸出のための全国総会発足
5月	経済産業省による新日本スタイル （ジャパネスク＊モダン）ブランド推進委員会の諮問機関設立	
6月	知的財産戦略プログラム2005採択	
7月		
11月	コンテンツ対策委員会のデジタルコンテンツ・ワーキンググループ第1回会議	
12月		小泉首相の要請による文化外交推進委員会第1回会議
2006		
1月		ジャパネスクモダン委員会設立とネオジャパネスク総会発足
2月	コンテンツ対策委員会報告書によるデジタルコンテンツ開発戦略採択	
3月		
4月		
6月	知的財産戦略本部の第14回会議 知的財産戦略プログラム2006採択	
9月	コンテンツ対策委員会の計画ワーキンググループの第1回会議	
9月	安倍首相の第1回目政策演説	

出所："知的財産戦略プログラム2006"に基づいて筆者による修正作成．

えているし，それに応じて彼らの思考や活動を形作っている．表1は，政府本部の成果とともに，これらの官庁の日本ブランドに関連した取り組みの年表を示している．表9-1で示されているように，政府省庁の初期の取り組みは，2002年に国土交通省がグローバル観光戦略の策定として広く公表されている"ビジット・ジャパン・キャンペーン"に統合された．

　経済産業省が主催した"ネオジャパネスク会議"と農林水産省が主催した農林水産物の輸出のための全国会議が続いている．小泉首相自身が文化外交の推進委員会の最初の会議のために呼ばれ，日本のブランディング活動で知名度の高い指導者的姿勢であり続けた．日本政府がこれらの活動や会議を主導したにもかかわらず，民間企業や一般市民は，問題を議論し，方向を設定し，提案された活動を実装することで主要な役割を果たした．

　官公庁の指導下で，日本経済団体連合会（日本経団連：Nippon Keidanren）のような主要な事業組織委員会と日本経済同友会（経済同友会：Keizai Doyukai）は，日本ブランディングに関する問題事項を議論するために委員会と団体を設立した．日本経団連は，ビジネスの観点からの意見や提案を提供することで，毎年恒例の"戦略プログラム"に貢献してきた．日本経済同友会は，日本のブランド・アイデンティティをアピールする団体を結成することに緊急の必要性に注目が集まって，日本の国家ブランディング戦略に関する政策提案書を提出した．

4. 日本ブランディング戦略の主要要素

　日本ブランド関連の法案と取り組みや活動の実施において大きな進展があった．日本ブランディング活動の取り組みに関する主要な成果は，表2に要約されているように知的財産戦略本部で設定された2つの大きな目標（それぞれのサブ目標を持つ）で示している．その2つの主要な目標は，(1) 日本の世界トップクラスのコンテンツ大国作り，(2) 日本のライフスタイルに基づいた日本ブランド戦略の実施，である．

　第1の目標は，日本の世界トップクラスのコンテンツ大国作りのために，

表9-2　FY 2006　日本ブランド関連目標と成果

目標		詳細事項	成果
日本の世界的コンテンツ強国化	日本の世界的コンテンツ強国化	●IPマルチキャスティング使用 ●保護システム採択 ●コンテンツ語録化の努力	
	日本のコンテンツクリエイター強国化	●クリエイターに正当な代価約束 ●クリエイターの能力を十分に発揮させるための支援 ●コンテンツ分野の人材開発 ●優れたコンテンツの表彰	●ビジュアル産業推進委員会（2004年12月）設立，コンテンツ関連人材開発委員会 ●横浜市政との連携協力のもとに，東京藝術大学音楽学部と美術学部の映像研究科映画専攻課程を設置（2005年4月）
	日本のコンテンツ事業強国化	●コンテンツ制作者の役割機能の強化 ●コンテンツの輸出 ●著作権関連問題解決 ●ライブエンターテイメントの推進	著作関連法律改定（2005年1月施行）
	コンテンツ制作，保護使用に関する法律適用による改革のためのロードマップの実現		コンテンツの創造，保護活用の促進に関する法律施行（2004年6月，一部は9月）
日本ライフスタイルに基づいた日本ブランド戦略の実行	多様な食文化の推進	●世界に日本の食文化と食品の拡大 ●料理分野の多様な人材育成（例，大学で食品関連学の設立） ●食育[1]※推進	"食文化研究推進委員会"が日本食文化発展に関する報告書により発表（2005年7月）
	多様で信頼できる地域ブランドの設立	●魅力的な地域ブランドの創造と拡大 ●地域ブランドのための基準の開発	地域ブランド保護のための商標法改定（2006年4月施行）
	日本ファッションのグローバルブランド化	●世界的広告活動（ファッションウィーク，ジャパニーズストリートファッション） ●日本ファッション産業の国際競争力向上 ●ファッション関連人材の発掘と育成	東京で日本ファッションウィークが開催（2005年10月，2006年3月）
	日本の魅力を戦略的に広告	●文化外交，観光産業と連携した魅力を広報	●文化外交推進委員会が"平和文化交流国として日本誕生に関して"の報告書作成（2005年7月）
		●新日本ブランド"ネオジャパネスク"推進	●ジャパネスクモダン委員会が初めてジャパネスクモダンコレクションを使用するアイテムとして選定（2006年10月）

出所："知的財産戦略プログラム2006"に基づいて筆者による修正作成．
※一般的に，"食育"は"生きるための初期段階から健康的な食生活，特に食品選択に関する知識を学習させ一生健康な生涯を送るためのもの"と定義されている．
http://www.nih.go.jp/eiken/english/research/prijest_shokuiku.html

次のように（i）コンテンツユーザー（ii）コンテンツクリエイター（iii）コンテンツビジネス大国（iv）改革のためのロードマップの実現（v）コンテンツの適切な制作，保護および利用の促進に関する法律の適用，の5つのサブ目標に分割することができる．同様に，第2の目標は，上記で示した4つのサブ目標に分割される．

　第1の目標は日本のブランド・アイデンティティのかなり特徴的な点を示唆しているのに対し，第2の目標は包括的な性質を反映して国家ブランド要素としてより標準的である．前で述べたように，知的財産戦略本部が第2の目標を指定した時に，日本ブランド戦略に気付いていた．第1の目標が元々未来のビジョンだったが，最終的に日本のブランドが熱望するアイデンティティになった．このように，日本ブランド戦略から得られる目に見える成果の多くは，これまでの第2の目標に関連している．

　食文化に関連した注目すべき成果は，主に民間団体から構成された食文化研究推進協議会の活動として誕生した．地域ブランドの進捗状況については，より良い地域ブランドを保護するために商標法によって改訂され，地方自治体はローカルブランドの増加支援を提供し始めた．事例として，福島県では，地域ブランドを体系的に支援するために，2006年に福島県ブランド認証委員会を設置した．他の多くの県でも同じような取り組みに従事している．日本のファッションを促進するために，ファッション戦略委員会が発足し，その執行委員会は，2005年10月と2006年3月に東京で日本のファッションウィークを開催した．

5. 今後の方向性

　その背景が示唆するように，日本ブランディング問題は，戦略本部の知的財産開発と管理のより広範囲な研究の一環として議論されてきた．戦略本部が国家ブランディングのための政策決定単位として機能するが，その権限は限られているので，専用の中心体として日本ブランディングと国家アイデンティティの全体的な管理のための責任を効果的に取ることができなかった．

現状を認識して，今後の課題について対処する必要性がある．

　知的財産戦略本部は，高品質製品の生産と製造だけでなく，知的コンテンツ・文化コンテンツとその制作に関連した新しい日本ブランドを創出することを目指している．特に，日本ブランドの主要アイデンティティが世界トップクラスのコンテンツ大国であるように思われるが，戦略本部は日本ブランド・アイデンティティのより包括的で開放的な議論の必要性を提案した．一方，包括的な国家ブランドを構築するためには，広範囲のブランディング活動を必要とし，したがって，さまざまな機関（公共，民間，国内，海外）からの貢献が必要である．このような貢献は一部の責任ある当局によって収集，整理，調整する必要がある．当局は，この課題を効率的に達成するために日本ブランド・ポータルウェブサイトを開設したがっている．

　企業のブランドのように，国家ブランドのエクイティは，大衆の心の中に存在する．誰かが日本ブランドエクイティを追跡し，分析的なアプローチで効果的にこのブランドを管理する必要がある．ブランド管理は，スケールと測定方法を開発してデータを慎重に選択・効率的に選別し，分析モデルを製作することによって改善することができる．外務省の海外代理店などの既存の機関や研究機関が世界基準によってデータを収集したとしても，この作業を行うには専用の機関を設置する必要性がある．

＊＊＊＊＊

はじめに

　比較的最近になって，国家ブランディングに従事している国々が彼らの国家ブランドの目標を達成するための多様な戦略を模索しているように，国家ブランディング戦略のための普遍的なテンプレートはないといえる．しかし，その戦略に関連した確実な基本原則ははっきり存在する．私たちはこの章で国家ブランディングのコンテクストにこれらの原則を関連してみることにする．たとえば，内部および外部分析は戦略策定のための重要な拠点であり，私たちはこの視点から技術と問題点について簡略に説明する．また，広告，顧客リレーションシップ・マネジメント，市民リレーションシップ・マネジ

第9章　国家ブランディング戦略の要素　265

メントとディアスポラの運用を含め，国家ブランディング戦略の具体的な要素も議論されている．

　阿久津聡教授は，日本ブランディングの主要要素と方向性に関する彼の国別ケース分析で日本ブランド・ワーキンググループの活動を説明し，日本のイメージと評判を向上させるための総合的な国家ブランディング努力の一環として，ワーキンググループが焦点を合わせている3つの主要分野—食文化，ファッション，地域ブランド—について説明している．この章の2つめの国別ケース分析では，主要な国際的ブランディング・コンサルティング会社のインターブランドがエストニアのために活動した国家ブランドの開発事業について説明する．そのエストニア国家ブランドの主な目的は，FDI（対外直接投資）の誘致において大きな成功を達成，スウェーデンとフィンランドを超えた観光拠点拡大，ヨーロッパ輸出市場の拡大である．

戦略の原則

　戦略の基本原則は，企業または私たちの場合の国家においても3つの主要な質問に焦点を当てている．第1に，私たちは今どこにいるのか？　第2に，私たちはどこに行きたいのか？　第3に，私たちはどのようにしてそこに辿り着くのか？　戦略の策定および戦略の実行は複雑な作業であるが，またこれらの指針となる3つの質問を通じて戦略が開発されている．戦略は"長期的に1つの組織の方向と意図としてステークホルダーの期待を満たすことを目的とし，その資源と能力の統合を通じて変化する環境で優位性を実現すること"[2]として定義されている．国は，企業のように彼らの長期的な方向と意図を決定する必要がある．つまり，国はFDI，輸出促進，観光，人材誘致の構成に関する分野で目標を達成するために資源と能力を統合する戦略的な意思決定を伴うとされている．したがって，国々がめったにこれらの競争力のあるすべてのドメインに秀でることはできないため，戦略的な意思決定は国家ブランドの方向と関連して行わなければならない．

我々は今どこにいるのか？　戦略分析

　国家ブランドの現在の競争力の状態を判断するには内部および外部分析の両方を行う必要がある．内部分析の主旨は国家ブランドの能力を分野別の指標の範囲で評価することである．一方で，外部分析は国家ブランドの競争者と国家ブランドに影響を与えるより広範囲な環境力に焦点を当てている．

内部分析

　国家ブランドのための内部分析は国家ブランド内に競争する多様な舞台全体で国民の能力を評価するのに役立つ．この内部分析は既存の能力を特定するためにこれらの能力の強弱を評価した後，国家ブランドの能力分析に基づいて適切な行動指針を導出するために分野別に行わなければならない．国家ブランドが競争している主な分野は，観光，FDI（対外直接投資），輸出促進，人材誘致である．これらの分野で競争している国家ブランドに必要な内部分析は以下の概要である．

　観光：多くの国が観光に大きく依存している．特に陸地に囲まれていて外部世界と離れた遠隔，内陸の国は他の国家ブランド戦略のアリーナで競争することが困難な状況である．したがって，そのような国は経済発展の重要な要素（第2章のネパールのリポジショニングに関する学術的視点を参照）として観光に着目する．また，魅力的な気候や観光スポットに恵まれているが他の資源の乏しい国も観光に大きく依存して高い収益源を得ている．しかし完全ではないが，観光分野における国家ブランド・パフォーマンスのための主要な成功要因は表9-1に示されている．

　表9-1における主要な成功要因は，明らかに国家観光協会のコントロールを超えている．しかし，例として観光当局は顧客サービスの全体的なレベルを改善して向上させるために処置を取ることができる．他の主要な要因の中で，安全性と法と秩序の合理的なレベルは主流観光を誘致するための前提条件であり，金額に見合う価値は重要な属性である．一方，非常に魅力的な国にかなりアクセシビリティーが大きな障害となることがある．――たとえば，オーストラリアとニュージーランドは英国の消費者に観光地として肯定的に

認識されているが旅行距離が大きな障害となっている．アイスランドと他の北欧国家の場合にはその地理的遠隔は実際よりもっと大きく認識されるかもしれない．このような場合には，効果的な国家ブランディングを通じて遠隔の誤解を覆す可能性がある．

　FDI：グローバリゼーションは，対内投資を誘致するための国家間競争を激しくする．この国側に応じて，国はFDIの誘致が国の経済に重要な貢献をすることを保証するための長期的な戦略を実行すべきである（第10章のフランスの国家事例参照）．FDI誘致で主要な成功要因のいくつかは表9-2に示されている．

　安定した経済環境と政治環境がなければ，FDIを誘致することはほとんど可能性がない．諸外国に長期的な投資を行っている企業は不安定な政治情勢や経済不手際により延期される．企業の熟練した労働力は，それが外国で彼らの労働力を訓練のためにお金を払う企業の必要性を最小限にし，他の国ではあまり未熟労働力よりも高い生産性の見通しを期待するという点で魅力的である．いくつかの国の行政手続きはとても複雑で官僚的で遅いことがある．この場合，企業は国でビジネスを行うための承認を得るために数カ月待ちの

表9-1　国家ブランド内部分析―観光

主要成功要素	国家ブランド能力
顧客サービスレベル	1　2　3　4　5　6　7　8　9　10
安全性	1　2　3　4　5　6　7　8　9　10
価格対価値	1　2　3　4　5　6　7　8　9　10
接近性	1　2　3　4　5　6　7　8　9　10

表9-2　国家ブランド内部分析―FDI

主要成功要素	国家ブランド能力
安定的な経済と政治の環境	1　2　3　4　5　6　7　8　9　10
熟練した労働力	1　2　3　4　5　6　7　8　9　10
簡略化された行政手続き	1　2　3　4　5　6　7　8　9　10
インフラストラクチャー	1　2　3　4　5　6　7　8　9　10

不確実性の状態でいるよりは別の場所を模索する動きがある．このような国の事業環境は面倒な管理プロセスによって首を絞められているケースが多い．最後に，国がとても人気が高い FDI に対し効果的に競争したい場合，国は効果的で近代的にインフラに投資する必要がある．

輸出促進：国家ブランディング戦略の主な目的は，国の輸出活動の水準を高めることである．たとえば，チリ，アイスランド，エストニアに関する国家事例研究は輸出活動を改善しようとしてきた方法を説明している（第3章，第8章，第9章を参照）．輸出促進のための重要な成功要因のいくつかは表9-3に示されている．

輸出促進のための重要な成功要因を示す範囲は，徹底的な国家イメージ認識，ターゲット市場の戦略的開発やハイレベルな技術革新の健全な管理を通じて，効果的な COO のポジショニングを確立し高品質のブランドの構築する必要性が含まれている．

人材誘致：人材誘致の2つの主な目的は熟練労働者を誘致するためと国のハイレベルの教育システムへの留学生を誘致するためである．人材誘致の主要な成功要因のいくつかは表9-4に示されている．

表9-3 国家ブランド内部分析—輸出促進

主要成功要素	国家ブランド能力
高品質ブランド	1　2　3　4　5　6　7　8　9　10
効果的な原産地ポジショニング	1　2　3　4　5　6　7　8　9　10
ターゲット市場の戦略的開発	1　2　3　4　5　6　7　8　9　10
イノベーション	1　2　3　4　5　6　7　8　9　10

表9-4 国家ブランド内部分析—人材誘致

主要成功要素	国家ブランド能力
好意的な教育条件（ビザ，旅券等）	1　2　3　4　5　6　7　8　9　10
魅力的なライフスタイル	1　2　3　4　5　6　7　8　9　10
キャリア向上の機会	1　2　3　4　5　6　7　8　9　10
高い水準の教育に関する評価	1　2　3　4　5　6　7　8　9　10

適切な数の熟練労働者の誘致は有利なビザと在留規制，キャリアアップの機会と魅力的なライフスタイルを含んだ様々な基準に依存するであろう．潜在的な学生のために，よりハイレベルな教育のための国の評判は，特に修士とMBAの学生を誘致するのにより高い競争力のある市場において重要な役割を果たしている．

外部分析

外部分析は競合分析と環境分析という主な2つの形式がある．

競合分析は次のような様々な主要な質問に焦点を当てている："我々の競争相手は誰か？""彼らの強みと弱みは何か？""彼らの戦略的目標と推力は何か？""彼らの戦略は何か？""彼らの対応策は何か？"[3]．国家ブランドは彼らが競合している各国家アリーナ内でこのような形式の競合分析を行わなければならない．これは，観光，FDI，輸出投資，人材誘致とともにより発展した国家ブランディング・ドメインを包含することができる．競合体は分析対象である競合アリーナがどのようなものかによって異なる．たとえば，観光分野における主要なライバルである国家がFDIでも競争相手になることは全くないのである．国家ブランド競合分析マトリックスは，観光，FDI，輸出促進，人材誘致のような主要な国家ブランディング活動と関連して国家ブランドの競合体を分析するためのツールを提供している（表9-5）．

国家ブランディング競合分析マトリックスは多数の複雑な変数の中で簡略に提示しているものである．これは国家ブランドの主要な競合相手を分析するためでなく，戦略開発の基本材料として使用することができる．

私たちはどこに行きたいですか？　戦略的計画

戦略的計画は，具体的で測定可能な目標とターゲットの設定を含める．しかし，"単一の目的を追求している企業は少数である．その代わりに彼らは，収益性，販売成長，売上高成長，市場シェア率の向上，リスクの牽制，革新性……を含む混合的な目標をもっている．"と示唆されている[4]．同様に，国が多様な複数の目標を追求し，これらの目標は戦略策定を支えるべきである．

表9-5 国家ブランド競争者分析マトリックス

	強み	弱み	戦略目標	既存戦略
観光				
国家A				
国家B				
FDI				
国家C				
国家D				
輸出促進				
国家E				
国家F				
人材誘致				
国家G				
国家H				

 戦略的計画の中で最も広く使われているツールの1つはAnsoffのマトリックスである．これは既存または新製品と既存または新規市場の順列・置換に基づいた戦略開発のための潜在的な方向を認識することである[5]．国家ブランディングの脈略では，Ansoffのマトリックスは国家ブランド活動の全範囲にわたって認識するために使用することができる．

我々はどのようにそこに辿り着くのか？　戦略的実践

　分析と戦略的計画の先行段階を経た後，戦略の最終的かつ明らかに重要な段階は選択された戦略の実施にある．戦略実践の主な課題は，コントロール確保，知識管理，変化に対処，適切な構造とプロセスを設計，内部的な外部的なリレーションシップの管理などである[1]．それは国家ブランドの関係者が1つの商業組織体内の様々なビジネス単位として構成・管理されない場合，国家ブランディングがその最大の課題に直面していることはおそらくこの戦略実践段階の分野であることが考えられる．スイスはこのような戦略実践の課題を認識して"プレゼンス・スイス"という調整機関を確立し，このような事例は戦略実践がいかに変化に対処するのが困難であることを示している．こ

のプレゼンス・スイスは上記で示したようにさまざまな戦略，たとえば，知識管理，変化に対処，内部的な外部的なリレーションシップなどを実践している（第4章，国別ケース分析—スイスを参照）．

今までは戦略分析，戦略計画と実践に関する根本的な問題の概要を全体的に説明したので，今後は国家ブランディング戦略に包含する可能性がある具体的な要素のいくつかに焦点を当てている．

国家ブランド広告

国家ブランディングは単に広告キャンペーンの実行だけで構成されてはいない．広告は明らかに強力なツールとなることができる．しかし，それは単に国家ブランドに全体的な戦略の1つの要素にすぎない．実際には国家が，極端に財源が限られている場合に広告キャンペーンでその希望を託すよりも，そのディアスポラを活性することがはるかに良いのであろう．しかし，利用可能な財政資金がある場合は，広告は具体的，明確にされた目標を達成するための統合された戦略の一環として使用される必要がある．

広告はブランドに多くの利点を提供することができる．つまり広告はブランドの新しい市場を生成することができ，衰退するブランドを活性化し，消費者行動を変化させて売上高を迅速に増加することができる[6]．しかし，多大な資源を広告代理店に引き渡す前に，国家ブランドが注意する必要がある広告に関する一般的な失敗が大いにある．このような失敗は消費者知識に関する間違った評価，広告混乱を突破できない失敗，広告の過剰なクリエイティブ性，アンダーブランド化の広告，支援メディアの使用の失敗，頻繁なキャンペーンの変更，広告の品質より広告頻度重視のような失敗が発生している[7]．しかし，上記のような広告関連失敗はFMCGブランド広告で発見されており，現在までに生産されているそのような国家ブランディング広告には発見されてない．たとえば，1つの広告の過剰的なクリエイティブ的な要素に関する失敗は確かに製品ブランド広告で見ることができる．そこで広告の視聴者は広告自体が面白いかもしれないが，その広告が何のためのブランド広告であったのかわからない．しかし，この現状はまだ，国家ブランディング

広告では発生してない．国家ブランディング広告に関連したはるかに一般的な失敗は，当たり障りのない情報が多すぎる広告を生成するときに，この広告は乱雑突破に失敗する．

いくつかの広告が1つの国全体の国家ブランド戦略の一環として購入されている場合は，広告の上達に関わる人々は，少なくとも広告業界と広告代理店の業務の方式に関する基本的な知識を持っている必要がある．広告リテラシーに関する基本的なレベルがなければ，キャンペーンを製作するために選択された広告代理店との相互互恵関係を発展させるために失敗を通じて貴重な資源が無駄になることがある．国家ブランドチームの人々はクライアントブリーフ，クリエイティブチーム，ブランド・ポジショニングの概念などが何を意味するかを熟知している必要がある．マーケティングに関する背景や資格を持つ人々は，そのようなことについてすべてを知っているであろうが，非マーケティング背景の人々と政府関係者や国家ブランドチームのその他の利害関係者らはこの分野でも同様にすべて博識であるとは想像できない．ブランドポジショニングの概念についてはすでに示されているので（第2章を参照），今後は他の主要な広告問題に焦点を当てる．

クライアントブリーフは，クライアントが自身の企業広告を広告代理店に依頼するもので，クライアントの要求事項を詳細に書面ブリーフの形でまとめたものである．それで1つの広告代理店が任命された後，クライアントと広告代理店との間には通信と責任の明確なラインを確立するために，一般的にクライアントブリーフはもっと洗練される[8]．広告代理店の中のクリエイティブチームは，通常，ターゲット・オーディエンスの注目を集めてキャンペーンの具体的な目標を実現するために，クリエイティブチーム作業を担当する役割のアートディレクターとコピーライターを含めている．アートディレクターは，広告のビジュアル要素を担当し，コピーライターは広告に使用する任意のテキストを提供する．

しかしながら，クライアントは通常，広告代理店のクリエイティブチームと毎日接触しない．むしろ，広告代理店は，持続的な役割計画と実行プロセスの期間を通じてクライアントと広告代理店の間に円滑な関係を確保するた

めに，アカウントマネージャーを通じてクライアントと接触する．したがって，広告代理店が製作する作品の質は，広告代理店独自のクリエイティブ性だけでなく，クライアント自身の要求事項を広告代理店にどれほど確実に伝達できたかの能力に依存している．つまり，クライアントは広告代理店に彼らの初期の指示事項を通じて"方向設定"をすることにより，広告企画プロセスの間，広告代理店と対話しながらキャンペーンに対する戦略的法案を提供して，広告代理店がクライアントの最高経営者へのアクセス権を持つ"資源配分"をし，以前に行った消費者調査データへのアクセスを提供することで広告代理店のクリエイティブ性に影響を与えることができる[9]．クライアントブリーフは広告キャンペーンを通じて達成すべき戦略的目標を詳細に示している．しかし，クライアントは広告が誰に何を言おうとしているのかまた，どのようなトーン（語調）で使用するのかにより正確に焦点を当てて"クライアントブリーフ"を作成すべきである．特に，広告のメッセージに使用される適切なトーン（語調）を確認することが重要である．たとえ不適切なトーン（語調）を使用する場合は，オーディエンスは距離感を感じ，また疎外感を感じたり，不快感になることがある．"一体あなたはどこにいますか？"というキャッチフレーズを使ってオーストラリアの観光産業を促進する広告キャンペーンはそのスローガンが明らかに無礼で攻撃的と考えるオーディエンスには不快感というリスクになることがある．観光客よりFDIを誘致することを目的とした異なる形式の国家ブランディング広告の種類は，"ニュー・フランス"キャンペーンにより行われた．2004年に立ち上げたこのキャンペーンは，2005年には19の出版物に77の広告を登場させるほどに順調に続いた．このキャンペーンの効果は，ターゲット・オーディエンス，つまり4つのターゲット国家の企業経営者に対する調査結果に基づいて評価されたものであり，調査結果によるターゲット国家への広告アプローチは金融専門出版物よりは分野別の雑誌に切り替えて焦点を当てた（第10章，国別ケース分析—フランスを参照）．この事例は，広告キャンペーンの有効性を評価し，その評価結果に基づいてキャンペーンを詳細に調整していく重要性を示している．

　大手広告代理店はクライアントのための広告を製作するだけでなく，広告

が表示されるメディアスペースも購入する．しかし，クリエイティブな広告代理店とは別に，専門的なメディアを購入する広告代理店も多く存在する．そして，いくつかのケースでは，このような専門的なメディアを購入する広告代理店のサービスを利用することが費用面で効率的である．いずれかの広告キャンペーンのために利用可能な異なるメディアチャネルを評価することは困難で複雑である．メディアチャネルには，ＴＶ，新聞，雑誌，インターネット，ラジオ，屋外広告などが含まれている．各メディアには，多様なオプションが含まれている．たとえば，メディアチャネルとしての新聞の中には，*The Financial Times*，*The Wall Street Journal* など，その分野内の個々の新聞ブランドが利用可能である．大手広告代理店または専門のメディアを購入する広告代理店は通常，キャンペーンの述べた目標を達成するために，広告メディアの最適な組み合わせを決定するためにメディアプランニング・ソフトウェアを使用する．メディアプランニング・ソフトウェアは次のような方式で機能する．まず，ユーザーが使用可能な広告媒体と各々の評価と費用に対するメディアデータベースを開発する．第2に，ユーザーが有効範囲や回数などのスケジュールを最適化するための基準を選択する．第3に，ユーザーがメディアプランニング期間の予算制約条件を具体的に指定する．最後に，ソフトウェアが，指定された目標と制約条件に応じて最適なメディアスケジュールを探し出す[10]．

広告業界の構造は近年変化してきている．クライアントは大手広告代理店や専門的なクリエイティブ広告代理店やメディアを購入する広告代理店の中のどれかを選択する必要がある．それと関連して，世界的な広告代理店であるWPPメディアネットワークの先頭のマインドシェアは，メディア機関が1つのブランドのコミュニケーション能力の取り組みを調整するために配置していると主張している[11]．

顧客や市民リレーションシップマネジメント

CRM（customer relationship management）は，ビジネスの世界で確率された実践原理であり，"顧客管理"の略語として定着している．CRMの概念を国家

ブランディングに適応したのは最近のことであり，今や"市民リレーションシップ・マネジメント（citizen relationship management）"という用語として使用されている[12]．市民リレーションシップ・マネジメントの概念は企業が顧客に関係するのと同様の方法で，政府が市民に対応する必要があることを示唆している．市民のニーズを理解し，適切な頻度と適切な方法で市民と通信することは国家ブランディング戦略が有効に採用しても良いことをCRMの原則で表している．"顧客との相互作用や取り引きの管理を支援する組織が顧客ポートフォリオ全体で彼らの収益を最適化することができるような技法"（第3章，学術的観点，Francis Buttle）のCRMは観光，FDI，輸出促進及び人材誘致など様々な分野にまたがって顧客ポートフォリオを持っている国家ブランドに直接適用することができる．市民リレーションシップ・マネジメントは，ロシアの"教会外交"プロジェクトと社会的なプロジェクト（第5章，国別ケース分析—ロシアを参照）だけでなく，エストニアの国家ブランディング努力でも見ることができる．世界的な認知度の向上というエストニア国家ブランドの目標は，エストニア市民に確実な動機となるように期待される（第9章，国別ケース分析—エストニアを参照）．

国家ブランド大使

多くの分野の企業は，その活動に1人の人物の顔を提供するためにブランドアンバサダー（大使）を雇用している．たとえば，外貨両替企業のトラベレックスは，英国のラグビースターであるジョニー・ウィルキンソンと2年間ブランド大使契約を結んだ．トラベレックスは，以前，2003年にオーストラリアのクリケット選手アダム・ギルクリストとブランド大使契約を結んでいた[13]．このブランド大使は，自分の会社を深く理解している極めて熱心な人であり，ターゲットオーディエンスに同社のブランド価値を効果的に伝達する能力を有する．その一方で，国は伝統的にもっと控えめな役割の大使を採用しているが，外交サークルの外側に存在する少数の人々には，あまり知られる機会がない．その反面，有名なスポーツ・文化人は，自らが国のために—大使であることを自覚して，個人的合意から，公式な承認なしで国家ブ

ランド大使の役割を，計画と台本なしで立派に実行している．同様に，外国に住んでいる個々の人々の行動は彼らの母国を代表する人の行動として解釈できる（第5章，国別ケース分析—ロシアを参照）．この行動は，1980年代に英国のサッカーフーリガンのように悪い場合には，全体的な国のイメージも汚すこともできる．それは数百万人の人口のすべての市民は国家ブランドの大使として機能するように期待することは明らかに非現実的であるが，それはブランド大使の資格を持ってそのような役割を果たそうとしている特定の人々を認識することは可能である．

ディアスポラ動員

ディアスポラ・ネットワークを活性化するための戦略を持ってない国々は，ユニークで貴重な資源を浪費している．世界中に広がるディアスポラネットワークの存在はディアスポラ・メンバーが送る送金の関連面だけでなく，国際的な企業の優れた経営陣による介入を通じてFDIの刺激と関連しても国の莫大な資産になる可能性がある．さらにディアスポラ・ネットワークの評判構築能力は国家ブランドを高めるために，別の重要な機会を表している．

一部学者たちは，ディアスポラが送る送金が貧困緩和の中で重要な役割を果たしていることを認めたが，国の発展に大きな影響を及ぼすことができるとは納得していない[14]．ディアスポラのより重要な役割は，送金に内在する資金の流れよりも，彼らの知識や制度ブランディング能力であることが示唆されている[15]．Kuznetsov[16]は成功したディアスポラ・ネットワークが3つの主要な特徴を組み合わせて持っていると説明した．最初に，ディアスポラ・ネットワークは強力な内発的動機で人々を呼び集める．第2に，ディアスポラ・ネットワークのメンバーは直接的な役割（本国でのプロジェクト実行）と間接的な役割（本国におけるプロジェクト開発のためのアンテナとブリッジとしての役割）の両方を実行する．第3に，本国に関わって取得する方法についての議論から有形の具体的な成果物の報告書に至るまで成功した取り組みが行われた．様々な国のディアスポラが与えている影響はそれぞれ全く違う形を見せている．たとえば，中国とインドのディアスポラは彼らの本国に大きなプラスの

影響を与えている反面，アルメニアは，その裕福なディアスポラから大した利益を得てはいない[17]．これは全体的な国家ブランド戦略にディアスポラ・ネットワークを統合する必要性を強調している．

ディアスポラ・ネットワークは必ずしも画一的で同質的ではない．たとえば，彼らメンバーを各自の専門分野での前進を助けるために専念する専門職協会からの多くのディアスポラ・ネットワークが存在する．このようなネットワークには，米国内でアルメニア出身の医師協会，インダス起業家のラテンアメリカ出身のエンジニア協会[18]などがある．南アフリカには，2つのディアスポラ・ネットワークを持っている．1つは科学と技術分野で働く南アフリカ出身の学者と研究陣，専門家らを繋げる海外南アフリカの技術ネットワークである．もう1つは，南アフリカの企業や英国に戦略的に配置された個人とのネットワークによる知識と情報，起業家に焦点を当てている南アフリカのディアスポラ・ネットワークである[19]．

このようなネットワークのための政府の支援は，様々なディアスポラ・ネットワークの間に相乗効果を達成すると同時にネットワークによる努力と活動の重複回避に焦点を当てるべきである．

国家の日

国家の日のセレブレーションは，国家ブランド戦略のもう1つの潜在的な要素を表している．つまり，国家の日のセレブレーションは国内的には国民の関心とプライドを生成する手段となり，また外部的には国家ブランドを促進するためのイベント作りの手段として関心を集中させることができる．自国の外でそのような国家の日のセレブレーションを開催するのに適した場所はディアスポラが多く居住している場所になる．たとえば，アイルランドとスコットランドはアイルランドのディアスポラとスコットランドのディアスポラが多数居住する都市であるニューヨークで，それぞれの国家の日のセレブレーションを開催している．アイルランドのセレブレーションは"聖パトリックの祝日"に基づいており，"タータン・デイ"として始まったスコットランドのセレブレーションは"タータン・ウィーク"に拡大して開催したもの

に基づいている．一部の人々は'両方のセレブレーションがある程度，構築された遺産に依存している現象であるが，"タータン・デイ"のイベントは比較的最近に政治的な意図で作成されている反面，"聖パトリックの祝日"は"本物"の遺産とみなすことができる数百年にわたる歴史をもっている'と示唆されている[20]．ここで"本物"の遺産がどんなものかという問題は，国家アイデンティティの分野で広く議論されてきた"ねつ造された伝統"の概念に関するものである（第5章を参照）．

国家ブランディングのネーミング

アイスランドに関する国家事例研究（第8章を参照）は，一国の名前がその国のイメージに影響を与える潜在的な効果を示している．国はめったに国自身の名前を変更しない．しかし，旧宗主国からの自由を獲得した国家の独立記念日などの強力な象徴的なイベントを世界に通知しようとするときにはそのような国の名前を変更することが多い．これは多くのアフリカ諸国の事例でみることができる．たとえば，"ガーナ"は英国から独立を達成したときに"ゴールドコースト"から現在の"ガーナ"という名前に国名を変更した．ときどき，一国の名前に対して広く誤解が生じる場合がある．たとえば，多くの人々が旧ソ連を"ロシア"であると考えていることである（第5章，国別ケース分析—ロシアを参照）．また，"UK"と英国を併用可能だと誤解している人々も多い．国家ブランドネーミングに関する更なる問題は，いくつかの国が2つの異なる名前を使用していることである．つまり，ギリシャ／ヘラス，オランダ／ネザーランドなどがそうである．国家ブランド体系を開発する際（第8章を参照），発生しうる潜在的な混乱をさけるためには，どのような名前が"アンブレラ・ブランド"として使用すべきかに対する戦略的意思決定の必要性がある．

国家ブランドの追跡研究

国家ブランド戦略の有効性は進行中の土台の上で評価する必要がある．これと関連して様々な種類の追跡調査が行われ，国家ブランド・パフォーマン

スの異なる側面を決定するために利用可能な指数は多数存在する．国家ブランディングの分野で広く公表されている調査方法はアンホルト―GMI国家ブランド指数である．これは年4回ごとに世界の国家ブランドを分析してランキングを表示するものである．もちろん国家ブランディングを念頭において設計されていないものの国家ブランディング・パフォーマンスの有用な指数を表すために利用できる他の指数も存在する．したがって，国がそのような指数を有用に活用する場合に，国は国自身の国家イメージを強化ために大きな助けになる．この指数の中で1つが国の環境管理能力を評価する環境持続性指数である（第7章を参照）．別の指数は世界経済フォーラムの世界競争力指数で，これは制度，インフラストラクチャー，マクロ経済，健康と初等教育，高等教育と訓練，市場の効率性，技術的準備，ビジネスの洗練と革新の観点から国の競争力を評価することである．つまり，これらの基準に基づいて高いスコアを得た国はFDIの増加や人材誘致などのような戦略的目標を達成するためにそのポジティブなパフォーマンスを遂行して成果を世界に向けて発信する必要がある．

国別ケース分析―エストニア
インターブランド，主要なインターナショナル
ブランディング・コンサルティング企業

1. 序　文

このプロジェクトは"エンタープライズ・エストニア"と呼ばれ，2001年～2002年にわたって海外にエストニア共和国を宣伝するために行われた．プロジェクトの目的は，エストニアが外国人直接投資の誘致に成功し，スウェーデンとフィンランドを超えてその観光客ベースを拡張し，ヨーロッパ市場への輸出を拡大するというものである．

2. エストニア紹介

　このプロジェクトの初期段階にあった2001年には，エストニアはヨーロッパをはじめ外部世界にほとんど知られていない状態だった．現実的に，エストニアには世界に提供できる非常に多くのものを持っている．しかし，エストニアは世界の注目を引きつけるためにそれ自身についての興味深い何かを世界に知らせる必要がない状態だった．

　ほとんどの場合，単に，自分の存在を公表するだけでは投資や観光客を誘致できない．つまり，人々は特定の国とのビジネスを行うことを決定するための特別な動機が必要である．なぜエストニアが保養やオフィスと工場のために最適な場所であるかの理由を確実で妥当な方法で説明することによって，エストニアは他国に先駆け自国を世界に知らせることができる．時間をおいて，このように持続的にメッセージおよび外観の一貫性を確保することによって，エストニアは人々に認識されるブランド属性を確立することができる．

　第2に，エストニア歴史の中でユニークな視点にきている．エストニアの欧州の舞台での再登場は，数百万人の欧州のビジネスマンや潜在的な観光客に第1印象を良くするために重要かつ慎重な機会を与えている．ほとんどの欧州のビジネスマンや潜在的な観光客には"エストニア"という名前が全く知られてない．少しでもエストニアに対する印象を持っていたとしても，おそらく，エストニアが植民地であった過去の歴史や乏しい気候からすべてがネガティブな印象になるだろう．説得力がある確実な方法で人々に知らせることによって，私たちはエストニアに対して正しい評判と関心を生成することができる．

　最後に，エストニアが世界にたくさん伝えたいことや提供したいことがあることを証明することによって，ヨーロッパと世界政策で"自分の実力以上のものに挑む (punch above its weight)"機会が実際にある．エストニアの視点，見解，声は最終的に140万人のエストニア人を代弁することといえる．一方，小さな国は，ブランド認知度が直接的または妥当的に認識されることによっ

て，これらの国は輸出促進と強い外国人直接投資誘致と盛んな観光産業を推進する際に期待を上回ることがある．また，ブランドはエストニアの自国民を動機づけるために国際的な認知度を確立する必要がある．

3. プロジェクトの定義

　過去の体系的な管理能力の欠如にもかかわらず，エストニアのブランド・アイデンティティは北欧圏内だけにある程度理解されていた．しかし，他の北欧ヨーロッパ諸国のブランド・アイデンティティに比べてほとんど知られていない状態だった．また，エストニアはEU加盟国とは対照的に存在感が不明瞭な状態であり，ヨーロッパとロシアの外では，ほぼ理解されていない状態である．

　また，エストニアのイメージを成功的に開発し海外に促進するために厳格な6か月間のブランド開発プロセスを委託実施した．プロジェクトの最初の部分は，現在人々がエストニアをどのように思っているのか理解するのに焦点を当てると同時に，現在のエストニアの正しい理解を通じて，エストニアについての将来の人々の考え方を確実に表示することに焦点を当てている．この研究は広範囲な市場調査とともにエストニアの政治家と文化指導者，オピニオンリーダー，起業家，ジャーナリストとの70件のインタビュー，エストニア既存のビジュアル・アイデンティティの包括的な調査と非エストニアのビジネスマンとのグループ面接，エストニア内で実施した250の電話インタビューと英国，ドイツ，フィンランド，スウェーデン，ロシアの観光客，投資家や輸入業者を対象として実施した1,476件の電話インタビュー，国家アイデンティティ公開討論会，最後に，エストニアのアーティスト，デザイナー，マーケティング専門家，研究者，公共民間分野の管理者などから集めた意見収集などをすべて含めている．

　エストニア・ブランド戦略を開発するために遂行したこの包括な研究は，エストニア・ブランドのコアメッセージと最終的な言語表現と視覚表現のために提言されたものである．

4. 研 究 結 果

　質的面でみると，エストニアと関連した内部および外部視点から調査，研究する過程で明らかになったテーマについて，異なるオーディエンス全体で非常に一貫していたことがわかった．しかし，量的面でみると，内部の認識が外部のオーディエンスのものよりも特にエストニアを実際に経験したことが少ない人々や（英国とドイツのように）地理的に遠く離れている人々の認識よりもっと肯定的なことがわかった．

　要約すると，観光客とビジネスオーディエンスの両方の間でエストニアを個性的で肯定的に経験させるために，良いイメージのエストニアを世界に提供する機会は確実に多いといえる．しかし，この研究結果の最も明白な教訓の1つは，次第に多くの機会を与えられているエストニアにとっては，以前とはコントラストな明確に変化した印象がみられることである．エストニアを知らない，または初めて接する人々は，ポジティブな面で驚く傾向がある．このようなコントラストや驚きと変化のそのものが現在のエストニアを特徴づける印象的な識別要素と思われる．また，このような変化と改革の証拠は，エストニア・ブランディングの強力な動力を提供していることも事実である．これらの要素は，エストニアを知っている人々によって認識されるだけでなく，海外からエストニアに接している人々によっても，実に肯定的な利点というイメージで認識されている．これらのアイデアはどのように示されるかについては後述するブランド戦略の部門で考察する．

5. エストニアブランド戦略の構築

　エストニアの潜在的なオーディエンスがとても多様であるため，この多様性を考慮した1つのブランドモデルが開発された．このモデルで国家の様々な公共分野および民間分野団体を特定のオーディエンスに話すときには，一連の協調と強化されたメッセージまたは"ストーリー"を使用することができ

る.

　このブランドモデルは国を1つのブランドとしてまたその幅広さを説明し探究する一連のブランドストーリーや物語であり，またそのストーリーを観光や輸出，内部投資のための特定なメッセージに変えるということを定義する本質を含む多数の関連の構成要素が含まれている.

　最終的には，このブランドモデルはエストニアについての肯定的な貴重なアイデアを伝達するために体系的な手段を提供しており，特に外国人オーディエンスにとってエストニアを好意的で競争力のある国として自覚させている．したがって，それは差別化，創造的ブランド表現のための基準点であるため，自然にエストニアのブランド・コミュニケーションの"ルックアンドフィール (look and feel)"—視覚的停滞性を表現する—通信を駆動している．

ブランドモデル

ブランドの本質 肯定的変換	エストニアの物語	ターゲットオーディエンス
	新鮮な視点	
	徹底的，改革的な態勢	観光
	北欧の気質と環境	輸出
	自然資源が豊富な率先者	投資
	ヨーロッパ社会	

ブランドの本質

　エストニアのブランドの本質は肯定的な変化という2つの言葉で表現されている．過去10年間にわたって，エストニアは多くの困難に対して革命的，肯定的で正しい変化が可能なことを証明している．

ブランド物語（ブランド・ナラティブ）

　一連のエストニア・ブランドストーリーや物語（ナラティブ）は肯定的な変

化というエストニアのブランドの本質を明確に世界に提供するのに意味がある妥当な動機方法になっている．

1. **新鮮な視点**：部外者にとって，エストニアの文化と風景は彼らがそれらになれているものとは大幅に異なる．エストニアの様々な側面は他のヨーロッパ社会の建築，料理，言語，風景と音楽などを通じて少し知っているものであるが，エストニアが使用しているさまざまな形式と特徴は新しく接する人々にとっては革命的で驚くものになっている．

2. **徹底的，改革的な態勢**：現在の政治的経済に参加するために，最初に学習しなければならなかったエストニアは，政治経済指導にエストニアを確実に定着させるために，真正面からの実質的なかなりの問題を解決するための想像力を革新してリスクを負うという冒険をしなければならなかった．

3. **北欧の気質と環境**：エストニアは常に北欧の一部となっている．しかし，エストニアに関する歴史的な1つの事件によって，大半の人々の心の中にエストニアを西よりは東として認識されるようになった．エストニアの社会経済的構造の一部の特定要素が既存の"北欧"の様式とは確実に異なるが，エストニアは気質と環境において確実に北欧の社会地理的地域の一部に属している．

4. **自然資源が豊富な率先者**：エストニアが政治経済的発展を達成するためには，国が自身とその能力に最大限の信頼を獲得する必要がある．エストニアの労働力は，教育水準が高く，熟練した技術を持ち，言語の面でも優れている．また，ビジネスとガバナンスと関連した現在の大きな問題に対する解決策は，繰り返し効果があるものと証明されている．

5. **ヨーロッパ社会**：短時間での大きな変化にもかかわらず，エストニアは世界で国自身のルーツと場所を忘れていなかった．エストニアの言語や民族文

第9章　国家ブランディング戦略の要素　285

化は千年間の外国占領と社会言語学的な影響力，あからさまな抑圧にもかかわらず，生き残っている．過去のエストニア社会は存分に自由を楽しめる将来の世代のためにこれらの要素を必ず保存しなければならなかったことを深く認識していたかのようだ．

多様なオーディエンスのためのブランドストーリーの解釈

エストニアのブランドストーリーはできるだけ感動的，妥当的であるべきであり，エストニア・ブランドのターゲットオーディエンスの観光客，投資者や輸入業者に向けた具体的なメッセージに変換することができる．

6．ブランド管理と活性化

このようにそれぞれのブランドストーリーは，言語とビジュアルブランドコミュニケーション方式またはブランド表現物と転換できる．つまり，空港，警察車，タクシーの場合にポスターとパンフレット，ウェブサイト，環境デザインなどの広告としてみることができる．（2007 ポストスクリプト：このプロジェクトが始まって以来，"エストニアへようこそ（Welcome to Estonia）"という文句が書かれたTシャツが大流行してヨーロッパとアメリカなどのナイトクラブの周りにそれらを身に着けた学生が多くみられたのである．）

これがなぜそれほど重要なのか．新ブランドが触れる必要がある明確なコミュニケーションポイントと同じく，公共インフラと公共サービスは一国に仕事に来る人々や訪問者に最も注目されて思い出に残る国のシンボルとなる．タクシーもまた1つの場所を表現するのに重要である．言い換えると，ある人はロンドンを黒いタクシーに，またニューヨークを黄色いタクシーとして記憶する．この2つは両方とも"ポストカード"というイメージでその場所を鮮明に感じさせることができる．公共インフラの管理者は，エストニアの特徴を表現することに関連して，彼らが担う明確な役割を無視することも選択できるし，心を込めてエストニアのブランド精神を肯定的に支援するために採用・努力することができる．

エストニア・ブランドはヨーロッパと世界中の政治家，政府官僚，ジャーナリスト，作家，芸術家，日常の人々と同様に，潜在的な観光客，投資家，輸入業者の間でエストニアのアイデンティティをしっかり確立するために，エストニアの遺産とともにエストニアのユニークな特徴，何よりまず，エストニアが世界に提供すべきものを正しく反映できるように活性化すべきである．

* * * * *

要　　約

国家ブランディング戦略は複雑な課題である．国家ブランディング戦略の具体的な要素は商業組織が直面するものとはかなり異なるが，戦略的な分析，計画と実行の原則は企業に適用されるのと同様な方式で国家にも適用することができる．一方，国家ブランドは現在の競争力を評価するために内部および外部の分析を行う必要がある．そこから国家ブランドは正しい方向で戦略を構築して実行することができる．この章で表した日本とエストニアに関する国別ケース分析は，これら2つの国がそれぞれの国家ブランディング戦略の開発について行っている方法を示している．

(訳・鄭　玹朱)

注

1) Johnson, G., Scholes, K. and Whittington, R.(2005) *Exploring Corporate Strategy: Text and Cases,* Seventh Edition, FT Prentice Hall, UK.
2) Johnson, G., Scholes, K. and Whittington, R.(2005) *Exploring Corporate Strategy: Text and Cases,* Seventh Edition, FT Prentice Hall, UK.
3) Jobber, D.(2004) *Principles and Practice of Marketing,* Fourth Edition, McGraw Hill, UK.
4) Wilson, R.M.S. and Gilligan, C.(2005) *Strategic Marketing Management: Planning, Implementation & Control,* Third Edition, Elsevier Butterworth Heinemann, UK.
5) Ansoff, H.(1988) *Corporate Strategy,* Penguin, UK.
6) IPA Effectiveness Awards (1998) http://www.ipa.co.uk (accessed 08/03/02).
7) Keller, K.L.(2003) *Strategic Brand Management: Building, Measuring, and Managing Brand Equity,* Second Edition, Prentice Hall, USA.

8) Hackley, C. (2005) *Advertising and Promotion: Communicating Brands*, Sage Publications, UK.
9) Koslow, S., Sasser, S.L., and Riordan, E.A. (2006) Do Marketers Get The Advertising They Need Or The Advertising They Deserve? *Journal of Advertising*, **35/3**, 81-101.
10) Shimp, T.A. (2003) *Advertising, Promotion, & Supplemental Aspects of Integrated Marketing Communications*, Sixth Edition, Thomson South-Western, USA.
11) Marquis, S. (2007) Buyers storm the creatives' citadel. *The Guardian*, Media Guardian, Monday April 23, p. 10.
12) Sheth, J. (2006) Keynote Speech, *Academy of Marketing Conference*, July.
13) Barrand, D. (2005) Travelex secures Jonny Wilkinson as ambassador. *Marketing*, May 18, p. 4.
14) Kuznetsov, Y. and Sabel, C. (2006) International Migration of Talent, Diaspora Networks, and Development: Overview of Main Issues, in *Diaspora Networks and the International Migration of Skills: How Countries Can Draw on Their Talent Abroad* (Y. Kuznetsov, ed.), WBI Development Studies, pp. 3-19.
15) Kapur, D. and McHale, J. (2005) *Give Us Your Best and Brightets. The Global Hunt for Talent and Its Impact on the Developing World*, Center for Global Development, Washington D.C., USA.
16) Kuznetsov, Y. (2006) Leveraging Diasporas of Talent: Towards a New Policy Agenda, in *Diaspora Networks and the International Migration of Skills: How Countries Can Draw on Their Talent Abroad* (Y. Kuznetsov, ed.), WBI Development Studies, pp. 221-237.
17) Kuznetsov, Y. and Sabel, C. (2006) International Migration of Talent, Diaspora Networks, and Development: Overview of Main Issues, in *Diaspora Networks and the International Migration of Skills: How Countries Can Draw on Their Talent Abroad* (Y. Kuznetsov, ed.), WBI Development Studies, pp. 3-19.
18) Kuznetsov, Y. and Sabel, C. (2006) International Migration of Talent, Diaspora Networks, and Development: Overview of Main Issues, in *Diaspora Networks and the International Migration of Skills: How Countries Can Draw on Their Talent Abroad* (Y. Kuznetsov, ed.), WBI Development Studies, pp. 3-19.
19) Marks, J. (2006) South Africa: Evolving Diaspora, Promising Initiatives, in *Diaspora Networks and the International Migration of Skills: How Countries Can Draw on Their Talent Abroad* (Y. Kuznetsov, ed.) WBI Development Studies, pp. 171-186.
20) Nunan, D. (2005) Marketing to Diasporas: A comparison of nation branding strategies employed by Scotland and Ireland, unpublished MSc Dissertation, University of Strathclyde.

第10章　国家のブランディングの将来的展望

国別ケース分析―フランス
新たなフランス―既存の認識の壁を打ち破る

Philippe Favre
French Ambassador for International Investment,
Chairman and CEO of Invest in France Agency

1. 神話　対　現実

　現在，世界第5位の経済大国であるフランスは，世界最大の市場であるヨーロッパの中心に位置するモダンかつダイナミックな国である．フランスは，この数年，国際的な規模での競争力を一段と高めるために，主要部門の積極的な民営化や改革に国をあげて再び取り組んできた．海外投資家を魅きつけるために，ビジネスの方式は簡素化され，労働時間に関する諸規制が改善されてきた一方，フランスの一流のインフラストラクチャーおよび才能を備えた労働力は，世界中でフランスの魅力を高めることに寄与したもう一つの利点である．

　こういった現状にもかかわらず，世界各地，特にアメリカおよびイギリスには，フランスのビジネスリーダーシップや繁栄を続ける経済に影を投げかける古臭いイメージをいまだに抱いている人々がいる．

　フランスは，今もなお世界の旅行者が最も多く訪れる地で，フランスの高品質なワイン，食品およびファッションは最も知られているところである．ヘルスケア分野における先端技術やイノベーションは，すでに中国や日本の投資家の間ではよく知られるところであるが，フランスの現今の実態に反して古い認識を抱いたままのアメリカやイギリスの企業には看過されている．

2. フランスに対する世界の見る眼を変える

フランス政府は，フランスのイメージに対する神話と現実の離齬を正すことが，自国の経済や国内投資の水準引き上げの成功にとって重要であったことを認識した．しかし，国はいかにして経験豊富なビジネスパートナーとなる世界を納得させ，自国を海外投資家に向けて売り込むのであろうか．

フランスの場合には「対フランス投資庁」(Invest in France Agency: IFA) の支援があった．IFA は，フランス政府機関の1つで，国際的投資の促進を管轄しており，フランスでの成功を叶えるべく海外投資家を支援している．IFA はそのミッションの一環として，'The New France. Where the smart money goes'（新たなフランス．投資資金が向かう国）と名づけられたイメージキャンペーンを新たに展開することで，過去3年間にわたりフランスに関する誤解を打ち消すことに努めてきた．

このキャンペーンは35億ユーロの総予算を投じて展開され，IFA が以下の複数のフランス政府機関とのコラボレーションによりこれを実施した．すなわち，これには国際ビジネス開発機関の UBI France，国際旅行者機関の Maison de France，情報サービス提供省，外務省，フランス経済ミッション，フランス農業マーケティングおよびコミュニケーションコンサルタントの Sopexa，教育促進機関の EDU France，財務省理事会およびフランス国務院が含まれている．コミュニケーションのエキスパートで，広告会社 Havas の元社長 Pierre Dauzier が IFA の代表と共にこのグループを指揮した．

3. 目標および戦略

キャンペーンの主な目的は，フランスに投資している上位5か国，すなわちアメリカ，イギリス，ドイツ，日本および中国に対して，フランスの経済プロフィールを引き上げることにあった．IFA は，新規事業を呼び込み，国内投資を増進させるために，フランスに対する海外投資家の見る眼を改善する

ことを狙いとした．長期に及ぶ意見交換を通じて海外投資家と強固な関係を築くことがもう1つの重要な目的であった．最良の効果を得るべく，様々な国際的オーディエンスに適したコミュニケーションを構築するための運営委員会および広報機関が対仏投資国それぞれに指定された．

　キャンペーン戦略は，フランスの数多くの社会的かつ経済的なベネフィットを最大限に強調するための認知度および信頼性を押し上げることを中心に展開された．すでにフランスで事業を行っている国際企業を通じて明らかになっている事実や証言は，好ましくない意見を抱いているアメリカやイギリスの投資家の信頼を得ることの支えとなっている．FedEx，トヨタ，XEROX，GEおよびソニーを含む賞賛すべき国際企業12社のシニア・エグゼクティブは，フランスを新たな機会を生む地と位置づけ，事業設立の容易さ，才能に長けた人への接触および中心的ロケーションの有する利便性を強調することで成功を直に描いている．

　フランスのイメージがすでに良好であったドイツ，日本および中国において，このキャンペーンの目的は，電気通信，技術，医薬品および航空を含む10部門の主要産業において核となる強みを再強化することであった．ターゲット対象の部門別広告，成功秘話および証言は，フランスのリーダーシップ，イノベーションおよび多産性を具体的に証明するにふさわしいものであった．

　ターゲット対象となるすべての国においてフランスの魅力を一層浸透させるにあたって，フランスの柔軟な労働法，優れたヘルスケア制度や多様なビジネスクラスターを指示する35を超える論拠が提出された．他方，統計的ベンチマークは，不動産価格，従業員報酬および税率といったカテゴリーにおけるフランスの競争力を立証することに効果があった．

　インパクトの高い広告は，アメリカ，イギリスおよび日本に対してフランスをアピールするメッセージを波及させた．'The New France'と記された．合計185を超える広告が，*The Financial Times*, *The Wall Street Journal*, *Handelsblatt*, そして日本経済新聞を含むトップ10の時事経済紙に掲載された．さらにビルボード広告が，パリのシャルル・ド・ゴール国際空港はもち

ろん，アメリカ，イギリス，日本および中国の主要空港にくまなく掲げられた．

この他に，セクター別のビデオ，多言語の総合的コミュニケーション・キット，さらに France means business（60か国で10,000部のコピーが配付された）と題した5か国語対応可能な書籍がキャンペーンを支える材料として提供された．フランスで事業を展開することについての情報や推奨理由を適宜提供するウェブサイト，www.thenewfrance.com が，このプロジェクトを補完するものとして開設された．

印刷広告やプレスリリース活動の他に，IFAのシニア・エグゼクティブは，キャンペーンの最中，ダボス世界経済フォーラム，ForbesのCEOカンファレンス，Business Weekのリーダーシップ・フォーラム，Fortuneのイノベーション・フォーラムを含む約150の注目度の高いイベントで，経済リーダーや潜在的投資家と会合を重ねた．これにより，国際環境におけるフランスのプロフィールをターゲット・オーディエンスに対面で伝え，かつ直接紹介する価値ある機会が提供された．

4. キャンペーンの新規展開

「新たなフランス」キャンペーンは，戦略的広告，パブリック・リレーションズ（PR），印刷物およびウェブメディアを組み合わせて活用することで過去3年間にわたって段階的に展開されてきた．まず2004年10月に，アメリカ，イギリス，ドイツならびに日本の21の国際経済専門誌中に51の広告を掲載した集中的な印刷広告キャンペーンが開始された．同年末にはウェブサイトが導入された．

2005年には，19冊の出版物中に合計77の広告を掲載した幅広い重層的なプランが立て続けに開始された．印刷広告によるキャンペーンの第1波の後，対フランス投資対象4か国における企業マネージャーに対してキャンペーンの効果を測定するための調査が，TNS Sofresの調査グループによって実施された．その結果に基づき，IFAはドイツでのその広告宣伝方法を，金融関連出

版物から部門別雑誌を対象とする方向に切り替えた．2005年の後には，印刷広告が一段とリリースされるようになり，巨大なビルボード広告が国際空港にみられるようになった．さらに，このキャンペーンは，主要な経済ウェブサイトにバナー広告形式で，インターネット上に展開された．

2006年には，フランスのプロモーションが，アメリカ，イギリスならびに日本の著名な17の金融関連出版物中に掲載された59の広告によって強化された．さらに，IFAのウェブサイトであるwww.investinfrance.orgは，対フランス投資に関して信頼できる情報提供の基となった．

2007年，IFAは投資需要によりうまく対応できるよう専用のB2Bサイトを開設することによって，インターネット上でその存在を知らしめるプランを練っている．このウェブサイトは，投資家に最新かつ有益な幅広い情報を提供する主要なツールとしてますます利用されることになろう．

5．どのような結果が得られたであろうか？

今日，フランスのイメージは良好である．フランスは，BBCのWorld Serviceの最近の調査によると，世界でもっとも人気のある国々のうち第4位にランクされており，また「新たなフランス」キャンペーンは肯定的な結果をもたらした．キャンペーン中に実施されたTNS Sofresの調査によると，アメリカ，イギリス，ドイツおよび日本に住む55％の人が，このキャンペーンがフランスの強みをはっきりと打ち出していると感じ，アメリカ，イギリスおよび日本のその他61％の人がフランスを見る眼が変わったと回答した．

国内投資の面に目を向ければ，フランスにとって2006年は，対フランス投資プロジェクトによって，2005年から33％も上昇した40,000人の新たな雇用を創出した特別な年になった．国際貿易開発会議（UNCTAD）によると，フランスは現在，海外直接投資国として第3位にランクづけられており，対仏投資ではアメリカが第1位で，1,710億USドル相当の企業投資を行っている．

フランスは世界のマーケットにおける意欲的なリーダーである．フランスの経済プロフィールは，「新たなフランス」キャンペーンが提供する多くの機

会を海外投資家がますます知るにつれ，近い将来より強固な成長を続けるであろう．さらに，その潜在的投資基盤は，IFA が 2007 年に世界の企業 6,500 社とフランスに支社のある外国企業 800 社と接触しようとしていることから，急速に拡大している．

*****

はじめに

本章において，私たちは国家ブランディングに対する将来的見通しについて概観し，来るべき数年の間に，国家ブランディングを特徴づけることのできるいくつかのトレンドを発見した．これらのトレンドは，消費者発信型 (consumer-generated) メディアの影響力の増大から，持続的発展および競争均衡を促すものとしての国家ブランディングの可能性に及ぶものである．本章において言及されているフランスの国別ケース分析は，国家ブランディングがいかにして一国への魅力的な対外直接投資 (FDI) に貢献できるのかを検証しているのに対し，Stephen Brown による学術的考察は，国家情勢および状況に問題を抱える国家ブランディングにおけるさまざまな試みを論じている．Chris Macrae は互いにますます繋がっていく世界において独自で生き抜く力をもつものとしての国家ブランド・コンセプトを検証する視座を提供している．

イギリス中心主義のパラダイムからの転換

21 世紀に入り，BRICs 諸国が，グローバルステージにおいてより重要な地位を占めるその他の国々と結びついて，グローバル経済を牽引する超大国として頭角を現すにつれ，私たちは，世界秩序を反映する新たなパラダイムに向けたブランドマネジメントに関する既存のイギリス中心主義のパラダイムからの転換をみることを予測できる．新たなパラダイムがどのような形態をとるのかはまだ見えてはいない．Jack Yan は「21 世紀の後半までにはおそらく西側がいかに国家ブランドを形成するかを学ぶ上で手本とする国となるであろう」と予測している (第 7 章，専門家の分析を参照)．Simon Anholt は，当

初ブランドに焦点を定めていたが，現在，自身の研究が競争力のある国家アイデンティティの原理において高いレベルの国の政策立案者チームを構築し，かつ鍛えることにいかに関係しているのかを描写している（第1章を参照）．国家ブランディングの膨大な対象範囲およびグローバル経済において国が効率的に競争することの普遍的必要性は，本質的に西欧諸国を基礎にしたブランドマネジメントが今後数十年支配し続けることを否定している．ますます多くの国が，自国のユニークな挑戦によって独自の文脈固有の解決策を見いだすにつれ，新たな刺激的パラダイムの創出を期待することができる．

国家ブランディング戦略に関する協調の改善

国家ブランディングに関連する諸概念および諸問題を知的に把握することは，難しくはない．国家ブランド戦略が網羅する必要のある活動領域を描写し，それからすべての戦略に必要な要素に関わる様々な組織と人々のとの十分な協調を保証することが取り組むべき挑戦である．阿久津聡教授が，日本の国別ケース分析でこの必要性を言及している（第9章）．協調がもっとも必要であることは，本書でみられる多くの国別ケース，学術的考察および実務家による分析においてたびたび論じられているテーマである．たとえば，Vladimir Lebedenko は1990年代に思ってもみない方向にロシアのイメージがいかに流布したのかを述べている（第5章，国別ケース分析―ロシアを参照）．Martial Pasquier 教授は協調機関 'Presence Switzerland' の創設前に，スイスのイメージ管理が断片的に行われたことにつき言及している（第4章，国別ケース分析―スイスを参照）．さらに，Phillipe Favre は，いかにして，ビジネスの地としてのフランスのイメージが，10の異なる政府機関にまたがる活動を協調するキャンペーンを通じて改善されたのかを例証している．これらおよびその他のケース分析は，国家ブランディング戦略に対して，協調的アプローチの原理を確立し，改善することを通じて明らかに利益が得られることを示唆している．

ブランド・マネジメント技術の採用の高まり

　長期的にとはいえ，ブランド・マネジメントのパラダイムにとって代わるパラダイムの出現が予測でき，短・中期的には，グローバル経済の中で各々の国の競争力を向上させるために，国がブランドマネジメントのツールや技術を利用する手腕を一層身につけることになろう．ブランド・アイデンティティ，ブランド・イメージおよびブランド・ポジショニングといった確立された原理は，国家ブランド戦略の礎をはっきりさせること，ならびに調和されたキャンペーンの展開や実施を方向づけることに役立つ．国が活用できるかを検討すべきもう1つのブランド・コンセプトは，コ・ブランディング (co-branding) の実践である．コ・ブランディングとは，それぞれ異なる会社のもっている2つのブランドが，互いの既存のブランド・エクイティから利益を得るために組み合わさったもので，ビジネスでは一般的にみられるものである．コ・ブランディングは，国家ブランディングのドメインにおいて，2つの国が注目に値するスポーツイベントを主催する共同開催にみることができる．たとえば，オーストリアとスイスは，欧州サッカー連盟（UFEA）主催の2008年欧州選手権を共同開催し，また2012年にはポーランドとウクライナが同選手権を共同開催している．国家ブランド戦略の要素として実践されているコ・ブランディングのもう1つの例は，'Malaysia truly Asia' キャンペーンの一環である雑誌広告にみることができる．同キャンペーンに参加している「ブランド」は，Visit Malaysia 2007，Tourism Malaysia，Malaysia Airlines さらに驚くかも知れないが Manchester United FC である．

　基本的なマーケティング・リテラシーという点で，マーケットおよびオーディエンスのセグメンテーションとターゲティングに関するマーケティング原理は，十分に狙いを定めていない活動やコミュニケーションに資源が浪費されていないことを保証する有益な—しかも簡単に理解できる—技術である．国家ブランディングに関わる政治家，政府機関およびその他の公務員もまた，少なくとも基本レベルのブランディングに関する原理を習得すべきである．そうすることで，国家ブランディングの目標達成に大いに貢献できるばかり

でなく，公的資金が，不適格なもしくは業績の悪い広告代理店，ブランド・コンサルタントなどの利用に浪費されないことをも保証できる．

　さらに，国家ブランディングに関わる政府や公的機関にとって，マーケティング ROI（return on investment）を測定することができるマーケティング・メトリックスについて多くの知識をもつことが役立つであろう．ロンドン・ビジネススクールのシニア・フェローである Tim Ambler は，「はっきりとした目標およびメトリックスは，プロフェッショナルとアマチュアを識別するものである」と述べたうえで，さらに続けて，企業が自社のマーケティング・パフォーマンスに関して自問すべき 10 項目の質問を提案している．すなわち，(1) シニア・エグゼクティブチームは，定期的かつ正式にマーケティング・パフォーマンスを測定しているのか．(2) シニア・エグゼクティブチームは「顧客価値」(customer value) という用語をもって何を理解しているのか．(3) シニア・エグゼクティブチームはマーケティング関連のイシューにどのくらいの時間を割り当てているのか．(4) ビジネス / マーケティング・プランは非金銭的な企業目標を掲げ，かつそれをマーケット目標にリンクさせているか．(5) そのプランは，競争相手またはマーケット全体との当社のマーケティング・パフォーマンス比較を示しているのか．(6) 当社の主要なマーケティング資産は何と呼ばれているのか．(7) シニア・エグゼクティブチームのパフォーマンスレビューは，定量的視点を包含しているのか．(8) シニア・エグゼクティブチームは，5 年ないしは 10 年先にどのような「成功」がもたらされるのかを定量化したのか．(9) 当社の戦略は，その成功に向けての進化を示すためのマイルストーンを定量化したのか．(10) シニア・エグゼクティブチームの確認したマーケティング・パフォーマンス指標は，これら定量化されたマイルストーンに適合しているのか[1]．上に掲げたメトリックスは，企業のシニア・エグゼクティブ向けに作成されたものであるが，国家ブランディング・キャンペーンを行う際のマーケティング活動にも適用することができる．実際，このようなメトリックスが適用されなければ，アカウンタビリティを欠くことにつながり，ひいては国家ブランディング戦略に関するマーケティングの特定要素の効率的評価の妨げになる．

基本的な導入レベルであっても，マーケティングやブランディングの技術を普及させることで，国家ブランディング活動に取り組む人々には，各個人およびチームの効力を向上させるためのツールや分析力が備わることになる．しかしながら，これらのマーケティングおよびブランディングの技術は，非倫理的行為を隠す手段とみなすべきではない．国家ブランディングの本質は，国全体に利益をもたらす目標を追求して，その国の鍵となるステークホルダーを上手に協調させるものでなければならない．国家ブランディングは，その国の社会的，商業的，政治的または軍事的な欠点を排除するためのPR活動ではない．国家ブランディングは，一国のイメージおよび評判を高めることを狙いとしている．これは，その国の活動が社会的に評価され，かつ十分に伝わっている場合にのみ可能となる—広い意味で，強靱なレピュテーションは，評価に値する行動をし，力説し，そして注意深く耳を傾けることから得られるものと言われている[2]．

専門家の分析

地理的に拘束された国のマーケットに到来する危機

Chris Macrae

Consultant and Writer

Sir Nicholas Stern は，気象変動の危機を分析するにあたって，過去最大の市場の失敗として，エネルギー市場を挙げた．私はこれについて異論を唱えたい．地理的に拘束された国のマーケットが一層大きな失敗をもたらす見込みを危惧している．これが将来世代のサステイナビリティをますます危険にさらしている．いかに民主的であることかを声高に唱えても，21世紀における区分けされた国家ブランドは，もはや欠陥的制度となりうる危険を孕んでいる．われら世界中の人々は，すべての将来世代にとっての脅威に対抗するために，いざというとき，コミュニケーションを見直し，文化の懸け橋を築き，そして世界中の人々のネットワークを展開するよう同時に立ち上がれるであろうか．

サステイナビリティ関連の支援政策は，それが形だけのものにすぎなければ，開発途上国をますますコモディティ化の様相の罠に嵌めることになろう．私たちは，いかにして形のない無形の支援政策を提供できるかについての完全なプランを持ち合わせているかもしれないし，持ち合わせていないかもしれないのに対し，国家ブランディングは開発途上国の社会的および経済的福祉を向上させるためのいくつかの可能的手段を私たちに与えてくれる．ブランドは，信じられないほど強力なツールであるが，良い意図にも悪い意図にも利用されることがある．そして，世界のほとんどの機関が，ブランディングに関するツールを悪い意図で誤ってもしくは異なって使用しているという点において，いま私は Naomi Klein と基本的に同じ考えである．しかし，それこそ，国家ブランディングが，私たちが誇れる少なくともいくつかのコンテクストを試み，見いだすためのマーケティングのもはや最後の機会であるという理由である．ブランドは強力なツールであって，良い意図で利用することができる．

私にとって，国家ブランディングが抱える問題とは，いろいろな国の人々が満足する言語を常に見つけ出さなくてはならないことにある．私の見解では，国をブランドとして捉えないことは，まったくもって不適当といわざるをえない．というのは，究極的に，誰もが生産性を向上させるようにと民主的に容認することは，いかにうまく国がブランド形成されるかによって決まる―またはこれをコンストラクトと呼んでも構わないが，本質的にある国が単にコモディティ提供者としてみられ，その他の国が何かのリーダーとしてみられる原因となる．国家ブランディングは，社会経済全体を協調させる手段でなければならない．それは，人々が国を形成するために利用したその他一切のコンストラクトと結びついているが，一種の失われた環を与えている．私は，人間が関わったこれらのコンストラクトの1つを国の形成に織り込む限り，それを国家ブランディング，国家ナレッジまたは将来もしくは何か他のものに関するナレッジと呼ぼうが一向に構わない．もちろん，このことは，国がどうあるべきかの民主的理念はその国にいる誰もが関与すべきものであることも意味している．私たちは，核となる要素が，党利党略にならないよ

う，また2年ごとに代わらないように，このことに関して一貫性をもつ必要がある．

*****

国家のオンライン・ブランディング

オンライン・ブランディングは，デジタル時代における，ほとんどのビジネスの要となっている．インターネットは，いかに小さいブランドであっても，あらゆるブランドが単にウェブサイトを持つことでグローバルブランドになることを可能にする万人に平等なものとして認識されるようになった．

Wired 誌の元編集長で，The Long Tail [3] の著者 Chris Anderson は，いかにしてインターネットが巨大なブロックバスター・ブランドのマーケットよりも悠に大規模なマーケットの構築をニッチ・ブランドに付与しているのかについて描写し，口コミマーケティングがこれらニッチ・ブランドの利用できる唯一のマーケティングでありうるとはいえ，「まさに今がその時であって，そのツールはかつてないほど強力なものとなっている」と記している [4]．これは，国家ブランディングに資金を投じる相対的能力という点で世界の経済超大国に，現実的には競争する希望を持つことのできないより小さな新興国または開発途上国を勇気づける意見である．オンライン・ブランディングは，たとえば，多くの貧困国において予算上その費用がカットされている印刷広告のような一層慣習的なブランディング技術を利用することできない国々に対して，それらの国自身がニッチ・ブランドとして形成される機会を提供している．オンライン・ブランディングは，種まき試験，バイラル広告，ブランド擁護用プログラムおよび影響のある人による草の根交流といった技術を通じた肯定的な口コミを掻きたてることができる [5]．これら特殊な技術と同様に，国家がより先見の明のあるライバル国に後れをとりたくないならば，迅速にそれを構築する必要のあるセカンド・ライフといった新しい仮想世界も現れるようになっている．

さらにオンライン・ブランディングは，より大きな，比較的裕福な国にとっても明らかに重要である．そして「新しいフランス」キャンペーンは，いか

にしてネット上の存在感が，IFA の独自サイト www.investinfrance.org，フランスで事業を行う際の各種証明書や情報を発信しているウェブサイト www.thennewfrance.com，さらには 2007 年末に開設される B2B 専用サイトの展開を通じて総括的なキャンペーンに組み込まれるかを具体的に表している（第 10 章，国別ケース分析—フランスを参照）．

消費者発信型メディアの影響がますます増大している

　デジタル時代において成功の鍵を握る現象が，消費者発信型メディアが出現である．誰もが自由かつ同等に利用できるというインターネットの性質は，ブランドマネージャーがほぼ独占的にコミュニケーションを行っていた時代と比較すれば，消費者自身の声に耳を傾けさせることを可能にしている．企業から消費者へというモノローグは，ブランドと消費者との間の相互作用を通じて，ブランド価値が共同で創造されるダイアローグへと変貌を遂げた．これは，たとえば，クリエイティブなテーマや将来的な広告キャンペーンの実施を提案するために消費者を招いて，ブランドのオーナーがブランドの支配を少なくするある程度の意思表示を暗示するものである．そのようなブランドのオーナーから消費者にブランドの影響力を急速に区分し直すことを考慮する国はおそらくほとんどない．しかし，PSC ブランドが現在取り組んでいるブランド価値のいくつかの共同創造戦略を国家ブランドは見倣うべき明らかな可能性がある．たとえば，ソーシャル・ネットワーキングサイトのmyspace.com は，すでにアメリカ海兵隊（US Marine Corp）がこれを人材採用およびブランド構築のために利用している[6]．国家ブランドは，同じように包括的戦略としてそのようソーシャル・ネットワーキングの可能性を考慮すべきである．

　企業は，「ブロゴスフィア」（blogosphere）にますますの関心を寄せており，国家ブランドはかつてないほど増えた多くのブロガーの関心を魅きつけるために，趣向を凝らした戦略を用いてこれに追随することが期待されうる．このもっとも明白な例は，さまざまな国を訪れた旅行者としての体験をもとにブログを開設する人々である．

国家のインターナル・ブランディング

　インターナル・ブランディングは，その他の国家ブランディング戦略の側面と比較して，政府の取り組みが遅れている領域である．国家のインターナル・ブランディングは，戦略を成功裡に実行するために必要な行動が問題の戦略に向けて，個々人の発揮したコミットメントレベルから生ずることを国がはっきりと理解するようになったことから，重要なポジションを得ることになろう．国家ブランディングにとって，インターナル・ブランディングの2つのオーディエンスは，一方で国家ブランディング戦略の展開および実行に関わるステークホルダーの機関および個々人であり，他方で国内の人々，すなわち全国民である．企業のコンテクストにおいて，BurmannとZeplin[7]は，ブランド・コミットメントを創出する鍵となる3つの手段を確認した．すなわち，ブランド中心の人的資源管理，ブランド・コミュニケーションおよびブランド・リーダーシップである．国家ブランディングのコンテクストにおいて，これら3つの手段に対する責任は，国家ブランドの展開されている特殊な構造に左右される特定の個々人または機関に割り当てる必要がある[8]．

国家のソニック・ブランディング

　ソニック・ブランディングは，比較的最近になって，ブランドマネージャーが利用できる一連の技術に加わったものである．ソニック・ブランディングを構成するものは次の3つである——すなわち，声，音楽，そして音響効果である[9]．ソニック・ブランディングは，ブランドに関するすべての広告に用いられるソニック・ロゴの形態をとることもできるし，また，ホンダ，IntelおよびEasyjet[10]といった企業が実施しているように，ビジネスのあらゆる面にわたって音と音楽の一貫した利用を通じて，より広範囲に適用することも可能である．たとえば，Siemensは，そのブランドの基本的要素の上に，音響が結びついたロゴ，主張，書体，色彩，レイアウトおよびスタイルという7つの要素を自社のブランディングに加えている[11]．ソニック・ブランディングはほぼ忘れることのできない強力な記憶を視聴者の頭の聴覚経路に埋め込

むものであること，およびソニックブランドは今やマーケットシェアを競う上での有力な武器であることが強調されている[12]．

　ブランディングにおける音響の戦略的利用は，つい最近になってようやく企業が取り入れるようになったが，消費者行動に影響を与える音楽の力は，サービス部門，とりわけ小売部門やレストラン部門においてここ数年幅広く研究されてきている[13),14]．以下に掲げるいくつかの研究は，音楽のテンポが消費者行動に影響を及ぼしうることを示唆している．すなわち，─スーパーマーケットの買い物客は，速いテンポの音楽に比べてテンポの遅い音楽を流した場合に購入する度合いが上がる[15]のに対し，速いテンポの音楽は夕食を食べる速度をますます速くし[16]，速いテンポのピアノ演奏は遅いテンポの演奏と比べて飲料を飲む速さをあげることが判明した[17]．これらの研究は，音楽の力が消費者行動に関する特殊な側面に有効な影響を及ぼすことを例証しているが，国家ブランディングに対してより直接の関連性がある研究は，マーケティングにおいて音楽の利用を対象としたもっとも有名な研究，いわゆる'wine-aisle experiment'「ワインを両側に陳列した通路での実験」である．

　Wine-aisle experiment[18]は2週間実施され，その間スーパーマーケットのワインコーナーにおいて日替わりでドイツとフランスの音楽が流された─この実験よる発見は，フランスの音楽が流された場合にはフランスワインがドイツワインよりもより多く売れ，逆もまた同様であったが，顧客はその音楽をはっきりと意識していないように感じられた．輸出促進機関や自国由来のブランドは，この研究のインプリケーションを考慮し，自国製品のプロモーションにふさわしい音楽の利用を取り入れるブランディング戦略を展開すべきである．国家は幾世紀にもわたる音楽的な伝統を元手としてもっているから，これを独自で行うことが十分に備わっている．

　Wine-aisle experimentは，原産地（COO）効果がまだ十分効果的にではないものの，いかに巧みにマーケティング・コミュニケーションに取り入れられうるのかを例証している．ここ数年にわたる様々な国が実施した過去数多くの国内ワイン販売促進キャンペーンのうち，たとえあるとしてもごく一部が，ソニック・ブランディングを取り入れている．したがって，それを取り入れ

たキャンペーンは，ファースト・ムーバーズ・アドバンテージ（第一参入者の利点）を勝ちとることが期待できる．

学術的視点

真 の 目 標

Stephen Brown

Professor of Marketing Research, University of Ulster, Northern Ireland

　国家情勢および状況に問題を抱える国のブランドをどのようにして形成するのか．USP (unique selling proposition) —世界的に有名な唯一無二のもの—が，その国の人々のタブーな話題になっている国のブランドをどのようにして形成するのか．過去がその国の見方を困惑させているときに将来をどのように見据えるのか．

　これらは21世紀初頭に，北アイルランドが抱えたジレンマである．北アイルランドは名目的には，連合王国に欠かせない部分であるが，長きにわたり隣接の主権国家であるアイルランド共和国による領土主権下に置かれている．北アイルランドはアイリッシュなのかブリティッシュなのか，それともそのどちらにも属するのか．はたまた，それとはまったく異なるものなのか．実際に，国がその立ち位置を定めることができなければ，自国を成功裡にビジター，投資家またはより広い国際的なコミュニティに売り込むことなど期待されようものか．

　もちろん，はっきりとした解決策がある．差別化，ポジショニング，マインドシェアやその他これと同類の確立されたマーケティング原理を踏まえた上で，北アイルランドはその特に際だった属性を強調すべきである．

　唯一の問題は，ほとんどの人が思っているように，北アイルランドが，爆弾，銃弾，騒擾，民族的憎悪，テロ攻撃，準軍事組織，宗教対立および無法のエトスの蔓延と結びついているのを打ち消せないことにある．これらは誇れるものではなく，国家ブランディング戦略にとってまったくもって役には立たない．当然のことながら，人間の人間に対する残虐行為は，アウシュビッ

ツのガイド付きツアーからマダム・タッソー館の戦慄の間にいたるまでの多くの体験型マーケティングアトラクションを惹起したが，30年に及ぶ人間の苦痛に国家ブランディング戦略の礎を築くことは，愛すべき多くの人を紛争で失った北アイルランドの人々には到底受け入れがたいものである．

この一見ありえないような市場環境に直面して，公式な回答はこの状況を切り抜けよというよりは回避せよということである．北アイルランドが自らを明かすストーリーは，「戦争に触れるな」と「何をしようとも，われわれの直交的な国家アイデンティティにだけは口にするな」という言葉が結びついたものである．北アイルランドは，上向きの国で，アート・フェスティバル，洒落たレストラン，友好的なパブ，風光明媚な地方，華麗なショッピングモール，高級ナイトクラブ，さらには24時間パーティを楽しんでいる人々で満たされた陽気な活気ある地である場所と自国を描写している．一言でいえば，よそ者のほとんどがまったく反対の印象をアイルランドのあるべき姿に抱いている．

興味深いことに，北アイルランドの暗黒面は明らかに排斥された形であるにもかかわらず，みるべきものがある．北アイルランドの将来的なブランディング戦略の中心は，タイタニック号（RMS *Titanic*）である．タイタニック号は，1912年にニューヨークへの処女航海中に氷山に接触し，1,500人の命とともに海の藻屑と消えた不運な豪華客船である．タイタニック号はBelfastで建造され，沈没してから100年近くになるにつれ，この伝説の客船がかつてないほど誉れ高いものとなっている．昔の造船所および船架に数十億ポンドの財産を投じた開発がこのタイタニック号を題材としたベンチャーの最も重要な部分であるとはいえ，最終的にどのような形になるかは見守る必要があろう．

多くのマーケターは，歴史上偉大な新しいブランドの失敗—Edsel（フォード）の大失敗またはNew Coke（コカ・コーラ）の大災難をはるかに超える—が，北アイルランドというブランドを構築してきた物語であることに驚きを隠せないかもしれない．しかし，まったく象徴的な意味でみると，さらにはそれに代わる有意義なマーケティングの選択肢がないことから，そのようなブラ

ンドはほとんど意味のないものである．

　したがって，北アイルランドは，混乱したメッセージ，それもひどく混乱したメッセージを発信している．しかしながら，それは必ずしも悪いことではない．相反するブランド（ambi-brands）の世界において，古くに Al Ries と Jack Trout の提唱した理念である one-word-one-brand（1語1ブランド）のポジショニング戦略が模範とならないことはますます認識されているところである．ボルボといえば「安全」（safety）だけではない．ブラジルといえば「カーニバル」（carnival）だけではない．ケニアといえば「サファリ」（safari）だけではない．国家ブランディング戦略は，ありきたりのマンネリを越えて行われており，北アイルランドの相反するイメージ―騒擾による決裂，タイタニック愛，パーティ好きな人々―が，今日の奇異なポストモダン環境に奇妙にもあてはまるとも言えるであろう．解決しなければならないただ1つの残された問題は，毎年恒例のデッキチェアを再び配列するセレモニーのタイミングである．

*****

国家ブランディングにとって代わる用語はあるのか

　「ブランド」および「ブランディング」という用語は，様々な反応を引き起こす．ある人にとってみれば，この用語は商業界における要素および慣行に関する無害な記述語である．また，他の人にとってみれば，この用語は，ごまかし，詐欺や浅薄な事物に関する概念を具体的に表したものである．国家ブランディングは，すべての国家，とりわけ，より小さなかつ貧しい国，あるいは貧困に喘いでいる国が，強力なライバル国に蹂躙されるのではなく，国際舞台で十分に競争できるようにするための，自由に用いることのできる有益な力であるということこそ本書の言いたいことである．「国家ブランディング」は，国家ブランディングに関わる活動が，世俗的に言われる単に日用品の派手な売り込みとしてのブランディングより優るということからすれば，不完全な用語である．分散ソーシャルネットワークの活性化，多様な政府機関の協調および国家アイデンティティに関する議論は，すべてが国家ブラン

ディングの一部であるが，ブランディングに関する世俗的な見解からはおよそかけ離れてはいない．将来いつの日にか，「レピュテーション・マネジメント」，「競争力のある国家アイデンティティ」，「パブリック・ディプロマシー」などを包含した他の用語が，「国家ブランディング」という用語にとって代わるかもしれない．

ソフトパワーおよびパブリック・ディプロマシー

「ソフトパワー」のコンセプトは，国家ブランディング戦略に浸透させなければならない．ソフトパワーは，以下のように定義されている．すなわち，それは「自分の目標を設定するために他人を魅きつけ，説得することによって必要なものを手に入れる能力である．ソフトパワーは，他人を服従させるために経済力および軍事力を飴と鞭で使い分ける能力を意味するハードパワーとは異なる．」[19]．国内でみれば，ソフトパワーの妥当性は，国家ブランディング戦略が可能な限り多くのステークホルダーによって自発的に支持され，合意される場合にのみ成功するということである[20]．国家ブランドに関わるステークホルダーに義務を課さないように協調された機関の創設が必要であるが，さまざまなステークホルダー間で潜在的なシナジー効果を確認し，ステークホルダーはこれらのシナジーを実現するために行動しなければならない．

「パブリック・ディプロマシー」の概念は，国家ブランドの試みに政府がますます力を注いで取り組んでいると思われるもう1つのコンセプトである．パブリック・ディプロマシーは，「政府による他国の世論の醸成」[21]を包含し，これが達成される鍵は文化事業の促進にかかっている．たとえば，「文化は，秀でた国家ブランドで，千差万別である世界における友好と対立の源泉としてますます認識されるようになっている」[22]ことが議論されている．国家ブランディングにおける文化の決定的な役割については，第3章，第5章および第6章で論じている．

持続的発展と競争均衡のドライバーとしての国家ブランディング

Dipak Pant 教授は，自身の学術的考察（第 2 章）において，とりわけ地理的に隔離された条件，海外マーケットへのアクセスがないことなどに挑んでいる国にとって，いかにして持続的な発展計画が国家ブランディングを創出できるかを示している．国家は，ESI のような環境スチュワードシップ指標に基づく実績を強調することによって，広範なサステイナビリティ・メトリックスにまたがる好業績を通じてその国家ブランドのてこ入れを模索することができる．ゆえに，国家ブランディングの実践は，ある国が資源または競合国の置かれている好ましい立地をもたない場合に，その国が競争優位を得られるように手助けすることを可能にする．この点で，国家ブランディングは，ソフトパワーを究極的に表現するものとして捉えることができるかもしれない．

要　　約

国家ブランディングの技術を利用する国がますます増えて，国家ブランディングが研究者，実務家および政府の間で重要な現象と認められるようになるにつれ，新しいアプローチ，戦術および戦略が必然的に増えていく．政策立案者は，国家ブランディングが，国家レベルで国の目標達成に役立つことをますます認めるようになっており，国家に対して今なお残る時代遅れの固定観念のもたらす有害かつ屈辱的な効果を消極的に持ち続けるより，その国のレピュテーションを管理する必要性があることへの理解のほうが高まっている．おそらく，国家が学ぶべき重要な教訓は，その国家ブランディングの取り組みを協調させる必要性である．そのような協調がなければ，その国の国家ブランディング戦略は停滞し，かつその国のイメージは，ほぼ確実に否定的な方向に傾いていくことになる．国家ブランディングのコンセプトと実践は，これを文化的なコモディティ化と誹謗するようなものではない．国家ブランディングはそれとはまったく別ものである．その理由は，国家ブランディングが，その規模または力に関係なく，国際舞台においてあらゆる国に繁栄

を築き，可能ならしめる文化的多様性を認めることを目指しているからである．

(訳・平澤　敦)

注

1) Ambler, T. (2006) Mastering the metrics. *The Marketer,* 24, May, pp. 22-23.
2) Stewart, G. (2006) Can reputations be 'Managed'? *The Geneva Papers,* **31**, 480-499.
3) Anderson, C. (2006) *The Long Tail: How Endless Choice Is Creating Unlimited Demand,* Random House Business Books, UK.
4) Mortimer, R. (2006) Chris Anderson on smashing hits. *Brand Strategy,* March, p. 17.
5) Kirby, J. and Marsden, P. (eds.)(2005) *Connected Marketing: The Viral, Buzz and Word of Mouth Revolution,* Butterworth-Heinemann, UK.
6) Armstrong, S. (2006) Bloggers for hire. *New Statesman,* August, pp. 26-27.
7) Burmann, C. and Zeplin, S. (2005) Building brand commitment: A behavioural approach to internal brand management. *Journal of Brand Management,* **12**, 4, 279-300.
8) Sartain, L. (2005) Branding from the inside out at Yahoo!: HR's role as brand builder. *Human Resource Management,* **44**, 1, 89-93.
9) Jackson, D.M.(2003) *Sonic Branding: An Introduction,* Palgrave Macmillan, UK.
10) Mortimer, R. (2005) Sonic branding: Branding the perfect pitch. *Brand Strategy,* February, p. 24.
11) Treasure, J.(2007) Sound: the uncharted territory. *Brand Strategy,* March, pp. 32-33.
12) Arnold, S.(2005) That Jingle is Part of Your Brand, *Broadcasting & Cable,* January 24, p. 78.
13) Alpert, J.I. and Alpert, M.I. (1990) Music influences on mood and purchase intentions. *Psychology and Marketing,* 7, 2, 109-133.
14) Herrington, J.D. and Capella, L.M.(1996) Effects of music in service environments: a field study. *Journal of Services Marketing,* **10**, 2, 26-41.
15) Milliman, R.E. (1982) Using background music to affect the behaviour of supermarket shoppers. *Journal of Marketing,* **46**, Summer, 86-91.
16) Roballey, T.C., McGreevy, C., Rongo, R.R., Schwantes, M.L., Steger, P.J., Wininger, M.A., and Gardner, E.B. (1985) The effect of music on eating behaviour. *Bulletin of the Psychonomic Society,* **23**, 3, 221-222.
17) McElrea, H. and Standing, L. (1992) Fast music causes fast drinking. *Perceptual*

and Motor Skills, **75**, 362.
18) North, A.C., Hargreaves, D.J., and McKendrick, J. (1999) The influence of in-store music on wine selections. *Journal of Applied Psychology,* **84**, 271-276.
19) Nye, J.S., Jr. (2003) Propaganda isn't the way: Soft power. *The International Herald Tribune,* January 10.
20) Anholt, S. (2007) *Competitive Identity: The New Brand Management for Nations, Cities and Regions,* Palgrave Macmillan, UK.
21) What is public diplomacy? http://www.publicdiplomacy.org (accessed 19/03/07).
22) Brown, J. (2005) Should the piper be paid? Three schools of thought on culture and foreign policy during the Cold War. *Place Branding,* **1**, 4, 420-423.

略　　語

CBBE	= Customer-based brand equity
CETSCALE	= Consumer ethnocentric tendency scale
COO	= Country-of-origin
CPPI	= Contextualized product-place image
CRM	= Customer relationship management
CSR	= Corporate social responsibility
EFI	= Environmental Footprint Index
ESI	= Environmental Sustainability Index
EVI	= Environmental Vulnerability Index
IMC	= Integrated marketing communications
FATF	= Financial Action Task Force
FMCG	= Fast-moving consumer goods
NBEQ	= Nation-brand equity
NBI	= Nation Brands Index
NFC	= Need for cognition
OECD	= Organisation for Economic Cooperation and Development
PCI	= Product-country image
PDO	= Protected Designation of Origin
PLC	= Product life cycle
PSC brand	= Product, service, or corporate brand
TLA	= Technologically less advanced (countries)
TMA	= Technologically more advanced (countries)
USP	= Unique selling proposition
WEF	= World Economic Forum

編者紹介

Keith Dinnie

Keith Dinnie 博士は，東京のテンプル大学ジャパン（TUJ）にて教鞭をとっている．同氏は，Edinburgh 大学において種々のマーケティングおよびブランディング関連科目の Masters および Honours レベルコースを担当している．さらに，同氏は世界屈指の Strathclyde 大学 MBA プログラムでも教鞭経験があり，イギリスと同様アテネ，香港および上海のような国際的に主要な地においてマーケティング・マネジメントならびにブランド・マネジメントとブランド・ストラテジーのセミナーを担当している．同氏は，ドイツの Hanover 大学や Koblenz 大学にて客員として講義を行い，また世界数か国において研究およびコンサルティング業務に携わっている．

博士は，Journal of Customer Behaviour, The Marketing Review, Journal of Brand Management, Journal of General Management and Corporate Communications : An International Review を含むさまざまなジャーナルに寄稿している．Journal of Brand Management の書評部門の編集長として，過去 6 年にわたりブランドに関する 25 冊の著作に関するレビューを行っている．同氏は，Global Branding（2005）および Nordic Brands（2008）に関する Journal of Brand Management の特集号の客員編集者として招聘された．同氏の研究およびコンサルティング業務は，トップコンサルタント会社の Landor Associates and Burson-Marsteller のために行われたプロジェクトならびに世界のシニアレベルの政策立案者やブランド・コンサルタントの間で国家ブランディングという新興分野において展開されている革新的な研究を含むものである．同氏は Brand Horizons consultancy の創立者である．

Email : Keithdinnie@brandhorizons.com

執筆者紹介

Ximena Alvarez Aguirre

Ximena Alvarez Aguirre 氏は CABOTUR（ボリビア観光局）の元副局長（2002 〜 2004 年），およびボリビア政府観光省の元副大臣（2004 〜 2005 年）であり，同国観光部門において幅広い経験を有する．在ボリビアコチャバンバ，CEMILA（ラテンアメリカ起業化センター）で観光分野での教歴を持つ．現在は，世界各国の航空会社数社のボリビアでの代理店であるディスカバー・ザ・ワールド・マーケティングのオーナーかつ最高責任者．ボリビアカトリック大学から経済学の最初の学位を授与，また在スペインバルセロナ，CETT（技術観光研究センター）から観光学の学位を授与される．

阿久津　聡

阿久津聡氏は在東京，一橋大学大学院国際企業戦略研究科の准教授（執筆時）．カリフォルニア大学バークレー校ハース経営大学院から博士号を授与される．マーケティングやブランド・マネジメントに関する日本語の著書や論文を多数執筆．Managing Industrial Knowledge（野中および Teece 編）の "A Mentality Theory of Knowledge Creation and Transfer" および Hitotsubashi on Knowledge Management（竹内および野中編）の 'Branding Capability' を共同執筆している．阿久津教授は多くの企業のアドバイザーを務め，世界中の経営関係の会議，セミナー，ワークショップで講演活動も行っている．知的財産戦略本部内コンテンツ専門調査会のメンバーであり，日本 PR 協会主催の日本 PR アワードの審査員でもある．

Simon Anholt

Simon Anholt 氏は国家のアイデンティティと信用の管理および測定に関する第一人者．英政府広報文化交流部のメンバーであり，国連，世界経済フォーラム，世界銀行の諸機関ならびにオランダ，ジャマイカ，タンザニア，アイスランド，ラトビア，スウェーデン，ボツワナ，ドイツ，韓国，ルーマニア，スコットランド，クロアチア，モンゴル，バルト海地域，ブータン，エクアドル，ニュージーランド，スイス，スロベニアの各国政府に提言を行っている．季刊誌 Placing Brand と Public Diplomacy の創刊者兼編集者．著書に Brand New Justice, Brand America, Competitive Identity – The New Brand Management for Nations, Cities and Regions がある．3 種類の主要な世界的調査であるアンホルト 国家ブランド指数，都市ブランド指数，州ブランド指数を発表している．
詳細は www.earthspeak.com. を参照のこと．

Stephen Brown

Stephen Brown 氏は北アイルランドアルスター大学のマーケティング・リサーチの教授．ポストモダン・マーケティングで著名な氏は，The Marketing Code や Free Gift Inside から Wizard: Harry Potter's Brand Magic にまでおよぶ多数の著書を執筆．現在は The Marketing Code の前編である Agents & Dealers を執筆中．

Francis Buttle

Francis Buttle 博士はオーストラリアに拠点を置く2つの機関，フランシス・バトル研究所（www.buttleassociate.com.）およびリスニング・ポスト（www.listeningpost.com.au）の役員．世界トップ40入りする経営大学院3校でかつてマーケティングと顧客関係管理の正教授を務めた．*Customer Relationship Management: Concept and Tools* その他300以上もの刊行物を執筆．連絡先は francis@buttleassociates.com．

Leslie de Chernatony

Leslie de Chernatony 氏はバーミンガム大学大学院のブランド・マーケティングの教授，兼ブランド・マーケティング・リサーチセンターのセンター長．ブランド・マーケティングの博士号を持つ氏は，アメリカとヨーロッパのジャーナルに多数の論文を寄稿し，国際会議での正規司会者も務める．ブランド・マーケティングに関する著書が数点あり，最新の著書は *Creating Powerful Brands* と *From Brand Vision to Brand Evaluation*．研究助成金を数回付与されており，最近2回の助成金はハイパフォーマンス・ブランドに関連する要因の調査とサービス・ブランディングの調査に充てられている．マドリッドビジネススクールの元客員教授，現在はバンコクのタマサート大学およびスイスのルガーノ大学の客員教授．英国公認マーケティング協会および英国市場調査協会からフェローの称号を与えられている．より効果的なブランド戦略を求める組織の国際コンサルタントを務め，ヨーロッパ，アジア，アメリカ，極東全土で絶賛されるブランディング・セミナーを開催している．商事法や競争法事案におけるブランディング問題を含む事件では，熟達した専門家証人を務める．

Philippe Favre

Philippe Favre は2006年8月24日に国際投資に関するフランス大使，および対仏投資庁長官兼CEOに任命される．これ以前，45歳の氏はフランス貿易大臣の主席補佐官，および財務大臣の副主席補佐官を務めた．また貿易省の人的資源局，予算局，情報技術局の局長も務めた．1993年〜2001年までは在香港，その後は在台湾台北，フランス大使館企業振興部長．この間，在パリ，財務および貿易省の国際問題私設顧問．Favre 氏は1990年〜1993年までは在ワシントン，フランス大使館でカウンセラーの職に就く．駆け出しの頃は旧ソ連および東ヨーロッパとの経済関係を受け持つ在パリ，財務省で活動．Favre 氏はパリ政治学院およびパリ大学の学位を持つ．国立行政学院（ENA）のOBでもある．2007年には，レジオンドヌール勲章佩用者に任命される．

Christian Felzensztein

Christian Felzensztein 博士はチリアウストラル大学の B. Com.（優秀）および MBA を取得．在イスラエルレホヴォット，開発調査ウェイツセンターで地域経済開発の準修士号，在スコットランドグラスゴー，ストラスクライド大学で国際マーケティングの M. Sc. および Ph. D. を取得．同氏は，国際マーケティング戦略の専門ソリューションを提

供する STEIN ビジネスセンターの設立者であり，在チリヴァルディヴィア，チリアウストラル大学経営経済学部で国際マーケティングの教鞭をとる．氏は地域クラスターとイノベーションならびに農作物と水産養殖品の原産国効果に関する主題で調査，執筆している．現在は天然資源に基づくクラスターに関する大規模な国際的研究プロジェクトを率いている．Email.: cfelzens@uach.cl

João R. Freire

João R. Freire 氏は，旅行，ホスピタリティ，エンターテインメント産業を対象とするグローバル・マーケティング・コミュニケーション企業である MMG ワールドワイド (mmgworldwide.com) のブランド・コンサルタント．João 氏はこの程，ロンドンメトロポリタン大学でプレイス・マーケティングの Ph. D. を修了，同大学ではマーケティングの客員講師も務める．氏の Ph. D. は地域ブランドと消費者間の相互作用の分析に向けられている．氏の研究の主たる目的は，地域ブランドを構成する異なった特性の理解を深めること．同氏は天然食品のブランディングとマーケティングを専門に扱う会社である Ecoterra (ecoterra.co.uk) の設立者でもある．João 氏は職業エコノミストであり，ブラジル，ポルトガル，英国の多国籍企業数社でファイナンスとマーケティングの分野で活動．João 氏はブランディング関係のトピックで，頻繁に講演および執筆活動を行っている．氏の論文は *Place Marketing* や *Journal of Brand Management* といった国際的に定評のある刊行物に掲載されている．

Antohony E.Gortzis

Antohony E.Gortzis はアテネで生まれ，アテネ大学で経済および法律を学んだ．主に経営学（M.B.A）マーケティングおよび計量経済学を中心に，イギリスの大学院での研究を修了した．さらに，ハーバード大学の M.B.A 集中コースにも参加した．1973 年に Unilever のマーケティング部に採用された．1973 年にヨーロッパおよび北アメリカ向けの洗剤製品に関するマーケティングのスペシャリストとして，ロンドンの Unilever のマーケティング部に勤務している．1982 年にはギリシアにおける Unilever の洗剤製品のマーケティング・ディレクターに就任している．1986 年には Elais-Unilever の食品部門のマーケティング・ディレクターに，1998 年にはギリシアにおけるすべての Unilever 社の企業広報・メディアリサーチ・ディレクターに就任している．さらに，ギリシアのマーケティング協会の会長を務めている．1994 年以降，ギリシア広告業者協会の評議員を務めており，1996 年 3 月から会長職に就いている．2000 年には，国際広告協会（WFA）の会長に選出されている．2003 年には，Piraeus 商業会議所の事務局長に選出されている．2003 年初頭から，メディア，マーケティングおよびパブリック・リレーションズ，企業広報，CSR，危機管理分野におけるコンサルタントとして活動し，CSR，マーケティングおよびコミュニケーション会社である One-Team 社の会長である．2005 年 4 月には，Hellenic マネジメント協会の副代表に選出され，Action-Aid の委員でもある．2005 年以降，EBEN.GR（企業倫理研究所）の所長として活動している．

Interbrand

Interbrandは，有力な国際ブランディング・コンサルティング企業である．Interbrandのブランド・プロフェッショナルは，世界20か国30支社以上にわたって顧客にサービスを提供している．顧客と提携しながら，Interbrandは，緻密な戦略および分析と世界に誇るデザインや創造性を結合させている．Interbrandのサービス内容は，ブランド分析ブランド評価，戦略，ネーミングおよびバーバル・アイデンティティ，パッケージデザイン，リテールデザイン，統合ブランド・コミュニケーションおよびデジタル・ブランディング・ツールにおよぶ．

Daniel M.Jackson

Daniel M.Jacksonは，映画および音楽制作会社，メディア・プランニング，広告およびラジオ・コマーシャル会社に勤務している．その分野の先駆的文献であるSonic Branding（Palgrave Macmillan, 2004）の著者である．

Yvonne Johnston

Yvonne Johnstonは，南アフリカ国際マーケティング評議会（IMC）のCEOである．IMCは，ますます競争が激しい市場において，南アフリカに競争優位に与えるため，同国のポジティブかつイメージを創出することを狙いとした組織である．これは，まさに南アフリカというブランドのプロモーション活動を通じて行われている．そのミッションは，以下の通りである．すなわち─，ツーリズム，貿易および投資を喚起し，さらには国際関係上の目標を実現するために国を位置づける南アフリカのブランドを明確にすること，南アフリカの国際マーケティングに向けた政府と民間部門の統合アプローチを確立すること，および南アフリカという国家ブランドに対する国家支援体制を構築することである．IMC活動の成功に枢要なことは，国が社会経済的問題に対処する上での助けとなるこのミッションの実現である．IMCは2000年から存続しているが，YvonneはIMCでの指導的地位にあった4年間を通じて，次世代ビジネスのトレンド，プロセスおよび分析に関する情報を提供する代表的刊行物 Intelligence Total Business（前 Business 2.0）による2004年度注目ブランド上位5傑に選ばれる水準まで南アフリカのプロファイルを引き上げたとされている．さらに注目すべきは，2005年度の年間最優秀ビジネス・ウーマンの最終選考5名の1人に選出されたことである．指導的なコミュニケーション・ストラテジストとして広く尊敬され，企業における戦略的メディアスキルの訓練およびで教育において重要な役割を果たしており，ブランドや自国の現況に関して国内外を問わず引っ張りだこのスピーカーでもある．著名な広告代理店のメディア・ディレクターとして広告およびマーケティング産業で20年のキャリアがある．5年にわたって，Ogilvy and Matherのグループメディア・ディレクターを務めた．ここでは，自身のマーケティング・コンサルタント業の運営を含むマーケティング業務，マーケティングの刷新，経験的マーケティングおよび女性に対するマーケティングの特化に従事した．

Vladimir Lebdenko

Vladimir Lebdenko は，ロシア連邦の構成主体，議会，公的および政府機関，ロシア連邦の外務省の副長官である．Moscow State Institute of International Relations（MGIMO-大学）を卒業．トーゴ（アフリカ），マルセイユおよびパリ（フランス）に対するロシアの外交を担当している．定期刊行物やロシア外務省発行の International Life 誌における数多くの記事の著者である．国際会議およびセミナーに参加している．

Chris Macrae

Chirs Macrae（chiris.macrae@yahoo.co.uk）は，30 年以上にわたるキャリアをもち，Thedore Levitt と Hugh Davidson の The Economist and Offensive Marketing Principles に掲載された父親のアントルプルヌール革命のトリロジーに触発されて，マーケティングにおける無形資産や組織システムを研究している．
同氏の業務は以下のものを含む．
- イノベーション社会が次に求めるものは何かについてのデータベース・モデリングに向けた 30 か国および多くのマーケットのプロジェクト
- 日本における創立者の築いたコーポレート・ブランディングの最終的なビジョンに対する分析
- 新たな領域の世界に誇れるブランドとしての国家ブランドに関する記事（1980 年代以降）の執筆
- ブランド・アーキテクチャを特徴づけるための生活および学習様式の刷新
- Coopers & Lybrand のブランド価値担当シニアコンサルタント
- WPP グループのコーポレート・アイデンティティのための brandknowledge.com の主管

Chris は，メディアおよびグローバルマーケットが急速な持続可能性を失い，社会をグローバリゼーションに結びつけるための明視性が必要であると結論づけている．計算上，社会的責任投資は，キャッシュフローおよび暖簾に関する信頼度の高い監査を欠いている．先進的ポータルサイトの http://economistclub.tv および http://www.valuetrue.com において展開されている経済的なエンパワーメントについての共有オープニングソーシング・マップに目下情熱を注いでいる．

T.C.Melewar

T.C.Melewar は，ロンドンの Brunel 大学のマーケティングならび戦略論の教授である．それ以前には，Warwick ビジネススクール，Warwick 大学，マレーシアの MARA 技術研究所，イギリスの Loughborough 大学および De Montfort 大学に在籍経験がある．T.C. は，修士課程，M.B.A. をはじめ Nestlé, Safeway, Corus ならびに Sony といった会社のエグゼクティブ・コースを対象にマーケティング・マネジメント，マーケティング・コミュニケーションならびに国際マーケティングを教えている．フランスの Groupe ECS Grenoble およびドイツのベルリンの Humboldt 大学の客員教授である．研

究対象は，グローバル・コーポレート・アイデンティティ，コーポレート・ブランディング，コーポレート・レピュテーション，マーケティング・コミュニケーションならびに国際マーケティング戦略である．

Olutayo B.Otubanjo
Olutayo B.Otubanjo は，ロンドンの Brunel 大学のマーケティング・コミュニケーションおよび消費者行動のチューターで，「コーポレート・アイデンティティの組織構造」を研究対象として博士課程を修了している．イギリスの国際会議でコーポレート・アイデンティティやコーポレート・アイデンティティに関する多くの論文を公表し，さらに数年間，CMC Connect Lagos（ナイジェリア）のアカウントエグゼクティブを務め，そこで Coca-Cola，Microsoft，UPS，Peugeot，Shell，Accenture をはじめその他多くの先端企業の国際ブランドに対する多くのコーポレート・アイデンティティおよびコーポレート・レピュテーションの構築を行った．マーケティング修士号（特にコーポレート・アイデンティティ・コミュニケーション），マーケティング準修士号，ジャーナリズム準修士号，会計学士を持つ．

Inga Hlín Pálsdóttir
Inga Hlín Pálsdóttir は，アイスランド貿易会のコンサルタント業務およびトレーニング業務におけるプロジェクト・マネジャーである．2005 年にグラスゴーの Strathclyde 大学から国際マーケティングの修士号を授与されている．それ以前，2003 年に，アイスランドの Bifröst スクール・オブ・ビジネスから経営学士を授与され卒業しているが，ドイツの Luneburg の Nordostniedersachsen 大学で研究の一部を修了している．アイスランド貿易会に在籍する以前には，Iceland and Atlantik Tours（DMS）の教育担当プロジェクト・マネジャーを務めている．

Dipak R Pant, BA, MPhil, PhD
イタリア Universita Carlo Cattaneo 教授（人類学・経済学），同大学 Interdisciplinary Unit for Sustainable Economy 創設者兼所長．同国内外で，持続的発展計画のフィールド・サーベイヤーおよびアドバイザー．欧州，アジア，南米および米国の大学で客員教授を歴任．米国 Society for Applied Anthropology シニア・フェロー．英国ロンドン Place Branding 編集委員会委員．ネパール出身．インドにおいて軍務訓練と高等教育を受ける．欧州の大学院に留学．
経歴：ネパール・カトマンズ Tribhuvan University 准教授（ヒューマンエコロジー・人類学），伊トリエステ大学教授（国際研究），伊パドゥア大学教授（開発論）．米国シアトル Environmental Health and Social Policy Center 外国人準研究員．

Martial Pasquier
スイス・ローザンヌ Swiss Graduate School of Public Administration IDHEAP 教授（パ

ブリックマネジメント・マーケティング）．学歴：スイス・フリブール大学，ベルン大学およびバークレー．1998～2003年には，コンサルティング会社ディレクターおよび諸大学で講師を務める．2003年以降，IDHEAP正教授．ベルン，ルガーノ，ストラスブール，ナンシー第2およびパリ第2各大学で客員教授を歴任．Swiss Marketing Association GFM理事．Swiss Competition Commission委員．研究分野：国家イメージ，公共団体のマーケティングおよびコミュニケーション，公共団体の透明性．電子メールアドレス：martial.pasquier@idheap.uni.ch

Ximena Siles Renjel
ボリビアおよびエクアドルで銀行業界に5年間在籍．異なる業種・セクターのリスク・アナリストおよびリレーションシップ・マネジャーを担当．英国グラスゴー Strathclyde 大学修士（国際マーケティング）において優等および，ボリビア・カトリック大学学士（経営学）において優等を取得して卒業．

Renata Sanchez
国際関係の実務歴が21年．ブラジル政府で複数の職位を歴任．同国内外でEUおよび国連のプロジェクトに参加．うち最後の7年間は，同国の輸出振興機関APEX-Brazilにて，シニア・コンサルタントおよびプロジェクト・ユニット・コーディネーターを歴任．ブラジリア大学卒業（国際関係論），ブリュッセル自由大学ULB修士（国際企業論およびグローバリゼーション論）1991年度最優等賞受賞．ESPM経営学修士（マーケティング・電子商取引論）．1999年以来，ブラジリア・カトリック大学および大学院で国際マーケティングおよび国際交渉論を教える．

Flavia Sekles
2000年以来，米国においてブラジルおよび同国民間部門の普及促進をする非営利業界団体 Brazil Information Center の Executive Director を務める．米ボストン大学学士（ジャーナリズム専攻）．15年に渡り，ブラジル最大の週刊誌『Veja』および『Jornal do Brazil』のワシントン特派員を務めた．

Gyöergy Szondi
英国 Leeds Metropolitan 大学 Leeds Business School において Senior Lecturer（パブリック・リレーションズ論）．オーストリア・ザルツブルク大学博士（研究テーマ：EUのパブリック・リレーションズおよびパブリック・ディプロマシーの概念）．研究分野は，国際パブリック・リレーションズ，パブリック・ディプロマシー，カントリー・ブランディング，リスクおよびクライシス・コミュニケーション．ハンガリー，ポーランド，エストニア，ラトビアなど東欧諸国で，定期的に講演およびPRトレーナー活動に従事．著作としては，『Place Branding and Public Diplomacy』の東欧におけるカントリー・ブランディングに関する部分を執筆し，『The Public Diplomacy Handbook』にも寄稿し

た．職歴としては，国際的 PR 会社（広告代理店）Hill and Knowlton のハンガリー・ブダペスト拠点およびロンドン本社に勤務した．経済学士，修士（英国スターリング大学，パブリック・リレーションズ専攻），および物理学修士．出身国のハンガリー語に加え，英語・イタリア語・ドイツ語・フランス語・ポーランド語およびエストニア語を話す．

Gianfranco Walsh
英国の大学で senior lecturer（マーケティング）の職にあったが，2006 年にコブレンツ＝ランダウ大学教授（マーケティングおよび電子商取引論）として着任．英国 Strathclyde 大学ビジネススクール・マーケティング学科客員教授．2002〜2004 年には，独ハノーファー大学マーケティング学科助教授（マーケティング）．1996 年秋期に University of Applied Science, Lueneburg（現リューネブルク大学）卒業，経営学士（マーケティング）．1998 年に英国 Manchester School of Management（現マンチェスター・ビジネススクール）修了，修士．2001 年，ハノーファー大学博士（マーケティング）．2004 年，Habilitation 学位取得（最高学位）．博士論文で，同大学 BDMSF より学術優秀賞 2 種類を受賞．更に，市場調査・顧客マーケティング・電子商取引の分野において，積極的に民間企業のコンサルティングをおこなう．

Klaus-Peter Wiedmann
独ハノーファー・ライプニッツ大学マーケティング・経営学科教授（マーケティング）．Reputation Institute 独カントリー・ディレクター．博士は，シュツットガルト大学およびマンハイム大学で，ビジネス・心理学・社会学を学んだ（マンハイム大学 MBA）．その後，同大学にて，Hans Raffee 教授（「一般ビジネス経済学およびマーケティング II」の座長）のアシスタントおよびマーケティング研究所研究員を務めた．1992 年に博士号を取得後，同大学ビジネススクールにて博士号取得後（ポスト・ドクトラル）研究に従事した．1994 年 8 月 1 日より，ハノーファー大学 Institute for Business Research 正教授と「一般ビジネス経済学およびマーケティング II（M2）」の座長を務める．

Elsa G.Wilkin-Armbrister
英国グラスゴーの Strathclyde 大学にて博士課程に在籍中，大学院生教育助手（TA）を務める．専攻分野は国家ブランディング，副専攻として E-Branding．同大学修士（国際マーケティング）．米国アラバマ A&M 大学学士（心理学）．彼女の国家ブランディングに対する興味の源泉は，出身国ネイビス島［訳者注：セントクリストファー・ネイビス連邦］が，このプロセスを通じてグローバルな視点から成功裏に再位置付け可能である［訳者注：国家ブランディングを通じて外国から見た自国のイメージを良い方に刷新できる］という生来の信念から発出している．Cellisvae Trust and Corporate Services Limited 創立者兼ディレクター．

Jack Yan, LLB, BCA（Hons），MCA.
Jack Yan & Associates（jya.net）CEO 兼 Medinge Group（medinge.org）のディレクター．同グループはスウェーデンのブランディング・シンクタンクである．*Beyond Branding: How the New Values of Transparency and Integrity Are Changing the World of Brands*（Kogan Page, 2003）の共著者，*Typography and Branding*（Natcoll Publishing, 2004）の著者である．連絡先は個人ウェブサイト：jackyan.com．

ZAD Group
同グループは，企業や組織の長期的発展に特化したサービス提供事業者のグループである．ビジネス・デベロップメント，セールス・マーケット・デベロップメント，求人，輸出管理の実施における，高品質のインハウス型およびアウトソーシング型代替リソースを提供する．本社所在地はエジプト・カイロ．非公開会社．西アフリカ・シエラレオーネに，エジプト製品輸出倉庫を保有する．同社は一流のサービス企業となることを目指しており，管理職の求人，高品質なファシリテーション・ワークショップを通じてキャパシティ構築から始まり，人事・経営コンサルティングを通過して，市場シェア拡大における最大の結果を得て，同社輸出部門を通じての輸出に至るまで，一連のサービスを提供する．同社のゴールは，顧客の長期的な発展パートナーになることである．当社の創業者は，全て中東地域の多国籍企業における製薬・エンジニアリング・輸出・電気通信の分野の専門家である．彼らは，これらの多彩なサービスを形式化するために当社を設立した，ワーキング・パートナーである．ウェブサイト：www.zadgrup.og．

訳者紹介

徐 誠敏（ソ ソン ミン）
中央大学企業研究所元準研究員
中央大学商学部兼任講師

林田 博光（はやしだ ひろみつ）
中央大学企業研究所研究員
中央大学商学部教授

姜 京守（カン ギョン ス）
中央大学企業研究所元客員研究員
韓国東明大学校助教授

山本 慎悟（やまもと しんご）
中央大学企業研究所研究員
中央大学商学部准教授

野末 裕史（のずえ ゆうじ）
中央大学企業研究所研究員
中央大学全学連携教育機構特任准教授

金 炯中（キム ヒョン ジュン）
中央大学企業研究所元客員研究員
静岡産業大学情報学部専任講師

舟木 律子（ふなき りつこ）
中央大学企業研究所研究員
中央大学商学部准教授

鄭 玹朱（チョン ヒョン ジュ）
中央大学企業研究所元客員研究員
別府大学国際経営学部国際経営学科准教授

平澤 敦（ひらさわ あつし）
中央大学企業研究所研究員
中央大学商学部准教授

国家ブランディング──その概念・論点・実践──
中央大学企業研究所翻訳叢書 14

2014年3月25日 初版第1刷発行

監訳者　林田 博光
　　　　平澤 敦
発行者　中央大学出版部
代表者　遠山 曉

発行所　〒192-0393 東京都八王子市東中野742-1
　　　　電話 042(674)2351　FAX 042(674)2354　中央大学出版部
　　　　http://www2.chuo-u.ac.jp/up/

©2014　　　　　　　　　　　　　　　　ニシキ印刷㈱

ISBN978-4-8057-3313-4